Alles muss man selbst machen: Auch, sich als Frau in den mittleren Jahren an den mittelalten Mann bringen. Aber wie? Wo? Und womit? Susanne Fröhlich wagt den Selbstversuch und begibt sich auf die Expedition durch Partnersuchportale, Single-Events und Speeddatings und den Kontaktanzeigenkosmos. Sie erlebt, wie Männer einfach verschwinden und Ehefrauen wie aus dem Nichts auftauchen können, lernt fünf Kerle in nur 35 Minuten kennen und dass man selbst auf die Falschen oft vergeblich wartet.

Weitere Informationen finden Sie auf *www.fischerverlage.de*

Susanne Fröhlich
Constanze Kleis

Frau Fröhlich sucht die Liebe...
und bleibt nicht lang allein

FISCHER Taschenbuch

Erschienen bei FISCHER Taschenbuch
Frankfurt am Main, April 2017

© 2015 S. Fischer Verlag GmbH
Hedderichstraße 114
60596 Frankfurt am Main

Gestaltung und Satz: Katja Clos, Berlin
Druck und Bindung: CPI books GmbH, Leck

Printed in Germany
ISBN 978-3-596-16814-9

INTR		6
Die Käsethekentheorie	1.	12
Land des Lächelns	2.	34
Wie ich mal ein Mann war	3.	68
Vom Tun und vom Lassen	4.	86
Im Internet weiß niemand, dass du ein Hund bist	5.	104
Einhörner unter dem Nutella-Baum	6.	122
Ich bin nicht Carlo Little	7.	155
Scheckheftgepflegt sucht...	8.	178
Freunde von Freunden	9.	206
Aufgewärmtes	10.	218
Die freie Wildbahn	11.	230
Plan B	12.	252

Mit über 50 getrennt und wieder auf Partnersuche? Das kann doch nicht so schwer sein, habe ich mir gedacht. Na, herzlichen Glückwunsch! Was anfangs noch voller Optimismus, Neugier und – ja – auch ein wenig Naivität begann, entpuppte sich schnell als ein Dauerbesuch im Kuriositätenkabinett. Bald hatte ich das Gefühl, auf einem fremden Planeten ausgesetzt worden zu sein. Alle Naturgesetze des Bandelns schienen plötzlich nicht mehr zu gelten. Waren früher Cliquen, Zufall, Romantik, Sympathie oder Schicksal die engsten Mitarbeiter des Liebens, wollten nun Programmierer, Psychologen, Dating-Portale, Single-Event-Manager und Flirt-Ratgeber die Master of the Universe im Bandel-Kosmos sein. Jedenfalls sollte ich nun dauernd Dinge tun, an die ich früher nicht mal im Traum gedacht hätte: Beziehungs-Bewerbungsfotos machen, auf denen man gerade so ausreichend seriös wirkt, dass man nicht dauernd »Willstduficken«-Post im Mail-Briefkasten hat und trotzdem sexy genug, um noch Kerle anzusprechen, die nach dem Ersten Weltkrieg geboren wurden. Ich sollte mir geistreiche Antworten auf langweilige Fragen nach Hobbys, Einkommen und meinem Verhältnis zu Geld, Eltern und Haustieren ausdenken und aus Tausenden von Männerfotos den herausfinden, der es sein könnte. Ich lernte, dass es im Internet Männer gibt, die es gar nicht gibt, und man 90 Prozent aller Kerle auf der Suche am liebsten ein Komma-Spendenkonto einrichten würde, damit sie wenigstens bei den Satzzeichen nicht so sparen müssen. Dazu eines für manierliche Klamotten, eines für einen ordentlichen Haarschnitt und eines für ein gutes Foto, auf dem weder Motorräder noch Zimmerpalmen, noch Marathonleibchen oder Rennräder zu sehen sind.

Mir wurde außerdem wärmstens empfohlen, alle Gelegenheiten zu nutzen, die jenseits des Internets zu finden sind, also etwa Single-Partys und Speed-Dating. Ebenso wie die gute alte Kontaktanzeige, die

Männer-Rückholaktion – also das Liebes-Revival mit längst Verflossenen – und Dates mit Freunden von Freunden. Nichts sollte unversucht bleiben, keine Chance unbeachtet. Auch die, die sich einem im wahren Leben bieten könnten: im Restaurant, im Fitnessstudio, im Zug oder im Urlaub, beim Elternabend und sogar beim Müllrausbringen.

Ich startete im Selbstversuch mit der Käsethekentheorie und richtete zwischendurch immer mal wieder vorschriftsmäßig meine Aufmerksamkeit auf das wahre Leben. Auch wenn es zeitlich ehrlich gesagt etwas knapp wurde. Allein wegen des Mail-Tsunamis von Männern, die mir die Partnersuchportale fast täglich ins Postfach spülten, um mir die sensationelle Nachricht zu übermitteln, dass mir Erich oder Herbert oder Christoph »ein Lächeln geschickt« oder »mein Profil besucht« haben.

Kurz: Was ich mit Ende 20 noch so nebenbei erledigt hatte, war jetzt mit Anfang 50 eine Vollzeitbeschäftigung: Einfach jemanden zu finden, mit dem man gemeinsam noch älter werden kann.

Glücklicherweise blieb ich nicht lange allein. Wer sucht, der findet: Frauen und Männer, die wie ich getrennt und über 40 sind, die sich wie ich fragen, warum ist es eigentlich so schwer, ein spitzen »Deckelchen« aufzutreiben? Und: Wenn es stimmt, was uns die Partnersuchportale mit der Unverdrossenheit von Shopping-Kanälen predigen – dass die Chancen mit der Menge der Angebote steigen –, weshalb sind dann so viele unbemannt und unbeweibt? Liegt es an uns? Daran, dass man zum Beispiel ab spätestens 40 keine weiße Leinwand mehr ist, sondern vielmehr ziemlich üppig bemalt, wenn nicht gar gezeichnet vom Leben? Mit lauter Altlasten beschwert? Sind die Männer schuld, die sich nicht mehr festlegen wollen, jedenfalls so lange, bis Scarlett Johansson mal bei Edgar (47) aus Offenbach-Rumpenheim vorbeischaut? Tragen wir Frauen die Verantwortung an all den Vergeblichkeiten, weil wir bei der Männerakquise immer noch das alte Beuteschema aus den 70ern auftragen? Weil wir uns nach einem sanften Alphamännchen sehnen, das wie Christian aus »Fifty Shades of Grey« wahnsinnig reich,

Wenn man sich auf den Kopf stellen muss, um jemand glücklich zu machen, bekommt man nur Kopfschmerzen.

total fürsorglich und gleichzeitig irrsinnig dominant ist? Also nach einer Kreuzung aus Bill Gates, Rottweiler und Feldhase? Aber ist man nicht irgendwann vielleicht doch mal zu alt, um von Einhörnern zu träumen, die unter Nutella-Bäumen grasen?

Natürlich – und auch das gehört in den ohnehin übervollen Dating-Terminkalender – grübelt man bei der Akquise dauernd: Wie muss ich sein, um noch einen Mann zu begeistern? Anders? Schlanker? Klüger? Glamouröser? Geheimnisvoller? Freizügiger? Eleganter? Souveräner? Gleich bereit, ihn zur Materialprobe mit zu sich nach Hause zu begleiten? Stimmt, was alle Welt behauptet, dass wir uns in unserem Alter tunlichst schon mal mit den Grundkenntnissen der Seniorenbetreuung befassen sollten, um wenigstens noch bei einem Rentner Begeisterungsstürme zu wecken? Und was ist, wenn ich am Ende leer ausgehe? Also ohne Mann bleibe? Bin ich dann ein »Single mit Frustrationshintergrund«? Oder kann ich nicht auch so sehr, sehr glücklich sein und ein puppenlustiges Dasein leben?

Das habe ich mich und andere gefragt: Männer und Frauen, die alle dasselbe wollen und gerade deshalb vielleicht ganz Unterschiedliches erlebt haben. Auch sie kommen hier zu Wort. Weil die Suche nach der Liebe erstens für jeden auf eine andere Weise kompliziert, frustrierend oder beglückend ist. Und weil man zweitens ja auch von den Dates anderer eine Menge lernen kann (und dabei manchmal ziemlich froh ist, manche Erfahrungen nicht selbst gemacht haben zu müssen). Manche Fragen brauchten allerdings eine Fachkraft – und weil wir ja alle irgendwie auf der Suche nach einem zweiten, dritten oder gar vierten Frühling sind, wurden sie direkt an Frau Dr. Frühling, die Nachfolgerin der legendären Ratgeberikone Dr. Sommer weitergeleitet. Auch sie hat mich ein Jahr lang auf den Spuren der Liebe begleitet – ein Jahr voller skurriler Begegnungen, phantastischer Erlebnisse, überraschender Erkenntnisse, großer Hoffnungen, mit einigen Enttäuschungen und einem ziemlich überraschenden vorläufigen Endergebnis.

Ja, Sie haben gut aufgepasst. Es stehen zwei Namen auf dem Cover, obwohl nur ein »Ich« erzählt. Das hat verschiedene Gründe. Zum einen wissen wir ja nicht erst seit »Sex and the City«, dass es ja sehr viel netter, lustiger, entspannender ist, sich nicht allein, sondern gemeinsam mit der besten Freundin auf die Suche nach der Liebe zu begeben. Zum anderen haben wir tatsächlich große Teile dieses Buches gemeinsam an einem Tisch verfasst, und außerdem wäre es etwas verwirrend gewesen, immer von »wir« zu reden, wenn ja eigentlich bloß eine beim Blind Date saß oder Horst aus Rüdesheim schonend beibrachte, dass sie so gar keine sadomasochistischen Wünsche hat. Denn ja: Wir haben uns auch abgewechselt. Zwar hat die eine beste Freundin schon sehr lange einen Mann, aber im Unterschied zur anderen wird sie selten erkannt. Das hat sich bei manchen Expeditionen in den Dating-Dschungel als überaus praktisch erwiesen. Schließlich hätte es die Versuchsanordnung bisweilen empfindlich gestört, wenn sich die Teilnehmer vor allem mit der Frage beschäftigt hätten »Was macht eigentlich Susanne Fröhlich hier?«, anstatt sich um das zu kümmern, weshalb wir eigentlich da sind: Jemanden zu finden, den wir lieben können und der uns zurückliebt, dass es nur so kracht. Nicht mehr, aber auch auf keinen Fall weniger.

Die Käse-theken-theorie

Alles auf Anfang

Hin und wieder geschieht etwas, das einem das Leben auf links dreht, und dazu gehören definitiv Trennungen. Manchmal sind sie traumatisch und dauern länger als die eigentliche Beziehung. So wie bei einer Freundin, der es gelungen ist, eine dreijährige Ehe auf einen mittlerweile zehnjährigen Scheidungs- und Sorgerechtskrieg auszudehnen. Als hätte sie sich den Namen des Ex in Großbuchstaben über ihr Leben tätowiert. Ein Ende ist nicht in Sicht und die ewigen Querelen beschäftigen sie so, dass für eine neue Liebe schon aus zeitlichen Gründen gar kein Platz wäre.

Bisweilen verliert man sich aber auch eher beiläufig, so wie es meinem Ex und mir passiert ist. Irgendwann, nach vielen Jahren, haben wir festgestellt, dass wir vor allem eines wirklich richtig gut können: befreundet sein, auch ohne dafür ein Paar zu bleiben. Eine Weile habe ich mich mit dem Abschied von einem langen und überwiegend schönen Lebensabschnitt beschäftigt. Ich meine: Auch die Vergangenheit will gewürdigt werden. Als das erledigt war, war ich bereit, die nun freie Stelle »Mann an meiner Seite« neu zu besetzen. Ganz einfach. Oder sagen wir mal: Das war es, als ich das letzte Mal auf Akquise war. Irgendwann in den 90ern. Damals habe ich meinen Mann noch ganz klassisch bei der Arbeit kennengelernt, war der Job – neben Freunden und Bekannten – die in Deutschland erfolgreichste Begegnungsstätte. Das ist sie – wenigstens für mich – heute nicht mehr. Zum einen haben Frauen in meinem Alter mit ihren Kollegen gewöhnlich ausreichend Zeit verbracht, um ganz sicher sagen zu können: Helmut oder Klaus oder Gerhard werden es nicht sein und auch niemals werden. Sonst hätte man sie ja schon vor einigen Jahren in Betracht gezogen und/oder längst mal eine heiße Affäre oder wenigstens Sex im Kopierraum gehabt. So aber hat man 5923 Mal mit Helmut oder Klaus oder Gerhard in der Kantine gesessen, sie dabei beobachtet, wie sie sich nach dem Essen beherzt in die Serviette schnäuzen oder die letzten Happen mit dem Finger auf die Gabel schieben. Und man weiß außerdem ein paar weitere ernüchternde Dinge über sie: Etwa dass manche Männer abends immer noch so lange im Park sitzen, wie die Ehefrau braucht, um die Kinder ins Bett zu bringen, ehe sie nach einem »entsetzlich langen Tag« endlich zu Hause ankommen, um sich ordentlich bedauern zu lassen. Geschichten, die ich nur vom Hörensagen kenne. Denn ich arbeite vorwiegend allein daheim. Und sollte ich eines Morgens im Schlafanzug in mein Büro schlappen und einen tollen Mann dort finden, mit einem Schild um den Hals, auf dem »Der ist es!« steht, würde ich vermutlich eher die Polizei anrufen, als den Champagner aus dem Kühlschrank zu holen. Am Arbeitsplatz werde ich also aller Voraussicht nach keinen finden. Leider ist mein Leben auch kein Roman. Im Roman hätte ich jetzt schon mindestens zwei Verehrer an der Hand: den einen, der bereits in der Schule in mich verknallt war und jetzt ein wahnsinnig attraktiver Mann mit irgendeiner rasend spannenden Beschäftigung im künstlerischen Bereich ist, der sich nur deshalb noch nicht binden konnte, weil die einzig große Liebe seine Lebens – also ich – schon vergeben war. Den anderen, stinkreich, aber nicht so attraktiv, hätte mir das Schicksal beim Brötchenholen vor die Füße gespült. Der würde mich fortan mit unglaublich teuren Geschenken verwöhnen. Im wahren Leben empfiehlt meine Freundin Sabine etwas fast so Beklopptes, nämlich die »Käsethekentheorie«. Sabine hat ein »Brigitte«-Abonnement und kennt deshalb lauter aufregende Mutmachgeschichten, die eigentlich in einen Glückskeks gehören. Die gehen so: Da sucht eine Frau monatelang verzweifelt. Schaltet Anzeigen, geht auf Single-Partys, ist in Partnersuchportalen aktiv. Nützt aber alles nichts. Frustriert und mit dem beschämenden Gefühl, der größte Ladenhüter seit der Erfindung der Tortilla-Presse zu sein, schlenzt sie morgens in den Supermarkt. Sie hat mit allem abgeschlossen, deshalb trägt sie ihre älteste Jogginghose zum strähnigen Haar. Ist ja jetzt sowieso alles egal. Und da trifft sie IHN. Nicht irgendeinen Typen, sondern DEN tabelhaftesten aller Männer. Er steht am hellen Vormittag einfach so an der Käsetheke und überlegt nicht etwa, ob er ihr fünf Euro schenken soll, damit sie sich mal was Vernünftiges zum Anziehen kauft. Er spricht sie an. Er ist intelligent, lustig, stark, erfolgreich, gebildet und sehr, sehr ansehnlich. Fortan sind sie unzertrennlich.

»Ich hasse Käse!«, unterbreche ich das Märchen für die Frau ab 40, bevor noch der Schimmel in diesen Traum geritten kommt. »Und selbst wenn ich trotzdem lauernd vor der Käsetheke herumlungern würde, fällt das auf. Am Ende denken alle, ich hätte kein Zuhause. Und was ist, wenn ich da wirklich einen kennenlerne? Dann habe ich einen leidenschaftlichen Käse-Freund als Mann und muss lebenslang Begeisterung für Tilsiter oder Blauschimmel heucheln.«

»Verbeiß dich doch nicht so in den Käse. Es könnte genauso gut die Gemüseabteilung sein oder das Nudelregal. Was ich meine ist: Dass das Schicksal einen jederzeit beglücken kann!«

Ich bin skeptisch. Soll das so wie mit den Parkplätzen funktionieren, von denen eine Nachbarin behauptet, man könne sie sich beim Universum bestellen? Hat das Universum nichts Besseres zu tun, als sich um Parkplätze und Frankfurter Single-Frauen zu kümmern?

»Zumindest leistet es ganz schön gute Arbeit!«, sagt eine Kollegin, die nachweislich keine »Brigitte« liest und trotzdem einen süß-romantischen Beitrag zum Thema frisch aus ihrem Bekanntenkreis liefert. Auch dort hatte eine Frau längst mit der Suche abgeschlossen. »Weißt du«, so erzählt sie, »mit ihr war es wirklich nicht einfach. Sie ist wahnsinnig ehrgeizig und sehr erfolgreich im Beruf. Das hat viele abgeschreckt.« Offenbar nicht alle. An einem heißen Sommertag lag diese Frau im Schwimmbad, im Schatten eines alten Baumes, las ein Buch und sagte mehr zu sich: »Jetzt ein Glas kühlen Weißwein!« »Ja, das wär's!«, kam eine Stimme von der Seite. Der Mann, der dort saß, meinte, er fände es sei eine ausgezeichnete Idee, gemeinsam etwas trinken zu gehen. »Und jetzt sind sie schon seit einem halben Jahr ein Paar. Ein sehr, sehr glückliches.«

Mhm. Sind das die neuen Großstadtlegenden? Wurde die Spinne in der Yucca-Palme vielleicht vom Mann an der Käsetheke abgelöst? Und wenn es überall passieren kann, dann ist man vielleicht ja gerade nicht dort, wo der herumsteht, der es sein könnte. Oder stellt das Schicksal bundesweit tolle Kerle an Käsetheken? So für alle Fälle? Damit man auch wirklich nichts verpasst? Oder an Obststände? Oder ans Joghurt- und Quarkregal? Der Gedanke macht mich ein wenig nervös. Ich meine, der Zufall könnte ja nicht nur einen schlechten Tag, sondern gleich ein schlechtes Jahrzehnt haben, was seine Bereitschaft anbelangt, mir einen sensationellen Typen in die Arme zu schubsen. Klar, ich habe die Botschaft verstanden: Augen offen halten! Niemals aufgeben! Obwohl es so klingt, als müsse man sogar erst jegliche Hoffnung verabschieden, um erfolgreich zu sein. Aber das schaffe ich nicht. Wie soll ich gleichzeitig suchen und nicht suchen? Ich beschließe: eines nach dem anderen!

Mick, der jüngere

»Das ist jetzt nicht dein Ernst!«, sagt meine Schwester. »Dafür sind wir doch wirklich viel zu jung!«
»Dafür« ist eine »Ü50 Party« in Frankfurt. Ich muss meine Schwester daran erinnern, dass wir ja beide schon Ü50 sind. »Aber nur knapp. Eigentlich sind wir höchstens 45. Innerlich wie äußerlich. Außerdem wird die Party hier als Spaß für Oldies angekündigt. Warum gehen wir nicht gleich zum Seniorenkaffee?«, mault sie. Das kann ich ihr erklären: Dauernd ärgern sich Frauen in meinem Alter darüber, dass Männer in ihrem Alter angeblich nur noch in der Generation unserer Töchter wildern. Das setzt einen schon ziemlich unter Druck, sich jünger zu machen. Manchmal sehr viel jünger. So wie die Frau eines entfernten Bekannten. Vor kurzem erst hat er entdeckt, dass ihr wahres Geburts-

datum zehn Jahre vor dem liegt, das sie offiziell angegeben hatte. Es gab mächtig Ärger.

»Wäre mir viel zu stressig, dauernd so zu tun, als wäre ich Techno, obwohl ich eher aus der Bay-City-Rollers-Generation bin!«, sage ich und dass »Ü50« doch ein sehr manierliches Alter sei – auch und gerade für einen Single.

»Du willst dir doch wohl keinen Rentner angeln?«, fragt meine Schwester ein wenig ängstlich.

Nein, ich will bloß Männer kennenlernen, die Frauen nicht ausschließlich nach dem Jahrgang beurteilen. So wie ich bereit bin, dasselbe auch für sie zu tun. Und da scheint mir eine »Ü50« Party perfekt zu sein.

Wir machen uns also hübsch und ziehen los. Eine Stunde später stehen wir am Eingang der Location, bezahlen jeweils acht Euro für den Zutritt zu einem großen Saal, der nicht mal zur Hälfte mit Menschen gefüllt ist. Wenigstens die Musik ist schon mal gut. Ein paar Leute tanzen sogar, und fast alle starren uns an.

»Äh, hab ich was Seltsames im Gesicht?«, frage ich meine Schwester.

»Nö. Und ich?«

Nein, mit uns ist alles in Ordnung. Vermutlich sind wir hier die ersten Fremden seit Monaten. Vielleicht seit Jahren. So muss man sich fühlen, wenn man in eine private Feier reinplatzt. Uneingeladen. Wir gehen an die Bar, um uns an einem Glas festhalten zu können. »Guck mal, da!«, flüstert mir meine Schwester zu und zeigt auf eine Frau am Tresen. Sie trägt kunstvoll eingerissene Netzstrümpfe, Springerstiefel, einen Mega-Mini, ein zerfetztes Shirt, darüber ein Bolero-Jäckchen und ziemlich zerzauste Haare. Von hinten sieht sie aus wie eine Reinkarnation von Madonna in ihrer »Desperately Seeking Susan«-Phase. Von vorne wie eine Endfünfzigerin, die sich seit 1985 nicht mehr umgezogen hat.

»Sei nicht so streng!«, ermahne ich mich und denke an die mindestens 75-jährige Frau, die ich kürzlich bei Peek & Cloppenburg gesehen habe. Sie stand vor mir auf der Rolltreppe, hatte sich zwei kleine Zöpfe gebunden und rote Kleckse auf die Wangen gemalt. Dazu trug sie dunkelblauen Lidschatten, ein Mädchenkleid und Mädchenschuhe, Ballerinas mit Herzchen drauf. Mein erster Impuls war: »O mein Gott, da hat sich aber eine gründlich in ihrer Lebensphase geirrt!« Am liebsten hätte ich sie an die Hand genommen und wäre mit ihr Shoppen gegangen und zum Friseur. Bis wir oben ankamen. Dort wartete ein etwa gleichaltriger Mann auf sie. Sehr fein hatte er sich gemacht und Rasierwasser vorsorglich schon mal auf Vorrat für die nächsten vier Wochen aufgelegt. Als er sie sah, ging ein Leuchten über sein Gesicht, und auch sie freute sich wie eine Schneekönigin. Man spürte sofort, da sind zwei total hingerissen voneinander. Damals habe ich mir vorgenommen, nie wieder Styling-Tipps zu geben. Auch nicht ganz im Stillen für mich allein. Wer weiß, vielleicht hätte er sich ohne ihre Zöpfchen gar nicht in sie verliebt? Möglicherweise betet er ja gerade ihre Rouge-Wangen an?

Es scheint eben für alles eine Nachfrage zu geben. Sogar für die Retro-Madonna. Ein kleiner Mann mit schütterem Haar jedenfalls, mit dem sie gerade spricht, wirkt interessiert. Umgekehrt aber schlägt ihm offenbar keine große Begeisterung entgegen. Ich kann es verstehen. Mein Fall wäre er auch nicht. Ebenso wie alle anderen anwesenden Herren. Klar, manche sehen wirklich nett aus. Aber die Stimmung ist eher gedrückt. Am liebsten würde ich dieser Party eine Runde Clowns spendieren.

»Hallo!«, sagt eine Stimme von rechts. Ich drehe mich um. Da steht einer, der ganz entfernt wie Jürgen Klopp aussieht, nur älter und ohne Haartransplantation. Er sagt: »Hey, du bist neu hier. Ich habe dich jedenfalls noch nie hier gesehen.«

»Das liegt wohl daran«, erkläre ich, »dass ich auch noch nie hier war. Du aber offenbar schon?«

»Ja, schon recht oft.«

»Ist also nicht gerade eine Erfolgsstory, diese Single-Party?«

»Na ja, jetzt bist du ja da.« Oh, das war aber jetzt wirklich mal sehr charmant!

»Ich bin Rolf. Und du?«

Man kann auch ohne Männer
sehr schön unglücklich sein...

»Susanne«, antworte ich wahrheitsgemäß.
»Lustig«, sagt er. »Du siehst nicht nur aus wie Susanne Fröhlich. Du hast auch noch denselben Vornamen!«
Ich sage: »Ja. Schon ein Wahnsinnszufall.«
Er kommuniziert munter weiter: »Manche Leute sagen ja, ich würde sie an Mick Jagger erinnern. Also natürlich den jüngeren Mick.«
»Wirklich? Darauf wäre ich jetzt nicht gekommen«, sage ich und lache. Nett natürlich. Nicht hämisch oder so. Und ich sage auch nicht: Genauso könnte man behaupten, dass Dieter Bohlen aussieht wie Brad Pitt. Trotzdem wirkt Rolf deutlich abgekühlt. Oder war das jetzt schon sein ganzes Repertoire?
»Also, ich gehe jetzt mal weiter, man sieht sich.«
Das glaube ich eher nicht. Wir verlassen nämlich dieses Trauerspiel.
»Schade«, heuchelt meine Schwester auf dem Heimweg Mitleid, »näher wirst du einer Nacht mit Mick Jagger vermutlich nicht mehr kommen.«
»Der ist über 70!«, sage ich.
Und sie: »Ich meine natürlich mit dem jüngeren Mick!«

Die Gatterjagd

Steffen, ein sehr guter Freund und Taxifahrer, hatte mich gewarnt: »Geh niemals auf eine Single-Party!« Die Erfolgsquote der einschlägigen Veranstaltungen sei einfach zu trostlos. Jedenfalls gemessen an den Fahrgästen, die nach so einem Event zu ihm in den Wagen steigen. »Die allermeisten gehen so, wie sie gekommen sind: allein. Manchmal, sehr selten, kutschiere ich ein Kleeblatt aus zwei Männern und zwei Frauen noch zu irgendeiner Bar. Mag sein, dass es dann später noch funkt. Aber das kann ich mir kaum vorstellen. Meist sind vor allem die Männer viel zu betrunken.« Dass sich da zwei gefunden haben und die Veranstaltung gemeinsam verlassen, diese Wahrscheinlichkeit läge im niedrig einstelligen Bereich. »Die absolute Mehrheit sind Männer und

Frauen, die getrennt voneinander mit ihren Kumpels oder Freundinnen frustriert nach Hause fahren. Dann beschweren sich die Frauen darüber, dass die Männer einen Bauch haben oder einen Oberlippenbart. Aber auch, dass sie viel zu alt sind und trotzdem glauben, eine sehr viel Jüngere für sich begeistern zu können. Anscheinend nimmt es zu, dass auch über 50-Jährige zu den Ü30 Partys gehen. Und was ich auch oft höre: Frauen vermissen Ehrlichkeit.« Männer dagegen monieren, wenn die Frauen bereits Kinder haben. »Das gehört wohl zu den ersten Sachen, die sie möglichst gleich beim Kennenlernen abchecken. Fast alle wollen sich nicht – wie sie es ausdrücken – so viel Ballast ans Bein binden.« Und noch ein kleiner Unterschied: »Männer nehmen es sportlicher, wenn sie es nicht bis drei Uhr morgens geschafft haben, eine Frau zu dem abzuschleppen, was sie später auf der Rückbank ›Reste-Ficken‹ nennen. Sie ziehen dann noch ein wenig über die Frauen im Allgemeinen her und sagen: Scheiß drauf! Gehen wir halt noch einen trinken.« Frauen dagegen seien oft sehr viel enttäuschter und damit beschäftigt, noch aus den geringsten Anlässen große Hoffnungen zu ziehen. »Da sagt dann eine: ›Der hat mich mindestens zwei Mal angeschaut. Bestimmt wollte er mich ansprechen und ist bloß nicht dazu gekommen.‹ Noch im Auto geht sie dann auf Facebook, um ihn dort zu suchen und sogar anzuschreiben.« Es sei auffallend, findet Steffen, wie Frauen sich an jeder noch so kleinen Geste festhalten und enorm viel reininterpretieren. »Und ich staune, wie viele Kompromisse sie bereit sind einzugehen, wie schnell sie sich mit etwas Lauwarmem zufriedengeben. Vielleicht nicht alles, aber sehr, sehr viel scheint besser zu sein, als gar kein Mann. Ausgenommen eben die mit Bauch und Bärtchen.«
Für Steffen selbst seien Single-Partys keine Option. »Außer, um mal zu schauen, was andere alles falsch machen. Mir fehlt da das Spielerische. Man spürt den Druck, den sich alle machen. Ich glaube, die meisten Männer dort sind nicht in der Lage, in einem Café eine Frau charmant anzusprechen. Sie sind nicht witzig und auch nicht eloquent genug. Sie gehen auf diese Partys, weil sie glauben, dass man es ihnen da leichter

macht. Und weil sie keine Alternative haben. Woanders würden sie leer ausgehen. Hier haben sie wenigstens noch eine kleine Chance.«

In Jägerkreisen nennt man es »Gatterjagd«, wenn die Beute praktisch im Gehege gehalten und gleich dort erlegt wird. »Ich schätze, dass etwa 70 bis 80 Prozent der Leute dort am Wochenende Wiederkolungstäter sind. Alle spekulieren auf die 20 bis 30 Prozent ›Frischfleisch‹«, meint Steffen. Sein Tipp: »Ich würde einfach so ausgehen. Dorthin, wo man Spaß hat, und die Augen offen halten. Ich denke, sogar beim Bäcker oder Metzger oder im Supermarkt hat man größere Chancen als auf so einer Party.«

On the road again

Also doch die Käsethekentheorie? »Versuche es doch mal mit dem Jakobsweg«, rät mir ein alter Schulfreund. »Da geht es richtig ab!« Er ist vor zwei Jahren einen Teil des mehr als 700 Kilometer langen »Camino Frances« gegangen. Damals steckte er mitten in einer Ehekrise und wollte sich eigentlich einen klaren Kopf und eine Zukunftsperspektive erlauben. Allein. Dann traf er erst Bettina, später Giselle, schließlich Carmen. Mit jeder ging er ein Stück. Und nicht nur das, wie er andeutet. Der Ehe hat es gutgetan. Die läuft seitdem wieder wie einst im Mai. Man findet also nicht nur zu sich selbst, sondern auch sehr gut zu anderen. Aber will ich Hunger, Durst, Kälte, Hitze, ein hartes Lager und Erschöpfung auf mich nehmen, bloß wegen eines Mannes? Und dann kehrt er womöglich wie mein Freund doch heim zur Ehefrau?

Zum Glück winken andere Möglichkeiten. Sogar mehr, als man in einem einzigen Leben überhaupt bewältigen könnte. Früher wäre ich ein Einzelschicksal gewesen, ein Rainer Calmund bei einer Mister-Germany-Wahl. Heute bin ich eine Sardine in einem der weltweit größten Schwärme. Es gibt mehr Singles denn je, und entsprechend groß ist das Angebot: nicht nur Single-Partys oder die offenbar tollen Gelegenheiten, die am Jakobswegrand liegen. Es gibt auch Single-Portale, Single-Kochkurse, Single-Tanzkurse, Speed-Dating, Kontakt- und Eheanbahnungsinstitute und Anzeigen – nebst gefühlten Hunderten weiterer Gelegenheiten, sich bei der Suche helfen zu lassen. Natürlich kosten alle Geld. Sagen einem ja schon die Namen wie Partnerbörse, Single- oder Heiratsmarkt. Und ich frage mich: Wie machen das eigentlich Alleinerziehende mit ohnehin knappem Budget? Hat, wer mehr investieren kann an Zeit und Geld, auch die besseren Aussichten?

Fleischlose Kuschelhasen

Beim Einkauf im Öko-Supermarkt fällt mir die Zeitschrift »Schrot & Korn« in die Hände. Einen Vegetarier könnte ich also zum Beispiel schon mal für lau haben. Die Zeitschrift kostet nichts und hat eine Kontaktanzeigenrubrik. Darin wird zum Beispiel von ihm, »Ende 40, 185 cm, schlank, Vegetarier, Nichtraucher, zuverlässig, spirituell, liebt viel Nähe mit Kuscheln, Sexualität« ein »weibliches, liebevolles Gegenstück« gesucht, »für eine warmherzige, ehrliche, freudvolle, tolerante Beziehung«. Seine Interessen: »Natur, Sport, Wandern, Sauna, Gesellschaftsspiele«. Okay, Kuscheln und Sauna sind jetzt nicht so mein Ding. Und was die Spiritualität anbelangt, hätte ich ein wenig Angst, dass es zum Frühstück nicht den Politikteil der Frankfurter Allgemeinen gibt, sondern man mit mir mein Aura-Soma-Fläschchen des Tages channeln will. Vielleicht ist er ja hauptberuflich mit »Familienaufstellung für Eskimos« beschäftigt, und ich darf das nicht mal lustig finden? Ist mir mit einer Freundin passiert, die seitdem nicht mehr meine Freundin sein will. Auch bei »Gesellschaftsspiele« bin ich raus. Mit zwei Kindern habe ich das glücklich hinter mich gebracht und fest vor, die nächste Mensch-Ärgere-Dich-Nicht-Runde frühestens im Altenheim zu spielen.

Wir alle sind umgeben von Menschen, die wir und die uns lieben. Eigentlich sind wir deshalb sowieso nie »solo«.

Das größte Problem: die Sache mit dem »fleischlos«. Ich weiß, es wäre netter. Aber ab und zu ein Steak, das brauche ich schon. Und dann soll auf meinem Teller auch nur das Steak liegen und allenfalls noch ein Salat, aber nicht noch das Problem mit den Treibhausgasemissionen, die 842 Millionen Menschen, die auf der Welt hungern, und das Elend der Massentierhaltung. Ich höre schon, wie der Kuschelhase sagt, dass eine tiereiweißreiche Ernährung an vielen chronischen Erkrankungen schuld sein soll. Andererseits belegen Studien auch, dass Single-Frauen länger leben als Liierte. Würde man deshalb die Männer abschaffen? Obwohl es aus gesundheitlichen Gründen das Klügste wäre? Darf man in meiner Lage überhaupt so schnäubisch sein? Wäre es nicht dumm, gleich ganze Bevölkerungsgruppen auszuschließen? Laut VEBU, dem »Vegetarierbund Deutschland«, gibt es hierzulande immerhin 7,8 Millionen Vegetarier (rund zehn Prozent der Bevölkerung) und 900.000 Veganer (1,1 Prozent).

Vom Runterschlucken

Ich habe noch nicht mal richtig mit der Akquise angefangen, und schon wird die Sache mit der Männersuche unübersichtlich. Denn ich entdecke noch etwas anderes in »Schrot & Korn«: Werbung für gleichklang.de, die »Kennenlern-Plattform für umweltbewegte, tierliebe und sozial interessierte Menschen«. Für nur sieben Euro im Monat können sich unter anderem Veganer und Veganerinnen, Vegetarier und Vegetarierinnen finden. Ein Angebot, das laut Selbstauskunft aktuell 14.500 Mitglieder nutzen. Ich überlege: Ist es wirklich so wichtig, ob einer Gurkensalat auf dem Teller hat oder ein paar Frikadellen? Ich persönlich würde ja sagen: am besten beides! Das sehen Gleichklang-Userinnen offenbar ganz anders. Eine erzählt, dass fleischessende Männer bei ihr nach dem Essen immer einen Liter Wasser trinken oder sich die Zähne putzen mussten, bevor sie sie küssen durften. Sie distanzierte sich innerlich, sagt sie, und dachte manchmal, sie fühle sich wie das Schlachtvieh selbst, respektlos behandelt, und dann mit viel Gier verschlungen.

Also dagegen, »mit viel Gier verschlungen« zu werden, hätte ich gelegentlich nichts einzuwenden. In einem Internetforum lese ich allerdings, dass ich auch als Brechmittel durchgehe. Dort heißt es in einem Beitrag, dass Fleischesser praktisch aus Tierkadavern bestehen und wie eklig der Gedanke sei, so etwas zu küssen. Vom Sex ganz zu schweigen. Ich erinnere mich an eine Folge »Sex and the City«, wo das Problem nicht aus zu viel Fleisch, sondern aus zu viel Grünzeug bestand. Die vier Freundinnen stellten jedenfalls einige Überlegungen dazu an, inwiefern das, was oben eingefüllt wird, den Geschmack von dem beeinflusst, was bei einem Blowjob anfällt. Mit dem Ergebnis: bloß kein Weizengras! Andererseits wäre es ja für einen guten Zweck, den Geschmack zu ignorieren. Man könnte ganz fest an den Welthunger denken. An die Klimaerwärmung. An furzende Rinder. Aber ist das hilfreich, ausgerechnet im Bett?

Eigentlich hätte ich ja gedacht, dass die Partnersuche in den letzten Jahrzehnten sehr viel leichter geworden ist. Doch offenbar sind bloß eine Menge Probleme dazugekommen. Was tut zum Beispiel ein Veganer, der sich unsterblich in eine Frau verliebt und dann feststellt, dass sie Salami im Kühlschrank hat? Fallen sämtliche Schmetterlinge in seinem Bauch vor Schreck sofort tot um? Und wie verarbeitet er das? So viele verendete Tiere auf seinem Gewissen? Sollte man heute vor dem nächsten ersten Kuss vorsichtshalber erst mal sagen: »Eier! Fleisch! Quark!«

So grundgut es außerdem für die Moral sein mag, komplett auf alles Tierische zu verzichten (worüber man durchaus auch streiten könnte), so sehr erschwert es einem die Männersuche. In Deutschland leben deutlich mehr Veganerinnen als Veganer. Jetzt könnte man sagen: ein Glück für die Veganer. So haben sie wenigstens bei den Frauen große Auswahl. Andererseits handeln sie sich Probleme ein, die ein Fleischesser eher nicht hat. In einem Vegan-Blog lese ich die Frage eines Users:

»Dürfen Veganer beim Oralsex Sperma schlucken? Ich denke, ja, aber meine Partnerin ist der Meinung, dass Sperma letztlich auch nur tierisches Eiweiß ist und das damit nicht geht. Was meint ihr? Sagt sie das vielleicht nur als Ausrede, um nicht zu schlucken?«

Die Antworten sind nicht minder bekloppt: »Strenggenommen hat sie recht. Immerhin gibst du da ja lebendes Material von dir. Prinzipiell sollten Veganer sowieso nicht onanieren, das ist erstens unchristlich und zweitens auch ethisch nicht vertretbar (Massenmord).« Oder: »ich finde die haltung deiner partnerin sehr konsequent. du musst dir vorstellen, du schluckst millionen von kleinen ungeborenen kindern. du verlangst von ihr im übertragenen sinne einen genozid. so stelle ich mir das immer vor! kannst du mit dieser schuld leben?« Fast sehnt man sich nach den vergleichsweise übersichtlichen Dr.-Sommer-Fragen (»Wird man süchtig, wenn man einen Haschraucher küsst?«). Und irgendwie bekommt man dann doch große Lust, die nächste Käsetheke zu besuchen. Kein Veganer weit und breit.

Es ist kompliziert

Gleichklang.de ist dabei längst nicht das einzige Portal, das Veggies und Veggies, Veganer und Veganerinnen zusammenbringen will. Es gibt noch VeggieCommunity.org, die »etwas andere Kontaktbörse für Vegetarier, Veganer und Rohköstler«, aber auch Frutarier und Freeganer werden vermittelt und solche, die »fast Veganer« oder »fast Vegetarier« sind. Also »fast Vegetarierin«, das sollte doch zu machen sein! Leider stelle ich fest, dass die Mitglieder dieser Partnerbörse vorwiegend im Alter meiner Kinder sind. Also suche ich weiter und finde: Partnerbörsen für Alleinerziehende – solche wie Singlemama.de, für Moppel – Mollipartner.de, für Bauern – Landflirt.de, für Senioren – platinnetz.de (leider fängt der »Senior« im Dating-Kosmos schon bei 50 an, ich habe erst mal eine Runde geheult...), für Grufties – Black-flirt.de, für lange

Menschen – Grosseleute.de, und kurze Menschen – Kleinesingles.de, für Christen – Christ-sucht-Christ.de, und natürlich für Schwule und Lesben – Gay-parship.com sowie für »reife Männer«, die junge Frauen daten wollen – reif-trifft-jung.de, wobei »reif« für die Männer großzügig bis 99 Jahre ausgelegt wird und »jung« maximal 30 Jahre bedeutet. Mehr kann man in der Maske gar nicht einstellen. Die meisten Mädels sind aber ohnehin eher knapp volljährig und tragen wie Sophie92 so wenig am Leib, dass man sich besorgt fragt, ob ihr Haushalt wohl auch Blasentee führt. Sophie92 wünscht sich übrigens (wie vermutlich alle anderen) eine »schöne gemeinsame Zeit, Spaß, tolle Gespräche sowie etwas Unterstützung in Form einer SD Beziehung oder so ähnlich.« (Für Frauen über 40: SD meint »Sugardaddy«.)

Kein Wunder, wenn die Deutschen aussterben. Wo sie es sich so ungeheuer kompliziert machen, sich kennenzulernen. Was tut zum Beispiel eine Single-Frau, wenn sie moppelig, alleinerziehend, Gruftie, katholisch, Landwirtin mit Hund und über 1,90 Meter ist? Meldet sie sich dann in jedem Einzelnen in Frage kommenden Portal an? Macht sie ein Eigenes für Frauen wie sie auf? Kann sie nachts nicht schlafen, weil sie dauernd darüber nachdenkt, was in ihrem Leben wohl die größere Rolle spielt? Sicher die Kinder. Aber mit einem, der andauernd erklärt, dass Gott ganz bestimmt tot ist, wäre das Leben anstrengend, und möglicherweise ist es bei der Partnersuche ja für eine so große Frau fast entscheidender, einen zu finden, der nicht immer hüpfen muss, wenn er sie küssen will. Doch zählt das tatsächlich mehr als ihre Leidenschaft für Death Metal? Wäre einer, der Helene Fischer hört und bei »Anathema« einen Hörsturz simuliert, überhaupt zu ertragen?

Ich glaube, ich werde das alles später klären, wenn ich einen Mann getroffen habe. Wenn es der Richtige ist, werde ich mit ihm auch über Musik reden können, über Hunde, und natürlich wird er meine Kinder sehr mögen und sie ihn. Und ich werde seine toll finden. Sofern er welche hat. Er wird meine Gewichtsflexibilität mit Geduld und Humor ertragen und ich werde ihm in seine auch nicht reinreden. Und wenn er gern ausschließlich Gemüse isst, ist das für mich ebenso in Ordnung wie einer, der gern mal Fleisch auf dem Teller hat – so wie ich.

Nicht, dass ich gar keine Prinzipien hätte. Im Gegenteil. Manche finden sogar, ich hätte so viel davon, dass ich ruhig noch ein paar abgeben könnte. Aber darunter ist keines, dem ich die ganze Sache mit der Partnersuche ganz allein überlassen würde. Nicht mal mein neuestes Prinzip »Nie mehr eine Single-Party« und »Auf keinen Fall einen Hardcore-Veganer«.

Ich glaube, ich bin keine »Special-Interest-Frau«, ich setze lieber auf einen möglichst großen Streueffekt. Gemeinsamkeiten allein, das wissen wir schließlich alle, machen nicht per se ein gutes »Match«, wie die Paarpsychologen es nennen. Wer größtmögliche Vielfalt und damit die meisten Chancen sucht, der landet schließlich bei den großen Partnersuchportalen. Und praktisch jeder, dem ich erzähle, dass ich auf der Suche bin, kennt mindestens eine oder einen, die oder der seine große Liebe genau dort getroffen hat. Das werde ich jetzt auch versuchen. Und falls es nicht klappt, bleibt mir zur Not immer noch die Käsetheke.

Liebe Frau Dr. Frühling,

ich habe in einem Online-Portal ein sehr attraktives Foto von einem Mann gefunden und mich quasi sofort verliebt. Leider sucht Lukas1968 eine »blonde, zierliche« Frau bis 40 Jahre. Ich bin aber weder blond noch zierlich und älter als das Suchprofil, also derselbe Jahrgang wie Lukas1968. Kann ich mich trotzdem bei ihm melden oder ist das peinlich?
Monika, 47

Liebe Monika,

einerseits: Versuch macht klug und wer nicht wagt, der nicht gewinnt. Die meisten Männer sind oft sehr viel altersflexibler, als sie es sich selbst zutrauen. Lukas1968 weiß vermutlich gar nicht, wie wunderbar »nicht blond, nicht zierlich« und über 40 sein kann. Andererseits: Wollen Sie wirklich jemand mit so einem beschränkten Beuteschema kennenlernen?
Ein wenig kommt es außerdem darauf an, wie weit Sie von »zierlich« entfernt sind. So weit, dass man »zierlich« mit vier oder fünf oder sechs multiplizieren müsste? Auch dann würde ich dringend von einer Kontaktaufnahme mit Lukas1968 abraten.

Freie Liebe

Sie werden in diesem Buch hoffentlich ein bisschen Halt, eine Menge Spaß, ein paar Anregungen und vielleicht sogar die eine oder andere fabelhafte Perspektive – mit und ohne Mann – finden. Nur eines bietet es nicht: Studien – etwa zur spannenden Frage, wie genau man den Kopf halten sollte, damit einer anbeißt, und wie man seine Wohnung einrichtet, damit man sich demnächst nicht mehr allein im Bad die Zähne putzt. Es liegt daran, dass diese Studien mittlerweile überwiegend von Singlebörsen erstellt und in die ewige Medienumlaufbahn geschickt werden.

Die Suchportale – solche wie Parship oder ElitePartner – haben viel Konkurrenz bekommen. Da muss man sich etwas einfallen lassen und sich weitere Geschäftsfelder eröffnen. Und das geschieht gerade. Die Unternehmen sind im Begriff, die Deutungshoheit über das gesamte Thema »Liebe« zu übernehmen. Ein Großteil der Umfragen zum Thema kommt heute nicht mehr aus den einschlägigen Fachbereichen der Universitäten. Sie werden von den Privatvermittlern erstellt. Die haben gleichzeitig die Schlagzahl der Veröffentlichungen deutlich erhöht und sie so dem Tempo angepasst, das auch bei der Kontaktanbahnung vorgelegt wird. So wie man dauernd neue, vermeintlich »interessante« Partnervorschläge im Briefkasten findet, so befeuern die Portale die Öffentlichkeit fast täglich mit vermeintlich wichtigen Ergebnissen zu irgendeinem Aspekt aus dem Großraum ihres Kerngeschäftes.

Schon lange geht es dabei nicht mehr bloß um die Anbahnung. Auch die Fortsetzung einer Liebe, praktisch alles rund um Beziehung, Elternschaft, Ehe wird von einem fortwährenden Ratgeber-Stakkato – alles auf Basis von Umfragen – begleitet und besetzt. Es geht um »Beruf und Beziehung«, um Kinder, darum, ob Männer Erziehungsurlaub nehmen sollten oder nicht und um den »(Alb-)Traum – Urlaub zu zweit«.

Zielstrebig wird darauf hingearbeitet, sich gleich in allen Liebeslagen unentbehrlich zu machen. Wie man irgendwann bloß noch ein Lagerfeuer und einen Cowboy brauchte, um an Marlboro zu denken, werden wir gerade darauf trainiert, innere Tags zu setzen – etwa »Beziehung« automatisch mit den offenbar allwissenden Portalen zu verknüpfen. Das ist ungefähr so, als würde man einen Tabakkonzern über die Vorteile des Nikotinkonsums referieren lassen.

Nebenbei wird unterschwellig die Idee beworben, dass die Sache mit der Zweisamkeit ja offenbar viel zu kompliziert und unübersichtlich ist, um sie ohne professionelle Begleitung stemmen zu können. Im Grunde erlaubt man den Portalen damit, Hochsitze in unserer Küche, unserem Schlafzimmer, unserem Wohnzimmer, in unserem Herzen aufzustellen, von wo aus sie uns beobachten, alles kommentieren und letztlich auch dirigieren.

Klar kann man ein wenig Unterstützung immer gut brauchen. Zumal, wenn es um Männer geht. Aber das Lieben ausgerechnet vertrauensvoll in jene Hände zu legen, die praktisch davon leben, dass es nicht funktioniert? Ich finde, wenigstens Beziehungen sollte man nicht auch noch wie seine sportlichen Aktivitäten »tracken« lassen. Am Ende überträgt die Apple-Watch nicht allein die Kilometer, die ich gejoggt bin, die Kalorien, die ich dabei verbraucht habe, und sagt mir nicht bloß, dass ein anderer Teilnehmer irgendwo noch schneller war. Mir wird auch erklärt, dass ich SO nicht hätte mit meinem Liebsten sprechen dürfen oder dass ich selbst schuld bin, wenn es die Beziehung nicht mal bis zum Standesamt schafft, weil ich mich weigere, rote Dessous zu tragen, obwohl eine Umfrage doch ergeben hat, dass es genau das ist, was Männer wünschen. Vorsorglich bekomme ich gleich zehn neue Partnervorschläge in mein Postfach.

Ich finde: Das meiste, also jedenfalls die wirklich wichtigen Dinge, sagt einem sowieso der gesunde Menschenverstand. Zum Beispiel, dass die Liebe keinesfalls bloß die angestrengten Richtigmacher bevorzugt.

Dass sie im Gegenteil klein und verzagt wird, wenn man der Angst, etwas falsch zu machen, das Zepter überlässt und damit jenen, die an dieser Furcht ihre Gewinne maximieren. Deshalb gibt es hier keine Studien – aber viele Argumente für ein beherztes Herumdilettieren und für freie Liebe sowieso.

»Alle elf Sekunden verliebt sich einer auf Parship.de. Ich glaube, es ist immer derselbe.«
(Martin Zingsheim, Kabarettist)

Land des Lächelns

Frischfleisch

Seit langem bin ich mal wieder bei Friendscout. Nach einem ersten Anlauf und eher ernüchternden Ergebnissen hatte ich eine Weile Abstand gehalten. Meldet man sich neu an, häufen sich die Anfragen. Dann wird es sehr schnell ruhiger. Sehr viel ruhiger. Es ist ein bisschen wie mit einem neuen Spielzeug: Erst kann man nicht genug bekommen und dann liegt es in der Ecke und wird keines Blickes mehr gewürdigt. Ein Freund, bei einigen Partnerbörsen unterwegs, hat mir mal erklärt, dass man schnell sein muss, wenn neues »Spielzeug« auftaucht. »Da stürzen sich alle drauf, die sichten ständig, was reinkommt.« Frischfleisch geht eben besser.

Meine Ausbeute heute: Schlaf33 aus Zürich. Er ist auf seinem Foto ein ganz hübsches Kerlchen. Dunkelhaarig, Bartschatten, volle Lippen. Er ist laut eigenen Angaben 1,81 Meter groß und wiegt 74 Kilo. Er lebt in Zürich (für ein schnelles Date ein klitzekleines logistisches Problem), ist Banker, Nichtraucher, und was den Kinderwunsch angeht noch unentschlossen. Er spricht Griechisch, Deutsch, Englisch und Französisch und ist gerade mal 36. Somit 16 Jahre jünger als ich. Er schickt mir eine Nachricht: »Lust auf einen Flirt im Chat?« Klingt ein wenig wahllos. Will er sich den Alltag in seiner Bank versüßen? Ein paar Aktien hin- und herschieben und zwischendrin ein bisschen mit einer unbekannten 52-Jährigen rumschäkern? Was bedeutet »Flirten im Chat«? Fallen da eine Menge schmutzige Wörter? Ist das eine Art Telefonsex nur ohne Telefon? Eine Sexhotline nur ohne Kosten? Was wird da erwartet? Sieht Schlaf33 vielleicht im wahren Leben ganz anders aus, sitzt mit Bierwampe in irgendeinem Callcenter-Großraumbüro und lacht sich schlapp über all die Frauen, die auf seine Flirtofferten eingehen? So oder so, er sucht eine Frau zwischen 25 und 45. Kann er nicht lesen? Ich habe schließlich mein Alter angegeben. Selbst mit viel Toleranz falle ich nicht mehr in diese Gruppe.

»Das war sowieso ein Fehler!«, findet eine meiner Freundinnen, ein Friendscout-Profi. »Man gibt keinesfalls sein wahres Alter an. Du darfst als Frau alles sein – aber niemals darf eine fünf vorne stehen.«
Ich bin nun mal 52 und finde es irgendwie peinlich, mich um ein Jahrzehnt zu verjüngen. Sollte man sich tatsächlich jemals treffen, wäre der Schock auf der Gegenseite doch zu groß. Ich möchte auch nicht einen 55-Jährigen anschreiben und dann einem 65-Jährigen gegenübersitzen. Schlaf33 ist raus.
Die nächste neue Nachricht ist von Markmaggi, 47, aus dem Märkischen Kreis. Meine Heimatkundekenntnisse sind nicht besonders. Ich muss zunächst mal gucken, wo das überhaupt ist. Der Märkische Kreis ist in NRW und umfasst den westlichen Teil des Sauerlands. Auch nicht um die Ecke, aber wer die Liebe sucht, sollte die Entfernung nicht scheuen. Manchmal liegt das Glück vielleicht eben doch nicht um die Ecke, sondern ein paar Kilometer weiter. Markmaggi ist geschieden, Sternzeichen Löwe, mag Fastfood und gesunde Küche, ist 1,85 Meter und sieht sympathisch aus. Er trägt auf seinem Foto ein gestreiftes Kurzarmhemd und wirkt, als würde er viel Zeit im Fitnessstudio verbringen. Er lacht nett und hat eine Glatze, was ich mag. Er sucht Frauen zwischen 30 und 55. Das verrät eine gewisse Flexibilität. Acht Jahre nach oben, 17 nach unten. Das wäre etwa so, als würde ich Männer zwischen 35 und 60 Jahren suchen. 35 wäre mir definitiv zu jung.
Markmaggi hat in seinem Profil die Headline: »einfach jemand finden, der wert auf treue und zusammenhalt legt«. Vorsichtshalber mal alles klein geschrieben. Wenn jemand Treue so betont, macht sich bei mir immer der Gedanke breit, dass er schlechte Erfahrungen gemacht hat. Seine Nachricht an mich ist kurz: »Verrate mir mehr von Dir.« Aber was genau soll ich verraten? Ich habe inzwischen begriffen, dass nur zahlende Mitglieder mehr schreiben können, alle anderen müssen unter vorgegebenen Fragen wählen. Aber Markmaggi ist Premiummitglied und könnte sich selbst ein paar Fragen einfallen lassen. Erwarte ich zu viel?

Frauen von heute sind nur ein Problem für Männer von gestern.

Auch mir wird von dem Portal Vorgefertigtes vorgeschlagen: »Vielen Dank, triff mich jetzt im Chat« oder »Schreib mir eine Nachricht, ich möchte mehr über Dich erfahren« oder »Nett von Dir, aber ohne Foto keine Chance«, »Danke, ich bin leider nicht interessiert« oder »Ja, bei mir kribbelt es auch.« Gibt es tatsächlich Menschen, die schon beim Lesen eines Profils ein Kribbeln verspüren? Was muss da los sein? Sind die hormonell dermaßen unterzuckert? Bin ich zu pragmatisch?

Ich schreibe ihm zurück: »Was genau willst Du denn wissen? Schuhgröße, Blutgruppe oder Allergien? Gruß, S.« Mal sehen, was Markmaggi dazu einfällt.

Der nächste auf meiner Nachrichtenliste ist Ceallach_64. Er ist 50, 1,81 groß und wiegt 77 Kilo. Ein hübscher Kerl. Sein Motto: »Alle Lebewesen außer den Menschen wissen, dass der Hauptzweck des Lebens darin besteht, es zu genießen.« Hört sich ein bisschen an, als wollte Ceallach_64 Spaß haben. Bin ich schon wieder zu streng? Überinterpretiere ich dieses kleine Sätzchen? Wissen Eichhörnchen, dass der Hauptzweck des Lebens darin besteht, es zu genießen? Mit Sinnsprüchen habe ich es generell nicht so.

»Nicht kleinlich sein, Susanne!«, muss ich mich mal wieder ermahnen. Er wohnt nicht weit weg. Groß-Gerau. Er sucht Frauen zwischen 48 und 58, schlank, athletisch oder normal. Mit ein bisschen gutem Willen oder einer ordentlichen Fehlsichtigkeit gehe ich als normal durch. Sein großer Vorteil, er hat eine wirkliche Nachricht geschrieben: »Sehr interessant, was ich hier über Dich lese – Du machst einen echt sympathischen Eindruck. Mein Bild habe ich freigeschaltet, liebe Grüße, Peer.« Das ist keine sprachliche Superüberraschung, aber ich denke, ich werde kurz zurückschreiben. Noch immer kostet mich das Selbst-Anpreisen Überwindung. Und ich finde diese Art der Kontaktaufnahme nach wie vor irgendwie seltsam.

Während ich über eine witzige, eloquente und freundliche Nachricht nachdenke, meldet sich schon Markmaggi. »Hallo lady ich bin mark und finde dich sehr attraktiv was machst du beruflich und was suchst genau? darf ich bitte die anderen Fotos sehen? lg mark.« Mark scheint kein Freund der Groß- und Kleinschreibung zu sein. Ich habe ein zweites Foto auf meinem Profil, das ich freischalten kann. Die Frage nach meinem Beruf ist schwierig. Ich will nicht Autorin schreiben, will aber auch nicht lügen. Ich entscheide mich für »selbständig«. Das ist alles und nichts, aber die Wahrheit. Was suche ich genau? Tja – wenn möglich die große Liebe mit allem Drum und Dran, ansonsten nette Männer, mit denen man reden und lachen kann. Ich schreibe: »Lieber Mark, was ich suche, weiß ich selbst nicht so genau. Die große Liebe oder nette Menschen ... wie sieht es bei Dir aus? Ich bin selbständig und habe Dir das andere Foto freigeschaltet, liebe Grüße S.«

Zu viele Männer

Den Vornamen abkürzen sieht albern aus, ich fände es jedenfalls albern, aber es dient einer gewissen Tarnung. Ich habe immer ein bisschen Muffe, dass man mich erkennt. »Und wenn schon«, sagt eine Stimme in mir. Eine andere hat Angst, dass Männer denken, ich mache das nur zu Recherchezwecken. Ganz falsch ist das nicht. Aber es geht eher um eine Art Mischkalkulation. Ich würde mich wirklich auch gerne rasend verlieben.
Insgesamt bin ich erstaunt, wie viele Männer morgens um 10 Uhr 32 online sind und offenbar eine Menge Tagesfreizeit haben. Erstaunlich, dass sie nebenbei dann immer noch die Welt regieren können, obwohl es doch heißt, dass sie nicht multitaskingfähig sind.
Während Markmaggi noch überlegt (was soll wohl dieser Nickname bedeuten, mag er Maggi?), schreibe ich Ceallach_64. Ich komme nicht weit. Markmaggi ist schneller. Er findet, ich sei eine richtige Lady (na ja, gewagte Aussage nach zwei Sätzen Text und zwei Bildern) und schickt mir seine WhatsApp-Handynummer. Er schreibt, er sei Schichtarbeiter.

Das ist ungefähr so unbestimmt wie »selbständig«. Man kann am Band sitzen oder Krankenpfleger sein. Schicht arbeiten viele. Ich bin unsicher, was ich schreiben soll. Die Wahrheit? Ich recherchiere und schaue mich dabei privat ein bisschen um. Komme mir irgendwie gemein vor. Mark scheint freundlich. Ich gehe trotzdem erst mal offline, also raus aus dem Netz.

Ich gestehe es jetzt hier: Ich antworte nicht auf alle Anfragen. Oft aus Nettigkeit. Das mag verquer klingen, aber ich finde es unglaublich schwierig zu schreiben: »Dein Aussehen gefällt mir nicht.« »Ich habe ein Problem mit Deiner Rechtschreibung, mit Deinen Inhalten oder Deinem gesamten Profil.« Es ist mir lieber, Männer denken, ich wäre unhöflich. Das ist kein ganz so schlimmer persönlicher Affront. Besser sie haben das Gefühl, ich sei eine blöde Kuh als »Ich sehe scheiße aus.« Ich will niemanden verletzen, jedenfalls nicht vorsätzlich. Die Männer werden auch so spüren, dass ich nicht in Ekstase bin.

Man kann mühelos sehr viel Lebenszeit mit dem Internet-Dating verbringen. Sogar ohne auch nur ein Date zu haben. Einfach nur mit dem Sichten, Ordnen und Auswählen. Stunden vergehen damit, dass man sich Fotos anschaut, alles Mögliche in ein winziges Bild hineindeutet und überlegt, ob es wirklich schlimm ist, wenn jemand Schlager mag oder Volksmusik. Man kann darüber grübeln, was ein »Kleinbär« ist, ein »Megarammler« oder ein »Kuschelmonster«. Sich Gedanken machen, was es bedeutet, wenn ein Mann auf die Frage »Was ist mir wichtig?« mit »Sauberkeit und Reinlichkeit« antwortet. Klingt ziemlich zwanghaft. Vor allem sollte man doch davon ausgehen, dass Sauberkeit kein Bonus ist, sondern zum Standard gehört. Wenn jemand das so ausdrücklich erwähnt, macht mich das mehr als stutzig. Ich möchte nicht bei der ersten Verabredung erst mal mit Sagrotan abgesprüht werden.

Die Kontaktaufnahme ist der nächste Schritt. Aber bei allem Gucken vergisst man ihn manchmal. Je mehr Männer man sich anschaut, umso mehr denkt man, dass die Auswahl unglaublich groß ist. Warum sich festlegen, wenn da immer noch mehr sind? Aber sind die tatsächlich alle frei? Und was wollen sie wirklich? Suchen sie die große Liebe oder nur schnellen Sex?

»Klar weiß ich, dass das hier flott geht, denn die Frauen, die hier auf dem Portal sind, die sind definitiv suchend, das macht es leichter, als abends in einer Kneipe stundenlang rumzubaggern, nur um dann zu hören, sie habe einen Freund!«, plaudert einer der Friendscout-Männer, mit dem ich telefoniere, einmal aus dem Nähkästchen. »Hier sind die meisten ziemlich willig. Vielleicht, weil sie denken, das gehört dazu oder dass man sonst eben weiterguckt. Ich mag das. Es ist unaufwendig. Wenn du einigermaßen aussiehst, ist so ein Internet-Partnerportal echt effektiv.«

»Suchst du denn gar keine feste Beziehung, eine wirkliche Freundin?«, frage ich leicht verstört nach.

»Ehrlich gesagt, eigentlich nicht. Ich mag meine Freiheit, will aber ab und an Sex«, gibt er zu.

Ist er eine Arschausnahme oder gibt es das häufiger? Ist das überhaupt verwerflich? Oder völlig in Ordnung? Was macht das mit Frauen? Selbst wenn es einer ehrlich sagen würde, denken nicht etliche Frauen: Bei mir wird es anders? Er wird sich rasend verlieben und für immer seinen Kopf nur noch auf meinem Kissen betten?

Mich ernüchtert diese Aussage, so ehrlich sie auch sein mag. Klar geht auch Sex ohne Liebe, aber jemand, der das direkt ankündigt, ist für mich nicht wirklich attraktiv.

Ob das auch auf Peter zutrifft? Er hat mir immerhin auf einem Portal geschrieben, das als besonders seriös gilt. Ja, ich fahre zweigleisig. Frei nach der Devise »Es kann nur gelingen, was man auch versucht«, habe ich mich noch bei einer weiteren kostenpflichtigen Singlebörse angemeldet. Dort hat Peter mich gefunden. Er hat ein nettes Profilfoto. Er ist nicht überwältigend gutaussehend, wirkt aber freundlich. Laut eigenen Angaben ist er Unternehmer. Ein Engländer. Er schreibt charmant und wohnt nicht weit entfernt. Wir beschließen auszugehen. Das habe ich inzwischen gelernt: Schnell treffen oder zumindest schnell telefonieren

Man kann auch mit dem Falschen richtig guten Sex haben.

ist sehr viel effizienter, als wochen- oder monatelang Nachrichten auszutauschen. Da baut sich bloß unnötig viel Erwartungsdruck auf, der meist in Enttäuschung mündet.

Peter scheint ähnlich pragmatisch zu denken. Also finden wir schon für die nächsten Tage einen Termin. Der erste Eindruck ist nicht berauschend: Er trägt ein Kurzarmhemd und ein feines Goldkettchen. Beides Dinge, auf die ich sehr gut verzichten kann. Ich ermahne mich mal wieder: Er ist Engländer, die sind nun mal nicht besonders geschmackssicher. Dafür ist er amüsant und eloquent und er zahlt wie selbstverständlich das Essen. Als er mich zu meinem Auto bringt, sagt er, er ginge nun zu einem Hotel. Dort würde er seinen »Stammtaxifahrer« treffen, der ihn dann ins Frankfurter Umland nach Hause fährt. Nachdem er an der Bar noch einen oder zwei Drinks hatte.

Ich finde es ausgesprochen vernünftig, nicht mit dem Auto zu fahren, wenn man Alkohol getrunken hat, der »Stammtaxifahrer« aber lässt darauf schließen, dass Peter öfter gerne mal ein paar Gläschen nimmt. Dass er mich nicht fragt, ob ich Lust habe, noch mit an die Bar zu kommen, erstaunt mich. Denkt der etwa, er kann da noch was Attraktiveres oder Netteres aufreißen? So oder so, es war ein durchaus amüsanter Abend, und man muss nicht jede Seltsamkeit interpretieren. Ich habe einiges über Peter erfahren: Er ist enthusiastischer Fußballfan, geht zu jedem Heimspiel der Eintracht, hat zwei Söhne und eine Exfrau, mit der er gut klarkommt.

Der perfekte Mann ...

Peter bleibt nach unserer Verabredung am Ball. Er schreibt einigermaßen regelmäßig und meldet sich ab und an telefonisch. Genau so oft, dass er mich bei der Stange hält, aber nicht so häufig, dass man von irrsinniger Verliebtheit ausgehen kann. Wir wollen uns ein weiteres Mal treffen. Vielleicht sogar, um gemeinsam zu laufen. Wir sind beide nicht die Allerschlanksten. Obwohl Peter behauptet irre sportlich zu sein, sieht er definitiv nicht so aus. Er hat einen unübersehbaren Kugelbauch und ordentliche Hamsterbäckchen. Andererseits: Obwohl ich ein Moppel bin, bin ich ziemlich fit. Nachdem ich lange verletzt war, jogge ich nun wieder regelmäßig, und parallel zur steigenden Fitness nimmt mein Gewicht ab. Trotzdem denke ich, etwa 15 Kilo könnten ruhig noch runter, ohne dass ich mager wirken würde. Peter ist da wesentlich weniger streng mit sich. »Fünf Kilo weniger«, meint er, »und dann bin ich perfekt.«

Man kann von Männern echt was lernen. Freundlich mit sich selbst zu sein zum Beispiel. Ich bin schon überrascht, in welchem Brustton der Überzeugung Peter sich kurz vor der Vollendung sieht. Angeblich fährt er unglaublich rasant Fahrrad und läuft auch viel.

Wir gehen ins Kino. Was mir auffällt: Peter kann gut was wegtrinken. Drei schnelle Bier vorher und dann im Kino noch mal zwei. Außerdem ist auffällig: Es gibt keine Annäherung. Nicht mal im dunklen Kino. Hier hätte man doch die herrliche Option, mal einen Arm zu streicheln oder fast aus Versehen die Hand zu berühren, aber nichts. Will er nicht oder ist er schüchtern? Nach dem Kino gehen wir – klar – noch etwas trinken. Er gießt noch zwei Bier in sich rein. Bei der Menge könnte ich keinen klaren Satz mehr sprechen. Ich mache eine klitzekleine Bemerkung. Er grinst nur. Ein paar Bierchen seien kein Problem, erklärt er mir. Wieder bestellt er sich sein Abholtaxi. Mein Auto steht im Parkhaus. Er macht keine Anstalten, mich dorthin zu begleiten. Ich bin keine kleine ängstliche Maus, hätte es aber nichtsdestotrotz höflich gefunden, er hätte mir wenigstens angeboten, zum Parkplatz mitzugehen. Doch der Gedanke an andere streift Peter sowieso nur gelegentlich. Er ist ein Mann, der sich vor allem für sich selbst interessiert.

Wir verabschieden uns, sein Taxi ist schon in Sichtweite. Er umarmt mich und küsst mich. Ein kurzer Kuss, aber durchaus nicht übel. Ausbaufähig. Dann muss er zum Taxi und ich stehe ein wenig verdutzt vor der Kneipe. Hätte man, wenn man denn Absichten hätte, nicht mal aufs günstige Abholtaxi verzichtet? Noch eine Runde schön geknutscht? Ich laufe zum Parkhaus und bin sauer. Was soll so ein ratzi-fatzi Kuss? Küsse ich nicht gut genug? Und dann ärgere ich mich noch, dass ich mich überhaupt über so etwas ärgere.

Es bleibt der einzige Kuss, den wir uns geben. Peter bemerkt, dass ich nach dem Abend eher kühl und verhalten bin. Glaubt, dass es daran liegt, dass er mir nicht geben kann, was ich mir wünsche. Er wisse nicht, ob er bereit sei für eine Beziehung. Vielleicht später, aber momentan? Er denke, genau das wolle ich. Eine Beziehung mit ihm. Dabei weiß ich gar nicht so genau, was ich mir wünsche. Außer: mehr Benehmen. Ich möchte einen Mann, der mich fragt, ob er mich zum Auto bringen darf. Der nicht einfach in sein bestelltes Taxi steigt und davonbraust. Der, wenn ihm das schon zu viel Aufwand ist, sich wenigstens erkundigt, ob ich gut zu Hause angekommen bin. Der irgendwann einmal sagt, was er will. Noch bevor die Hölle zufriert. Ich finde, nach etwa sechs Dates darf man schon mal so ungefähr wissen wollen, wohin die Reise geht.

Ich schaue ins Single-Portal und sehe, dass Peter häufig online ist. Ich streiche ihn aus meinem Kopf. Jemand, der weiterhin aktiv sucht, hat nicht gefunden. Oder will sich nicht festlegen. Weiterhin ein paar Eisen im Feuer haben. Er ist nett und ganz amüsant, aber so begeistert, dass ich mich richtig ins Zeug lege, bin ich dann doch nicht. Ich bin nicht verliebt, eher ein bisschen beleidigt. Ich finde, er hätte enthusiastischer sein müssen. Im ehrlichen Vergleich von uns beiden wäre er mit mir sicher gut bedient gewesen. Ich glaube aber, gerade Alphamännchen wie Peter sind kompliziert. Brauchen mehr Bewunderung und Anerkennung. Oder ich gefalle Peter einfach nicht. Warum auch immer. Das ist legitim, aber nicht besonders schmeichelhaft. Aber wer mich nicht will, an dem werde ich mich sicher nicht abarbeiten. Überzeugungsarbeit in eigener Sache zu leisten liegt mir nicht.

Liebe Frau Dr. Frühling,
ich habe seit einem halben Jahr ein Verhältnis mit einem etwas älteren Mann. Wir treffen uns nur gelegentlich, meist auf halbem Weg zwischen seinem Wohnort und meinem, in einem Hotel und immer nur höchstens für eine Nacht. Mehr könne er mir zurzeit leider nicht bieten, sagt er. Meine Freundinnen und meine Tochter meinen, dass ich mich nur ausnutzen lasse. Aber mein Leben ist durch ihn wirklich reicher geworden und ich bin sicher, umgekehrt ist es auch so. Das hat er oft gesagt und ich habe Grund, es ihm zu glauben.
Luise, 54

Liebe Luise,
nehmen Sie den Reichtum mit in ein Leben ohne ihn. Ihre Lieben haben recht: Er nutzt Sie nur aus. Ausgenommen, Sie wollen dasselbe wie er: ab und zu unverbindlichen Sex. Dann weiterhin viel Spaß!

Und ewig grüßt das Wurmeltier

Also gucke ich mich wieder im Netz um. Wurmeltier schickt mir ein Lächeln. Wurmeltier! Wurmeltier ist Skorpion (das ist unsere Gemeinsamkeit, hat das Portal clever herausgefunden!) und sucht eine Frau zwischen 30 und 50. Hobbys, Haarfarbe, Familienstand und Beruf? Fehlanzeige! Wurmeltier verrät nichts über sich. Kein klitzekleiner Satz, kein Motto, kein Sinnspruch und kein auch nur in Ansätzen ausgefüllter Fragebogen. Dafür gibt's ein Foto. Wurmeltier hat rosige Bäckchen, und seine Haare sind oben dunkel, an den Seiten grau und geschickt gekämmt: von hinten nach vorne gelegt. Er sieht freundlich aus und trägt ein grauenvolles Hemd. Weiß mit schwarzen Federn drauf. Was um alles in der Welt soll der Name bedeuten? Gibt es tatsächlich ein gleichnamiges Tier? Habe ich in Biologie nicht gut genug aufgepasst? Ist der Name eine Botschaft? Google soll mir helfen. Unter »Wurmeltier« finde ich aber nur ein Computerspiel. Zockt er gerne am Rechner, während er darauf wartet, dass ihm eine 30- bis 50-Jährige schreibt? Ich tue es nicht. Ich finde dieses Lächelnverschicken blöd. Wer nicht in der Lage ist, zumindest eine winzige Nachricht zu formulieren, interessiert mich nicht.

Trotzdem schaue ich, wer mir sonst noch ein Lächeln geschickt hat. Detti ist einer von ihnen. Wir haben drei Gemeinsamkeiten. Wir reisen gerne, haben keinen Kinderwunsch und sind ledig. Leider ist Detti nur 1,60 Meter groß und mehr als stattlich. Ich bin nicht wahnsinnig streng mit Körpergröße und Gewicht, aber 1,60 ist mir dann doch einen Hauch zu klein.

»Anonymus78« ist 37 Jahre alt und hat mich als Favoritin gespeichert. Er ist Grieche, romantisch, und, wenn man seine Angaben interpretiert, außergewöhnlich flexibel. Er sucht eine Frau von 18 bis 60 Jahren. Sie darf athletisch bis korpulent sein, von rasiert über Glatze bis zu langem Haar alles tragen, er isst gerne koscher, halal, diätisch, gesundheits-

Single-Legende 1

»Wahrscheinlich haben die Männer einfach Angst vor dir.«

Ich bin 1,74 Meter groß, mal sehr gut trainiert, mal weniger. Wenn ich gut trainiert bin, kann ich sicher einige Männer locker überholen. Ich bin beruflich erfolgreich, weiß ein paar Dinge, die vermutlich 80 Prozent der Männer nicht wissen (zum Beispiel, wie die Hauptstadt von Burundi heißt). Ich kann selbständig Urlaube buchen, Geld überweisen, einen Computer bedienen. Wenn das Männern schon Angst macht, dann fragt man sich, ob wir die Sache mit der Weltherrschaft nicht doch endlich ganz schnell in Frauenhände legen sollten.

orientiert und alles. Hauptschule bis Habilitation ist für ihn in Ordnung. Sie darf alleine leben, bei ihren Eltern, mit oder ohne ihre Kinder. Mit anderen Worten: Er sucht irgendeine Frau. Egal wen. Ansonsten hebt er hervor, dass er gerne laut lacht. Wahrscheinlich über seine eigenen Antworten.

Er schickt mir eine Nachricht: »Hallo schöne Frau, wie geht es dir und wie heißt du? Liebe Grüße Thomas.« Ein Grieche, der Thomas heißt? Es gibt die tollsten Sachen. Doch Männer ohne Bild sortiere ich inzwischen aus. Ich finde, so viel Mumm sollte man schon haben. Ich mag Überraschungen, aber das ist mir dann doch zu viel Überraschung.

Obwohl auch die Bilder nicht immer besonders aussagekräftig sind. Manche sind schlicht sehr, sehr alt oder nicht ganz nah an der Realität. Sehr deutlich wird das bei Ludger. Mit ihm treffe ich mich in einem Café. Er ist laut Profil 1,85 Meter groß und wiegt 90 Kilo. Das muss lange her sein. Jedenfalls das mit den 90 Kilo. Unter der Gewichtszunahme scheint er auch erheblich geschrumpft zu sein. Eine nicht sehr günstige Kombination. Ich erkenne ihn zunächst nicht. Und als ich ihn erkenne, habe ich den Impuls, sofort zu gehen. Direkt nach der Begrüßung.

Ludger ist eine lebende Mogelpackung. Obwohl es mir peinlich ist, spreche ich ihn auf die Diskrepanz zwischen Foto und Wirklichkeit an. Er tut erstaunt. »Als ich mich das letzte Mal gewogen habe, hatte ich 90 Kilo!«, sagt er leicht eingeschnappt.

»Wann war das? Vor der Jahrtausendwende?«, frage ich. Würde er jetzt lachen, könnte ich es auch lustig finden. Er lacht aber nicht.

»Sei doch nicht so kleinlich!«, ermahnt er mich.

Es ist mein bisher erstes Date, bei dem ich gehe, bevor die Getränke bestellt sind. Es sind nicht die erschummelten zehn Zentimeter, auch nicht die etwa 20 Kilo mehr. Es ist das große Ganze. Seine leicht fettigen Haare, seine ganze Attitüde. Ich möchte nicht mal fünf Minuten meiner Restlebenszeit mit Ludger verbringen.

Die häufigsten Lügen beim Erstkontakt:
Frauen

Ich gehe nur mal eben das Auto umparken.

Ich bin gerade 35 geworden.

Du bist der Erste, den ich treffe.

Klar können wir es ganz entspannt angehen lassen.

Natürlich können wir bei der Rechnung gern halbe-halbe machen.

Total interessant, was du da über die Reorganisation eures Archivs erzählst.

Normalerweise gehe ich nicht schon am ersten Abend mit einem Mann ins Bett.

Ich trage einfach gern High Heels.

Geld ist mir nicht wichtig.

Ich bin überhaupt kein eifersüchtiger Typ.

Komisch, dass deine Ex dir das Kumpelwochenende am Ballermann nicht gegönnt hat.

Fußball finde ich total spannend.

Was du alles weißt ...

Ich bin mir nicht zu schade, einem Mann auch mal eine warme Mahlzeit zuzubereiten.

Ich hatte gar keine Zeit, mich zurechtzumachen.

Männer

Ich bin so gut wie geschieden.

So verliebt war ich noch nie.

Ohne mich läuft gar nichts in der Firma.

Ich suche eine Frau auf Augenhöhe.

Oh, ich habe mein Geld vergessen.

Du bist etwas ganz Besonderes.

Ich dich auch.

Ich mag Kinder.

Mit meiner Frau habe ich seit Jahren nicht geschlafen.

Treue ist das Wichtigste.

Normalerweise trinke ich nicht so viel.

Du bist einfach zu gut für mich.

Ich geh nur mal eben das Auto umparken.

Ich hänge noch sehr an meiner Ex.

Ich gehe total gern spazieren.

Der Nächste bitte ...

Ständig bombardiert mich Friendscout mit Nachrichten. Darunter auch der frohen Botschaft, ich sei sehr beliebt. Aha. Man fühlt sich sofort geschmeichelt. Bei mir hält die Freude aber nur kurz, denn meine Freundin, die beim gleichen Portal angemeldet ist, erzählt mir, auch sie sei laut Friendscout sehr beliebt. Obwohl ihr Profil weder ein Foto hat noch sonst wie nähere Angaben enthält. Genau wie das von Pereira400. Er lebt in Oberursel, also bei mir um die Ecke. Unsere Gemeinsamkeit: Wir sind beide ledig. Eigentlich etwas, wovon ich ausgehe. Er ist 57 und sucht eine Frau zwischen 47 und 64. So weit, so gut. Aber ohne Bild und auch nur einen Satz kann Pereira400 mich ohne Ende anlächeln.
Das tut auch Jaybee. Allerdings hat er wenigstens ein Foto. Es zeigt einen hübschen Kerl von 46 Jahren. Ich lächle zurück. Was nichts anderes bedeutet, als einen Smiley-Button zu drücken. Ich finde, jetzt wäre der Moment, um mir eine Nachricht zu schreiben. Lächeln bedeutet Interesse – dachte ich jedenfalls. Zurücklächeln heißt: Ja, ich hätte auch eventuell Interesse. Was macht Jaybee? Er lächelt ein weiteres Mal. Ich schaue mir seine Angaben noch einmal an. Sein Motto lautet: »Wenn Du wie ein Reh auf den Jäger warten solltest, bist Du auf meiner Seite verkehrt! Ich stehe mehr auf die Wölfin ... ;-).« Was soll das heißen? Was will er uns Frauen damit sagen? Mag Jaybee Frauen, die selbst die Initiative ergreifen? Oder ist das irgendeine sexuelle Anspielung, die ich nicht verstehe? Ist er faul oder schüchtern? Lautet sein Prinzip: kommen lassen? Wie wird man zur Wölfin? Mache ich mir zu viele Gedanken? Sollte ich ihm einfach eine Nachricht schicken? Bin ich der Wölfinnen-Typ?
Bevor ich mich entscheide, schon wieder zurückzulächeln, treffe ich mich mit Rocco. Er hat mich recht nett angeschrieben und wir haben viermal telefoniert. Danach dachte ich, der könnte tatsächlich was für mich sein. Er ist eloquent, groß und hat Witz. Unser Treffpunkt liegt auf halber Strecke zwischen unseren Wohnorten. Eine Pizzeria. Noch

zwei Stunden vor der Verabredung schickt mir Rocco eine freundliche WhatsApp-Nachricht, in der steht, er freue sich auf unser erstes Treffen. Ich bin vor ihm da und bestelle mir schon mal ein Wasser. Und dann warte ich. Und warte. Und warte. Nach einer halben Stunde bin ich richtig sauer. Keine Nachricht, kein Anruf, nichts. Findet er die Pizzeria nicht? War er schon hier, hat mich gesehen und sich dann schnell vom Acker gemacht? Ich schicke ihm eine Nachricht. »Wo bleibst Du denn? Habe schon erste Hungerödeme!« Keine Reaktion. Ich kann sehen, dass er die Nachricht gesehen hat. Aber er rührt sich nicht. Nach 45 Minuten und etlichen mitleidigen Blicken der italienischen Kellner rufe ich ihn an. Er geht nicht dran. Ich bestelle mir eine Lasagne. Der Körper braucht ein bisschen Trost in Form von Kohlenhydraten.

Nach 90 Minuten bezahle ich und gehe. Rocco ist nicht aufgetaucht. Er erscheint nicht nur nicht. Er meldet sich auch nicht mehr und hat mich bei WhatsApp blockiert. Sollte das an meinem Selbstbewusstsein nagen? Nein. Rocco war eine potentielle Option. Nicht mehr. Es ist nichts Persönliches. Schließlich kennt er mich nicht, kann mich somit auch nicht kränken. Um jemanden nicht leiden zu können, muss man ihn zumindest mal kurz kennengelernt haben. So entscheide ich, dass er nicht alle Tassen im Schrank hat.

Was für einen Kick gibt es Männern zu wissen, da ist eine Frau, die mich treffen will, ich locke sie an und dann lasse ich sie sitzen? Verlässt diese Kerle auf den letzten Metern der Mut? Sind sie unglaublich winzig oder unglaublich hässlich oder unglaublich gestört? Wahrscheinlich alles zusammen. Aber eigentlich ist es auch egal. Wenigstens die Lasagne war extrem lecker.

Und Rocco ist ja nicht der einzige und auf keinen Fall der letzte Mann auf diesem Planeten. Der nächste wartet auch schon in meinem Briefkasten, beziehungsweise: eine Nachricht von Jakob. Jakob ist 24, Bäckermeister, schnarcht, geht gerne angeln und jagen. Er schreibt mir: »Hi man bist du eine attraktive Frau ... was ich alles gerne mit dir anstellen würde ;-).« Ich weiß auch sofort, was ich nach dieser Nachricht gerne mit Schnarch-Jakob anstellen würde. Seine Backstube leer essen und mal ein ernstes Wort mit seiner Mutter reden (die sehr wahrscheinlich wesentlich jünger ist als ich) und ihm dann ein paar Angel- und Rechtschreibtipps geben, damit er vielleicht irgendwann mal bei einer landen kann. Lesen diese Männer gar keine Profile? Ich habe geschrieben »ab 40«. Jakob ist 24! Überlege, ob ich ihm antworte. »Bitte schicke mir zunächst ein Vollkornbrot, ein paar Puddingschnecken, Rosinenbrötchen und einen schönen Käsekuchen. Danach können wir weitersehen. Liebe Grüße!« Entscheide, gar nicht zu schreiben. Kaufe mir zwei Rosinenbrötchen und denke noch mal kurz wehmütig, wie schön es sein muss, jeden Morgen herrlichste frische Backwaren vom Blech weg essen zu können. Aber wenn man dafür im Bett von Jakob liegen muss ...

Jaybee der Wölfinnensucher hat mich schon wieder angelächelt. Ist er das Lämmchen, das still lächelnd darauf wartet, dass die gefährliche Wölfin sich nähert? Wie lange soll dieses Hin- und Hergelächel gehen? Bis einer aufgibt und schreibt?

Auch »Dreamman« hat mich angelächelt. Er kommt aus Berlin. Ich könnte herrliche aufregende Wochenenden in der Hauptstadt verbringen. Er ist 54, hat laut eigenen Angaben schwarze Haare und schwarze Augen. Auf seinem Foto sind sie rot. Kann natürlich am Blitz liegen. Sein Text ist seltsam wirr: »Gestern ist weg, Niemand weiß, morgen, sondern heute ist ein Geschenk. Wir sind alle auf der Suche nach etwas einzigartiges. Es ist sehr schwer zu finden einzigartigen Menschen. Um diese einzigartige Person, die Ihre Persönlichkeit Typ übereinstimmen finden.« Liest sich, als hätte er ihn durch ein Übersetzungsprogramm laufen lassen. Warum schreibt er nicht dazu, dass er kein Muttersprachler ist? Auf seinem Foto sitzt Dreamman in einem wirklich sehr hässlichen Sessel. Natürlich könnte das Foto irgendwo aufgenommen worden sein, es könnte aber auch sein Zuhause sein. Ich lächle nicht zurück. Dafür habe ich Jaybee ein weiteres Lächeln geschickt. Ich habe jetzt ein neues Lebensziel: Den lächle ich bis ins Koma oder bis eine andere wilde Wölfin übernimmt. Das wollen wir doch mal sehen! Er weckt jedenfalls einen gewissen Ehrgeiz in mir.

Eine für alle

Ich lese einen Artikel über beliebte Singles im Netz und frage mich kurz, ob in der Formulierung nicht schon ein eklatanter Widerspruch liegt. Wären sie so beliebt, wären sie da nicht längst vergeben? Ich schaue mir die Fotos an. Meike, eine hübsche, blonde Frau von 32 Jahren, hat 728 Verehrer. Beim sogenannten Date-Roulette haben 728 Männer auf »ja« geklickt, als sie gefragt wurden, ob sie Lust hätten, Meike zu treffen. Beim Date-Roulette sieht man nur ein Foto – ohne Text. Nur Nickname, Alter und Ort. Und man hat drei Optionen: »Nächste«, »Vielleicht« oder »Ja«.

Ich schaue nach, wie es bei mir mit diesem Date-Roulette aussieht. Hier hätte selbst ich mit 52 Jahren noch rege Auswahl. Hunderte wollen mich treffen. Sehr freundlich, aber das jemand auf »Ja« klickt, heißt ja gar nichts. Die da klicken wissen nur, wie alt ich bin und wo ich lebe. Es bedeutet jedenfalls nicht, dass man als Single die dollsten Chancen hätte. Meike jedenfalls ist trotz aller Beliebtheit immer noch solo.

Im selben Artikel erklärt Mario, recht gutaussehend und 24 Jahre alt, auf die Frage, ob er glaube, beim Online-Dating die Frau fürs Leben zu finden: »Auf keinen Fall. Jeder, der sich mit dieser Absicht bei einer Singlebörse anmeldet, belügt sich selbst. 99,9 Prozent wollen Abwechslung und Sex. Ich würde lügen, wenn ich sagte, es wäre bei mir anders.«

Warum ein attraktiver 24-Jähriger nicht lieber raus ins Leben geht, um Abwechslung und Sex zu suchen? Für Mario ganz einfach: Die Trefferquote ist höher. »Wenn man abends unterwegs ist, kommt man maximal mit drei Frauen ins Gespräch. Wenn man Pech hat, bleibt es beim Flirt. Beim Online-Daten gibst du kein Geld aus und triffst außerdem auf Frauen, die zu Hause, in ihrem gewohnten Umfeld, viel lockerer sind.«

Auf die Frage, worauf er achtet, antwortet Mario: »Die Optik ist entscheidend. Niemand verliebt sich nur in schöne Worte.« Klar kann man jetzt sagen, Mario ist ein junger Hüpfer und tickt anders. Aber das Argument, dass man alles schrecklich bequem und kostengünstig von zu Hause aus abwickeln kann, habe ich häufig gehört. Dass man ausgerechnet bei der Suche nach der Liebe fürs Leben so auf Kosten und Effizienz achtet, finde ich erschreckend. Ernüchternd. Aber ich lerne auch, die Dinge nicht zu persönlich zu nehmen. So wie ich bei einem nicht ansprechenden Foto einfach weiterklicke, machen das auch die Männer. Klick und weg. Die Nächste, der Nächste bitte. Da sind ja noch tausend Optionen, warum sich mit diesem hier begnügen? So bin auch ich nur eine von vielen. Von sehr, sehr vielen.

Meine Stimmung schwankt zwischen desillusioniert und erheitert. Es gibt schon auch wirklich bizarre und lustige Begegnungen. Olaf zum Beispiel. Er ist ein eher unscheinbarer Typ, entwickelt aber beim ersten Kontakt Sprachwitz. Er ist mittelgroß, hat übersichtliches Haupthaar und ist mittelschlank. Alles ist mittel. Auf den ersten Blick ein richtiger Durchschnittsmann, so wie sie einem morgens in der U-Bahn entgegengähnen. »Du wirkst irgendwie dominant!«, schreibt er mir. Ganz falsch ist das nicht. Ich bin zwar nicht die von Jaybee gesuchte Wölfin, aber der Typ »niedlicher Hase« bin ich eher auch nicht. »Ich mag Frauen, die wissen, was sie wollen!«, lautet seine nächste Nachricht. Generell sollte man als Erwachsener wissen, was man ungefähr will, ansonsten wird es im Leben dauerhaft kompliziert. »Ich lasse mir gerne sagen, was ich tun soll!«, lautet seine nächste Nachricht. Was genau soll das heißen? Er erklärt es mir. Olaf hätte große Lust, unter meiner Aufsicht meine Wohnung zu putzen. Nackt und natürlich kostenlos. Der Gedanke, dass meine Wohnung mal gründlich durchgeputzt wird, hat sehr viel Schönes.

»Das Angebot ist toll, aber meine Wohnung ist nicht überheizt, Du kannst also durchaus was anhaben. Und muss ich zwingend dabei sein?«, schreibe ich zurück, immer noch hoffend, dass es sich um einen kleinen, nicht besonders witzigen Scherz handelt. Aber nein: Ich muss dabei sein. Und soll ihn auch noch rumkommandieren. Ihn mit sehr strenger Hand führen. Ich kann streng sein, aber die dominante Putzaufsicht fällt eher nicht in meinen Fachbereich. Olaf und ich finden nicht zueinander. Der Wohnung hätte sein Besuch nicht geschadet. Aber ich bin nicht der Typ für schwarze Lackstiefel und Peitschen.

Es bleibt glücklicherweise meine einzige Masochistenanfrage. Dafür habe ich immerhin zwei Swingerclub-Offerten. Ohne viel Drumherumreden kommen sie gleich zur Sache: »Hallo, Lust auf Swingerclub?« Können die nicht allein in einen solchen Club gehen? Sparen sie beim Eintritt, wenn sie eine Frau mitbringen? Muss man auf so eine Anfrage antworten? Ich entscheide: Nein, muss man nicht. Bin aber doch erstaunt, dass Männer mit Foto eine solche Anfrage verschicken. Haben die keine Angst, erkannt zu werden? Vielleicht stehe ich eines Tages an einem Bankschalter und oder sitze in der Bahn und erkenne den potentiellen Swingerclub-Fan wieder? Worüber sprechen wir dann? Kontoauszüge? Bahn-Service?

Bin ich eine prüde Ziege? Gehören Swingerclubs heute in jedes sexuelle Portfolio? Ich bekomme außerdem unaufgefordert zwei Penisbilder geschickt. Was soll ich jetzt damit? Sind das Bewerbungsfotos? Dann wären die direkt auf dem Ablehnungsstapel gelandet. Was erwarten die Penisfoto-Verschicker? Dass man direkt in irrsinnige Ekstase gerät und sofort Lust auf das Original bekommt?

Ich erfahre, dass das gar nicht selten vorkommt. Fast jede Frau, die im Internet unterwegs ist, kann wenigstens ein Penisfoto von einem fremden Mann vorweisen. Wir könnten Penis-Quartett spielen oder Tauschbörsen einrichten. Oder Penis-Bücher auf den Markt bringen.

Als ich mich darüber bei Bekannten auslasse, grinst ein Freund nur. »Glaubst du ernsthaft, so was machen nur Männer?« Ich bejahe. Er zeigt mir ein Foto von einer rasierten Vulva, geschmückt mit einer Perlenkette, die durch die Schamlippen gezogen ist. Ich muss schlucken. Allein der Gedanke! Wie muss man drauf sein, um solch ein Akquiseargument

Ein Mann als Alterssicherung? Super Idee! Wenn man gern all seine Perspektiven auf Hütchenspieler setzt.

einzusetzen? Ist das ein Akt der Verzweiflung oder nur sexuelle Offenheit? Wie würde sich die Schamlippenperlenkettenfrau fühlen, wenn sie wüsste, dass ich gerade ihr Foto begucke? Allein die Vorstellung, dass mein Unterleib auf Partys rumgezeigt wird … Und es ist ja nicht nur ein anonymer Unterleib. Mein Freund weiß genau, welches Gesicht zu dieser Klitoris gehört. Kann man sich dann noch einfach so auf ein Tässchen Kaffee treffen?

Er scheint Gedanken lesen zu können. »Es ging weniger um Liebe!«, hat er mir zwinkernd gestanden. Muss man jetzt auch schon, wenn man nur Sex will, vorher die Tatsachen aufs Handy legen? Sind die Zeiten vorbei, in denen man erst beim Nahkontakt alles sieht? Wird jetzt vorher gecheckt? Sagt man dann: Nein, dein Penis ist nicht mein Fall? Ist das kampfentscheidend? Der Grund, warum immer mehr Frauen sich ihren Unterleib von plastischen Chirurgen aufpolieren lassen? Trägt man jetzt untenrum Perlen?

Jaybee hat mal wieder gelächelt. Der ist wirklich hartnäckig. Keine Zeile, aber Dauerlächeln. Ein neues Lächeln bekomme ich auch von »Schönfrankfurt«. Er ist 55, gebürtiger Kanadier, und sieht gut aus. Graumeliertes Haar und immerhin sechs Gemeinsamkeiten mit mir. Er sucht eine Frau zwischen 45 und 62 und auf die Frage nach dem Kinderwunsch hat er »vielleicht« angegeben. Da muss er sich in der Altersklasse, in der er sucht, aber ganz schön sputen. Er ist respektvoll, »a lover not a fighter«, und alles hört sich so weit nett an. Er wohnt allein, hat aber Katzen, Fische, Vögel, Pferde und Kaninchen. Nur der letzte Satz in seinem Text ist mir suspekt: »I am looking for someone who is not afraid to try new things.« Was soll das heißen? Mal ein neues Restaurant testen? Mal Kaffee ohne Milch trinken? Mal nicht in die Berge, sondern an die See fahren? Oder seinen Penis fotografieren?

Ich rede mit einer Freundin über all das Internet-Dating. »Vielleicht musst du noch andere Portale checken.« Noch mehr Portale? Ich winke ab. Letztlich ist es doch immer das Gleiche. Noch mehr Männer, noch mehr Auswahl, noch mehr Bilder, Sinnsprüche und Lächeln. Und noch mehr Zeit vor dem Computer. Internet-Dating ist zeitraubend und nicht zeitsparend, wie immer suggeriert wird. Man verbringt allein mit der Vorauswahl Stunden. Die Portale halten einen ganz schön beschäftigt. So, dass man kaum mehr dazu kommt, rauszugehen und sich einfach mal umzugucken.

Fünf Stunden, lese ich, ist ein Durchschnittssingle wöchentlich in Online-Partnerbörsen unterwegs. In der Zeit könnte man sogar innerhalb von wenigen Monaten Chinesisch lernen. Klar, gibt es Menschen, die mit dieser Art der Suche überaus erfolgreich sind. Jeder kennt ja jemanden, der sich irrsinnig verliebt hat. Aber das ist irgendwie Statistik. Bei der Menge Menschen, die online unterwegs sind, müssen zwangsläufig Paare zueinander finden. Aber ob es so viele sind, wie die Portale suggerieren?

Und dann die Sache mit der Frustrationstoleranz, die man ja auch ganz dringend in einer Beziehung braucht. Die leidet schon empfindlich, wenn man denkt: Ach, was soll ich mich lange mit den Macken von Klaus, Herbert oder Stefan herumärgern – ganz egal, wie klein sie sind oder wie unbedeutend –, wo doch Michael, Kilian oder Wolfgang mir schon wieder ein Lächeln geschickt haben?

Ich jedenfalls bin im Netz nicht fündig geworden. Aber ich habe viel gelernt. Ich habe Spaß gehabt, war entsetzt, erheitert, ernüchtert, verstört und auch mal begeistert. Auf lange Sicht sind mir das zu viele Matching Points, zu viel Gefühlsverwaltung und zu wenig Chemie. Zu wenig Zauber und Schicksal. Zu viel Berechnung. Das Leben ist bunter. Reale Begegnungen sind aufregender. Wie würde Hape Kerkeling sagen: Ich bin dann mal weg.

Silke (50) & Horst (60)

Silke, geschieden und Mutter eines Sohnes, betreibt ein kleines Hotel im Rhein-Main-Gebiet. Horst ist nicht mehr berufstätig und beschäftigt sich u.a. damit, für den nächsten Triathlon zu trainieren, aber auch mit alternativen Wohnformen. Er ist ebenfalls geschieden und Vater von drei Kindern. Silke und Horst haben sich in einem Internet-Portal kennengelernt.

Horst: Nach meiner letzten Trennung war ich ein paar Monate Single. Dann habe ich mir beim Sport die Hand verletzt und konnte nichts mehr machen. Mir war langweilig und deshalb habe ich mich bei gleich zwei Partnersuchportalen angemeldet. Ich dachte, damit erhöhen sich auch die Chancen. Übrigens war ich nicht der Einzige. Ich habe einige Frauen getroffen, die genauso vorgegangen sind. Eine Weile habe ich das richtig intensiv betrieben, sehr viele Frauen angeschrieben, meistens nach dem Copy-and-Paste-Verfahren. Ich bin Ingenieur und irgendwie hat es mich auch fasziniert, neue Techniken kennenzulernen. Bald war ich richtig beschäftigt. Das System generiert ja auch dauernd Aufforderungen, irgendwas zu tun.

Silke: Ich bin 2005 geschieden worden und habe damals in einem Fitnessstudio gearbeitet. Da hat man ja ohnehin viel Kontakt. Aber irgendwann dachte ich, dass ich eigentlich auch gern mal jemanden über die Grenzen meiner Kleinstadt hinaus kennenlernen würde. Und dann muss ich sagen, hat auch die Werbung für diese Partnersuchportale bei mir gewirkt. Ich dachte, das ist ja wie in einem Männerkatalog. Sehr praktisch: Man blättert ein wenig, sucht sich einen raus, und dem schreibt man dann. Also habe ich mich da angemeldet. Ich hatte wirklich keine Ahnung.

Horst: Es ist schon unglaublich, wie man da die Rahmenbedingungen festlegen kann: die Region, das Alter, die Größe, ob einer Nichtraucher sein soll, die Freizeitbeschäftigungen. Ich fahre viel Rad und auch große Strecken. Daran habe ich mich orientiert: Ich habe mir überlegt, wie weit kann ich mit dem Rad maximal fahren? Silkes Wohnort war da schon an der äußersten Grenze.

Silke: Das gilt auch für mein Alter. Ich bin 50 und er ist 60. Ich bin also zehn Jahre jünger. Das war für ihn schon das äußerste Limit nach oben. Das gilt allerdings umgekehrt auch für mich. Mehr als zehn Jahre älter sollte der Mann nicht sein, den ich suchte. Und wir haben beide angegeben, dass wir einen Nichtraucher wollen. Das war auch schon wichtig. Natürlich gab es noch mehr Material für die Matching Points. Man füllt ja einen ellenlangen Test aus. Aber meine Erfahrung war, dass das überhaupt nichts aussagt. Ich hatte zum Beispiel mal mit einem Mann über 101 Matching Points, und das hat so was von gar nicht gepasst mit uns beiden. Bei Horst lag die Übereinstimmung bei 78. Aber was mich sicher vor allem angesprochen hat, waren seine Fotos. Es waren zwei Sportbilder und eines, das schon ein wenig älter war. Gefallen hat mir auch, wie er mich anschrieb. Ich dachte: Da musst du jetzt antworten. Ich bin so ein braves Mädchen (lacht).

Horst: Wir haben uns dann recht schnell verabredet.

Silke: Ja, das hat er gleich geschrieben: Er lege Wert auf einen persönlichen Kontakt. Ich hatte damals noch andere Optionen. Das Portal überschüttet einen ja geradezu damit, und viele sind darunter, die einen möglichst schnell treffen wollen. Aber das habe ich rausgezögert. Ich wollte mir erst mal Horst anschauen. Es war auch ein schöner Abend, und er hat danach recht schnell nachgefragt, ob alles in Ordnung ist und wann wir uns wiedersehen. Ich wusste damals nicht, dass auch er mehrgleisig fährt.

Horst: Als wir uns trafen, war ich schon drei Monate bei zwei verschiedenen Portalen angemeldet und hatte einigen Schriftverkehr und jede Menge Treffen. Ich war richtig beschäftigt. Also sicher mehr als fünf Stunden pro Woche. Aber es hat mir auch Spaß gemacht. Vor allem das Schreiben. Meine Erfahrung war aber, dass man sich möglichst schnell verabreden sollte. Am Anfang war ich da zurückhaltender. Aber mit der Zeit merkte ich, dass man mit Schreiben sehr viel Zeit vergeudet. Auch, weil sich einige Frauen offenbar eigentlich gar nicht treffen wollen. Sie genießen es, hinter dem Bildschirm verborgen zu bleiben.

Silke: Ich muss sagen, ich habe viele gar nicht erst angeschrieben. Nicht die Lehrer und niemanden, der gern Golf spielt. Psychologen fand ich auch schwierig. Ich hatte eher Kontakt zu Ingenieuren, Männern aus dem Maschinenbau. Ich habe mich auch zweimal mit einem Rechtsanwalt getroffen. Danach fiel diese Berufsgruppe bei mir durch. Manche, das ist meine Erfahrung, suchen gar keine längere Beziehung. Einer, der viel unterwegs war, sagte mir, das Tolle wäre doch, dass man so in jeder Stadt eine andere Frau haben könnte. Für mich wäre das nichts. Ich denke, da sind Frauen vielleicht auch anders. Als ich anfing, mich mit Horst zu treffen, habe ich deshalb keine anderen Eisen mehr im Feuer gehabt. Und ich bin davon ausgegangen, dass ich für ihn auch die Einzige bin.

Horst: Man hat das Gefühl, dass es unbegrenzten Nachschub an Möglichkeiten gibt und damit immer auch ein wenig die Angst, etwas zu verpassen. Ich hatte viel mehr Zeit als Silke, die beruflich sehr eingespannt ist. Allerdings dachte ich irgendwann auch, das überrollt mich. Ich habe es nicht mehr im Griff. Als ich merkte, wie sehr die Beschäftigung mit den Portalen, mit den Angeboten, meinen Tagesablauf zu bestimmen begann, fand ich das nicht mehr so spaßig. Ich merkte: Das hat eindeutig Suchtpotential.

Silke: Hätte ich Horst nicht getroffen, ich hätte das nicht mehr viel länger gemacht. Ich hatte einfach keine Lust mehr. Ich fand diese Dates sehr anstrengend. Die Männer erzählten immer, was sie Tolles machen. Und am Ende hat sich dann oft gezeigt, dass das doch gar nicht so toll ist. Außer bei Horst. Da war es eigentlich umgekehrt. Erst dachte ich, er sei wirklich arm, jemand, der Hilfe braucht. Damit lag ich dann aber ziemlich falsch.

Horst: Mir fiel auf, dass Frauen oft gleich von Anfang an sagen, was sie nicht wollen, und weniger, was sie wollen. Das hat mich genervt. Eine schrieb: Auf keinen Fall wolle sie »so einen bescheuerten Fahrradfahrer«. Aber was sagt das über einen Menschen aus, wenn er Fahrrad fährt?

Silke: Na ja, ein Problem ist auch, dass wir in unserem Alter alle so volle Leben haben. Wenn jemand da etwas sehr exzessiv tut, muss das dann schon passen. Ich hatte zum Beispiel einen, der hat mir eigentlich ganz gut gefallen. Er musste kaum noch arbeiten und war begeisterter Tänzer. Mir war klar, da passe ich nicht rein. Ich wollte nicht ständig zu irgendwelchen Tanzveranstaltungen gehen. Sowieso wäre es für mich nicht möglich, mich so vereinnahmen zu lassen. Ich habe hier mit meinem kleinen Hotel so viel zu tun. Deshalb wollte ich auch niemanden, der von mir erwartet, dass ich ständig um ihn herum bin. Ich habe jemanden gesucht, der sein eigenes Ding macht. Und auch gern seinen eigenen Freundeskreis hat. Insofern hat das mit Horst gleich gut gepasst. Er macht seinen Sport, hat seine Läufergruppe. Ich mache das ab und zu mal mit. Aber ich mache auch gern mal mein Ding.

Horst: Eigentlich muss man gar nicht so viel teilen, wie immer behauptet wird. Ich habe mich in meiner Anfangszeit in den Single-Portalen auch mal mit einer Frau getroffen, die ähnlich viel Sport macht wie ich. Das ging gar nicht. Ich weiß ja selbst, wie bescheuert Triathleten sind. Ich wollte so jemanden nicht als Partnerin.

Silke: Bis er mich wirklich wollte, hat es allerdings auch ein wenig gedauert. Horst und ich hatten uns einige Male getroffen, als er mir sagte, dass ich wohl etwas mehr von ihm erwarte, als er sich vorstellen kann. Ich fand das sehr schade – aber ich mache eben auch keine halben Sachen. Wir sind trotzdem in Kontakt geblieben. Bis ich ihn irgendwann einmal mit einer anderen in unserer Lieblingssauna gesehen habe.

Horst: Das war ganz schön peinlich ...

Silke: Aber auf eine Art hat mir das gutgetan. Ich konnte mir jetzt sagen: Was für ein Arsch! (lacht) Ich habe dann den Kontakt ganz ruhen lassen. Bis er sich nach zwei Wochen wieder meldete. Jetzt leben wir seit zwei Jahren zusammen, und wir haben es richtig schön. Manchmal denke ich, so ein Mist, dass wir uns erst jetzt kennengelernt haben. Für manche Projekte, die wir gern gemeinsam verwirklicht hätten, ist es jetzt womöglich zu spät. Vor zehn Jahren hat man aber noch ganz anders getickt. Insofern war es vielleicht doch der richtige Zeitpunkt, als wir uns begegnet sind. Und eines muss man sagen: Ohne das Internet hätten wir den vermutlich auch verpasst.

Die harte Wahrheit ist, dass das Alleinleben gut für Frauen ist, aber schlecht für Männer.

Wie ich mal ein Mann war

Wir Geisterfahrer

Ich bin jetzt ein Mann. Und ich muss sagen: Ich gefalle mir. Graumeliert, athletische Figur, attraktives Gesicht. Ich würde mir sofort ein Lächeln schicken. Wäre ich nicht längst in festen Händen. Beziehungsweise der Freund ist es, von dem ich mir das Foto ausgeliehen habe. Er lebt mit seiner Frau im Ausland und hat weder einen Facebook-Account noch ist er bei Stayfriends oder LinkedIn. Er existiert im Internet praktisch nicht und ist damit die perfekte Tarnung. Natürlich habe ich ihn in meinen Plan eingeweiht: Ich will als Mann schauen, wie es eigentlich auf der anderen Seite der Online-Partnersuche aussieht. Ich möchte wissen, ob wir Frauen dort tatsächlich all das besser machen, was wir am Single-Mann auszusetzen haben: Ob wir also weder bei den Altersangaben, noch beim Gewicht oder beim Fitnesslevel schwindeln, auf verschwommene Selfies mit Nahaufnahmen von pelzigen Nüstern oder die sorgsam in die Stirn gekämmte Resthaargedächtnisfrisur ebenso verzichten wie auf jahrzehntealte Fotos und auf Bilder, auf denen man definitiv zu wenig anhat, um auch nur mal eben zum Briefkasten zu gehen. Ich möchte herausfinden, ob wir selbst über die Hürden kämen, die wir für Männer aufstellen. Zum Beispiel, was die Orthographie anbelangt. Hört man ja immer wieder von Frauen, mich eingeschlossen (bevor ich ein Mann wurde): »Wenn einer nicht mal die einfachsten Rechtschreibregeln beherrscht, ist er definitiv raus!« Haben wir mehr drauf als »Ich schicke Dir ein Lächeln!«, die Fußgängerzone des Online-Datings? Suchen Frauen kreativer? Also nicht bloß nach »Treuhumorvollsympathischfreundlichfürsorglich«? Stimmt es, was alle immer behaupten, dass Frauen einfach zu anspruchsvoll sind? In ihren Suchprofilen Unmögliches erwarten von Männern?
Ich dachte: Überall beklagen sich Frauen wortreich darüber, was ihnen die Männer bei der Akquise zumuten. Man kann als Frau überall auf der Welt mit jeder x-beliebigen Fremden ein Gespräch darüber anfangen,

wie blöd die Kerle im Netz sind und wird sofort verstanden, weil jede in den USA, in China und in Castrop Rauxel das Problem kennt. Männer dagegen haben nichts, worüber sie sich ärgern könnten, entweder weil Frauen einfach alles richtig machen (mein Favorit). Oder es liegt ihnen einfach nicht, aus dem, was ihnen Frauen bieten, eine so große Sache zu machen (meine Befürchtung). Könnte ja sein, dass es wie in diesem uralten Witz läuft: Ein Autofahrer hört im Radio die Warnung »Geisterfahrer auf der A7!« Sagt der Fahrer: »Was? Einer? Hunderte!« Meint: Ist es möglich, dass wir die Geisterfahrer sind und also auf der ganz falschen Spur?

Ein Verdacht, den ich Claudine (47) verdanke. Monatelang hatte sie sich beklagt: »Also, ich verstehe das nicht. Bei mir landen immer die Notgeilen, die sofort zur Sache kommen wollen. Meist schon beim ersten Telefonat. Als wäre ich eine Sex-Hotline. Als würde in meinem Profil stehen RUF! MICH! AN! Und nicht: Suche gebildeten, klugen, sensiblen Mann. Gestern der wollte mir gleich bei der Begrüßung seine Zunge in den Mund stecken. Wir waren noch nicht mal beim ersten Glas Wein, als er mir erzählte, er stehe auf ›facesitting‹, am liebsten ›fullweight‹. Keine Ahnung, worüber der sprach. Ehrlich. Ich habe das Thema gewechselt und mich ganz schnell auf die Toilette verzogen, um das zu googeln. Danach fiel mir ein, dass ich total vergessen hatte, den Herd abzuschalten. Ich meine, man kann über alles reden – aber doch nicht vor dem ersten Essen.«

Uns Freundinnen kam dieses dauernde Danebengreifen seltsam vor. Claudine sieht bombe aus. Ist groß, schlank, hat eine mörder Figur. Und sie ist eine toughe Geschäftsfrau. Ihr gehören drei Modeläden und sie kann mit Angestellten wie Lieferanten ganz schön streng sein. Mit ihren Freundinnen übrigens auch. An welcher Stelle also führte sie Männer auf das schmale Brett, dass sie schnell und leicht flachzulegen sei? Als würde man das Managermagazin versenden und am Ende liegt immer der Playboy im Briefkasten. Beim Blick auf ihr Profil dämmerte uns endlich auch weshalb: Diese Frau auf dem Foto war nicht die

Claudine, die wir alle kannten. Es war eine sexy Hexy mit Schmollmündchen und neckisch schief gelegtem Kopf. »Claudine, bist du das?«, fragten wir.

Es folgte ein langes Gespräch über Selbstwahrnehmung und Außenwirkung. Wie sich herausstellte, unterschied Claudine zwischen der privaten Frau, also der, die einen Mann suchte, und der Chefin. Sie dachte, es käme gut an, wenn sie Letzteres tunlichst ausklammert. Und dass ja später immer noch genug Zeit wäre, den Mann schonend darüber zu informieren, wie unglaublich erfolgreich sie ist.

»Ehrlich, wer liest denn noch das Zeug mit dem ›sensibel‹ und ›klug‹, wenn er DAS Bild gesehen hat«, sagte Karin. Und Marion meinte: »Wusste gar nicht, dass du so ein handzahmes Betthäschen bist! Kein Wunder, dass du wie ein Flachleger-Magnet wirkst.«

Claudine war eingeschnappt. »Soll ich vielleicht ein Bewerbungsfoto reinstellen?«

»Also in einem gewissen Sinn ist es das ja! Aber ich glaube nicht, dass du die Position wirklich möchtest, die du da anbietest«, lachte Karin.

So kam es, dass ich nun ein Mann bin.

Mirgrautvornix....

Es gibt keine bessere Gelegenheit, sich Suchprofile von sehr, sehr vielen Frauen anzuschauen, denn als Mann. Das so ziemlich Schwierigste bei der Geschlechtsumwandlung ist der Name. Wirklich jeder scheint schon vergeben zu sein. Bis mir »Jacques Tati« einfällt. Offenbar wollte vor mir niemand wie der französische Schauspieler heißen. Es gibt sogar welche, denen »mirgrautvornix« oder »Tilsitter« lieber war.

Tatsächlich stehe ich nun mit fast nichts als meinem Nickname und ein paar dürftigen Fakten in Friendscout: Jacques Tati sucht Frauen in seinem Alter – also bis 52 und aus seiner Region, dem Rhein-Main-Gebiet. Die Nachfrage ist dennoch überwältigend. Bereits am ersten

Tag liegen 24 Anfragen in meinem/seinem Postfach. Und nach einer Woche sind es mehr als 100. Alle wollen etwas von mir. Kein Wunder, dass Männer durchdrehen und sich für unwiderstehlich halten! Kurz habe ich ein schlechtes Gewissen. Schließlich erschleiche ich mir Informationen, die mir die Frauen freiwillig vielleicht gar nicht gegeben hätten. Einerseits. Andererseits ist das hier ja eine strikt wissenschaftliche Recherche. Und die beginnt mit dem ersten Augenschein.

Claudine ist nicht die einzige, bei der sich dringend ein neues Foto empfiehlt. Bemerkenswert sind die vielen Selfies. Haben die keine Freundin, die mal ein schönes Bild von ihnen machen würde? Manche haben offenbar einfach ihr Bewerbungsfoto recycelt: grauer Hintergrund, Büro-Outfit, angestrengt in Form gelegte Frisur. Andere haben gleich mehrere Fotos gepostet, die so unterschiedlich sind, als wären sie in verschiedenen Epochen aufgenommen worden, als lägen gleich Jahrzehnte, verschiedene Haarfarben und unterschiedliche Gewichtsklassen dazwischen. Bis zu 25 Kilo beträgt die geschätzte Differenz. Wobei das Höchstgewicht offensichtlich neueren Datums ist. Oder nehmen wir Karstadt0815. Auf einem ihrer Fotos ist sie gänzlich faltenfrei und auf dem nächsten sieht sie aus wie ihre sehr viel ältere Schwester.

Viele Frauen haben offenbar ihren Kopf aus Schnappschüssen herausgetrennt. Nun schwebt er wie der der Grinsekatze aus Alice im Wunderland schwerelos im Friendscout-Orbit. Ziemlich beängstigend. Einige Bilder kranken definitiv an einer Überdosis Weichzeichner. Die Frauen sind hinter so einem milchigen Schleier versteckt, dass man kaum Nase, Augen, Haare erkennt. Was machen diese Frauen beim ersten Date? Bringen sie eine Nebelmaschine mit?

Anderen wiederum hätte ein wenig Aufhübschen ganz gutgetan. Nein, keine komplette Maskierung. Bloß so viel wie man eben braucht, um sich optisch von jemandem zu unterscheiden, den man morgens um sechs aus dem Bett klingelt. Radikale Naturbelassenheit hat zwar den Vorteil, dass man morgens länger schlafen kann (anstatt wie eine Bekannte immer, auch noch nach zehn Jahren Ehe, eine Stunde vor dem Mann ganz leise ins Bad zu schleichen, damit der nie erfährt, dass Frauen der Mascara nicht angewachsen ist). Andererseits ist die What-you-see-is-what-you-get- Methode die kleine Schwester von »friss oder stirb«. Meint: Wenn man sich dem anderen nicht mal gleich am Anfang von seiner schönsten Seite zeigen möchte, den kleinsten Aufwand unterlässt, sich in Bestform zu präsentieren, wie viel Engagement lässt das für eine gemeinsame Zukunft erhoffen?

Die Frau als Überraschungs-Ei

Habe ich je behauptet, Männer könnten sich an Frauen, an ihrem Schönheitssinn, ihrer Stilsicherheit, ihrem Geschmack eine Familienportion abschneiden? Sicher, wir befinden uns im besten Menopausen-, also Hitzewallungen-Alter. Aber es muss ja nicht sein, dass man jede einzelne Schweißperle auf der Oberlippe sieht oder man so spiegelglatt glänzt, dass alles von hinter der Kamera reflektiert wird!
Auf dem Foto von »Aschenputtel« aus Darmstadt wurde anscheinend schon mal ein Glas abgestellt, und Lucy aus dem Main-Kinzig-Kreis hätte deutlich mehr Abstand zwischen sich und der Kamera sehr, sehr gutgetan. Keine – mich eingeschlossen – möchte sich aus höchstens 20 Zentimetern Entfernung betrachten müssen.
Es gibt Frauen, die tragen große Sonnenbrillen und Baseballkappen. Die Frau als Überraschungs-Ei. Aber ob das die Art von Geheimnis ist, die einer Beziehungsanbahnung förderlich ist? Eine hat ein Foto eingestellt, auf dem sie in einem Taucheranzug aus einem See kommt. Es ist Abend. Das einzige, um das es gehen sollte, erkennt man nicht. Weil sie sich eine Hand vor den Mund hält. Ist das ein Bilderrätsel?
Sollte ich mich jemals abfällig über die männliche Optik geäußert haben, ich nehme es hiermit zurück. Das hier ist mindestens so ungeschickt wie »mein Motorrad, meine Zimmerpalme, mein Marathonleibchen«.

Das Gleiche gilt für die Selbstbeschreibungen. Eine einzige große Ausnüchterungszelle. Bei der Frage nach ihrem Fitnesslevel antwortet eine keck: »Sage ich nicht«. Braucht sie auch nicht. Es gibt ein Foto. Und das sagt sehr viel. Eine andere, nach ihrer Lieblingslektüre befragt, meint, das sei immer das Buch, das sie gerade lese. Aber wie hat sie es ausgesucht? Fällt es vom Himmel? Kauft sie, was ihr die Buchhändlerin empfiehlt? Was zufällig herumliegt? Ähnlich differenziert beantwortet eine andere Frau dieselbe Frage: »Momentan lese ich sehr gern spannende und lustige Bücher!« Aha!

Eine gibt als Motto an: »Die Eskimos kennen 52 Wörter für Schnee, weil er so wichtig für sie ist. Es sollte ebenso viele Wörter für die Liebe geben.« Aber warum? Männer haben ja schon Mühe, das eine Wort über die Lippen zu bringen. Und ehrlich: Das klingt auch für mich anstrengend. Ich meine: 52 Wörter allein für Liebe!

»Och muss sein Romantisch und vill mich machen Schipass und schön sein!«, beantwortet eine die Frage nach ihrem »Traumurlaub«. Eine andere schreibt: »Momente die dein Herz berühren machen dich reicher als alles was du jemals besitzen kannst!!« Da kann ich nur sagen: Dieser Frau würde ich gern ein Kommata- und Originalitäts-Spendenkonto einrichten. Ebenso wie dieser: »Wenn ich lese dann gerne, muss allerdings die nötige Muse und Zeit dazu haben.« ARGH! Es heißt Muße! Und überhaupt: Liest sie nicht gerne, wenn sie nicht liest? Weitgehend sinnfrei auch die Antwort einer Frau auf die Frage, wie wichtig ihr Geld ist: »Apropos – die Geldwährung ist sowieso total unrentabel bei der Wirtschaftsinflation – besser wäre es Anlagen in Metallen oder Sonstigem zu suchen.« Man kann nur hoffen, dass ihr für »Anlagen in Metallen oder Sonstigem« nicht allzu viel Geld zur Verfügung steht. (Und ja, da fehlt auch das eine oder andere Komma.)

Fast alle Frauen sagen, sie gingen gern ins Kino. Aber fast keine kann sich – danach gefragt – an einen Film nach 2010 erinnern. Viele schreiben vor allem, was sie nicht wollen: »Männer ohne Foto, unter 40 Jahren, mit Bart, mit Glatze, die sich als Kuschelbär, Schmusekater o.ä. bezeich-

Auch und gerade verheiratete Frauen müssen sich von der Illusion trennen, dass es für alle bis ins hohe Altern noch dauernd Sternschnuppen regnet.

nen, können es sich sparen, mich anzuschreiben!« Oder »Unerwünscht sind Krebs- und Steinbockmänner« oder »Ich suche kein Spass!« oder »Ich habe Angst vor Männern mit Ohrring und Goldkettchen!«

Spitzen Deckelchen

Ich habe eher Angst vor Frauen, die auf die Frage »Was bedeuten Ihnen Ihre Eltern?« antworten: »Zu Lebzeiten wenig im Tod noch weniger.« (Hier würde ich einfach mal großzügig über die Kommafehler hinwegsehen. Diese Frau hat ganz andere Probleme.) Was wird da gesucht? Gründungsmitglieder für eine Elternhassgruppe? Ein Mann, der seine auch nicht ausstehen kann? Oder der es erträgt, wenn seine Frau ihre Freizeit damit verbringt, Nadeln in Voodoo-Puppen zu stechen, die wie Vati und Mutti aussehen? Wo verbringt sie ihre Sommerferien? In Bates Motel? Vieles würde man jedenfalls lieber nicht erfahren. Oder jedenfalls nicht schon so früh.

Von anderen Frauen möchte man gern mehr darüber wissen, wen genau sie eigentlich suchen, außer »Männer zwischen 38 und 57 Jahre«. Ja, die Beziehungsanbahnung ist ein weites Feld. Aber so weit dann auch wieder nicht, dass allein die 1254 Männer im Rhein-Main-Gebiet, die aktuell in dieser Altersgruppe und auf Friendscout im Angebot sind, allein deshalb ein spitzen Deckelchen abgeben.

Und es wird gelogen, dass es nur so kracht. Nichts gegen ein paar weggeschummelte Jahre. Aber wenn gleich ganze Jahrzehnte verschwinden, ist das heikel. Finde ich. Was macht Iris2020, wenn sie ein Date hat? Schickt sie ihre Tochter? Und ich fresse einen Besen, wenn Georgina956 tatsächlich 47 ist. Sie sieht nämlich aus wie 65. Mindestens. Und nein, auch nicht wie eine 47-Jährige, die halt ein wenig schneller gealtert ist als andere. Klar ist diese ganze Fragerei nach dem Alter blöd, und in einer besseren Welt würde man sich allein an der Ausstrahlung eines Menschen orientieren. Sagt auch Bernadette, eine Bekannte: »Alter ist total nichtssagend! Ebenso gut könnte ich hier die Tageshöchsttemperatur von Timbuktu posten.« Sie würde allein aus Protest schummeln und nicht etwa, um sich einen unlauteren Vorteil zu verschaffen. Interessanterweise korrigiert sie aber nach unten und nicht nach oben. Warum eigentlich, wenn es doch egal ist? »Kann ich was dafür, wenn die Männer so jugendfixiert sind? Toll finde ich das auch nicht. Aber wenn ich schon im Netz suche, will ich nicht gleich von den hintersten Wahrnehmungsplätzen aus starten. Ich würde sagen, das fällt unter Notwehr!«

Bernadette ist übrigens 58. Kürzlich waren wir in einer Kneipe und hatten schon schön viel Wein getrunken, als sie erzählte, dass ihr ein über 60-Jähriger aber so was von gar nicht in die Tüte käme. »Die drücke ich immer gleich weg. Wenn die schon freiwillig zugeben, 60 zu sein, dann sind die doch mindestens über 65, eher 70. Ich seh die schon vor mir: Nackt! Mit Stelzenbeinen und faltigem Hängepo. Was die Zeit mit Hoden und Penis macht, brauche ich hier ja wohl nicht näher zu erklären. EKELHAFT!«

Ich gab zu bedenken, dass das Alter mit uns ja ähnlich ungnädig verfährt und wir es – zu Recht – zutiefst verachtenswert finden, von Männern so abschätzig und gefühllos betrachtet zu werden. Und dass sie doch eben noch gesagt habe, es käme vor allem auf die Ausstrahlung an und man daher einen Hängepo unter Umständen mit phantastischem Charme ausgleichen könne. Bernadette fand das »unsolidarisch«. Wie gesagt, wir kennen uns eigentlich nicht gut.

Im Fernsehen sehe ich eine Dokumentation. Drei Singles werden mit der Kamera bei ihrer Partnersuche begleitet. Mit dabei: eine Frau über 60. Die Kamera blickt ihr über die Schulter, als sie ihr Profil ausfüllt. Sich jünger macht, dünner und fitter. Sie schreibt, sie sei »sehr sportlich«. Dabei kann sie – wegen einer Arthrose im Knie und einer schweren Verletzung nach einem Unfall – kaum gehen. Darauf angesprochen meinte sie, sie sehe sich im Vergleich zu anderen in ihrem Umfeld, und da wäre sie durchaus sehr fit. Ich weiß nicht, wen sie in ihrem

Umfeld hat. Stephen Hawking? Wie wird es sein, wenn sie jemanden trifft, der das »sehr sportlich« (wie wohl die meisten von uns) mit einer athletischen Person verbindet, die sich sehr gern und häufig und schweißtreibend bewegt? Wie viel Zeit würde sie sich sparen, wie viele Enttäuschungen auf beiden Seiten und wie viel Brass auf »die Männer«, wenn sie einfach sagt, wie es ist? Wieso lässt man sich überhaupt auf dieses Spiel ein und konkurriert ausgerechnet in Kategorien, von denen man schon im Vorfeld die Jura- Kaffeemaschine drauf verwetten möchte, dass man da nur verlieren kann.

Idyll-Terror

Auch eine ganz normale Figur lässt sich gut in Worte kleiden. Und wenn man keinen Sport mag, mag man eben etwas anderes, das einen mindestens so interessant macht. Nach Durchsicht von Hunderten Profilen von Frauen staune ich, wie wenig die meisten die Chance, etwas über sich zu sagen, nutzen. Stattdessen lauter Allgemeinplätze. Der Autor Michael Lutter fasst das Dilemma in einem Beitrag in der Zeitschrift »Brigitte« so zusammen: »Und bitte, bitte auch keine Der-schönste-Tag-Beschreibungen mehr mit ›Wenn ich am Meer mit meinem Liebsten im Arm aufwache bzw. einschlafe …‹. Das ist abschreckendster Idyll-Terror. Wie erfrischend wäre: ›In einer Altbauwohnung im zweiten Stock aufwachen, neben einem Kerl, der so geschnarcht hat, dass ich ihn am liebsten mit dem Kissen erstickt hätte, danach gäbe es kein Rührei und auch keinen Tee. Dafür vielleicht Sex.‹«
Nein, ich will keine Nestbeschmutzerin sein, und auf keinen Fall mache ich all das, von dem ich nun weiß, dass man es ganz dringend anders machen sollte, selbst anders. Nach ein paar Wochen als Jacques Tati finde ich aber nicht mehr, dass immer nur die Männer das Problem sind, weil sie nicht wissen, was sie wollen, weil sie sich viel größer machen, als sie sind und sportlicher und jünger, weil sie Fotos ins Netz stellen,

bei denen einem die Augen bluten. Vielleicht führt es ja zu mehr Großzügigkeit und Toleranz und letztlich auch zu mehr Chancen zu wissen, dass es auch bei den Frauen entgegen anderslautender Erwartungen noch einiges zu verbessern gibt und man auf keinen Fall mit Steinen werfen sollte, wenn man selbst im Glashaus sitzt und Sätze wie »Call yourself not poor because your dreams are not fulfilled; really poor is only who has never dreamed of« als Motto postet. Selbst Glückskekse würden sich dafür schämen.

Ich möchte, dass wir alle wunderbar glücklich werden. Dass wir genau beschreiben, was es dazu braucht, wie wir sind, und nicht, wer wir gern sein würden oder glauben sein zu müssen. So macht es eine der rühmlichen Ausnahmen: Sie schildert genau, was sie lustig findet, ohne daraus einen Bildungsauftrag zu machen: nämlich Hangover Teil 1, Loriot und Anke Engelke, Some like it hot und Monty Python. Sie liest aktuell »Tschick« von Wolfgang Herrndorf. Sie hat Angst davor, »ewig bei Friendscout angemeldet zu bleiben«. Fast hätte ich ihr geschrieben und sie um ein Date gebeten. Gottseidank fiel mir gerade noch rechtzeitig ein, dass ich ja kein Mann bin. Und das ist auch gut so. Denn ehrlich: Die haben es auch nicht leicht. Besonders nicht mit uns Frauen auf der Suche.

Liebe Frau Dr. Frühling,
nach ein paar schlimmen Fehlgriffen hatte ich endlich ein wirklich tolles Date: ein spannender, attraktiver Mann, der sich für mich interessierte, und mit dem ich einen wunderbaren, sehr lustigen Abend verbrachte. Zum Abschied gab er mir einen langen Kuss und sagte: »Ich freue mich auf dich!« Seitdem sind sieben Tage vergangen und ich habe nichts von ihm gehört. Kann ich mich melden? Vielleicht rechnet er sogar damit ...
Lieselotte, 45

Liebe Lieselotte,
nein, Männer rechnen in der Regel nicht damit, dass sich Frauen melden. Ich sage es nicht gern, aber einer muss es tun: Wäre er interessiert, hätte er sich gemeldet und sich für den schönen Abend bedankt. Noch in derselben Nacht oder spätestens am nächsten Tag. Oder am übernächsten, wenn ein Meteoriteneinschlag in Oberreifenberg ausgerechnet sein Haus getroffen hätte. Nein, er liegt nicht im Koma und hatte keinen schlimmen Unfall, bei dem er sich beide Arme gebrochen hat. Er will einfach nicht. Das ist schade, aber nicht zu ändern. Auch nicht durch eine Nachricht an ihn.

Markus (42), Ingenieur

Meine Frau und ich haben uns vor 20 Jahren noch ganz klassisch in einer Disco kennengelernt. Vor fünf Jahren sind wir Eltern einer Tochter geworden. Vor drei Monaten hat mir meine Frau gesagt, dass sie sich trennen wird. Dass sie einen anderen kennengelernt hat. Und knapp einen Monat später habe ich mich bei Parship angemeldet. Das klingt sehr schnell, ich weiß. Doch ich dachte, das sei so gut und richtig. Ich wollte mich nicht heulend ins Bett legen. Das hätte an der Sache nichts geändert.

Ich habe mir stattdessen Bücher besorgt, die sich mit Trennung beschäftigen und wollte mich zwingen, meinen Blick nach vorne zu richten. Deshalb zusätzlich noch einen Elitepartner-Account eingerichtet. Nicht, um wirklich ernsthaft gleich eine neue Partnerin zu finden. Ich habe das eher spielerisch empfunden, als Beschäftigung.

Ich habe mir also überlegt, was mir wichtig wäre. Zum Beispiel, nicht zu weit voneinander entfernt zu leben. Ich habe eine Tochter, die drei Tage die Woche bei mir ist, und oft hat ja dann auch der neue Partner schon Nachwuchs. Mit schulpflichtigen Kindern kann man aber nicht so einfach umziehen.

Gesucht habe ich in der Altersgruppe von 33 bis 45. Und ich habe viele Fragen beantwortet, damit die Portale ein Suchprofil, aber auch eine Persönlichkeitsanalyse von mir erstellen. Als alles fertig war, gab es eine richtige Angebots-Explosion. Ich hatte sicher 200 Partnervorschläge und ganz schön zu tun, all die Mails zu beantworten. Das hat sich dann aber beruhigt. Ich schätze, dass ich dann pro Woche vielleicht so fünf bis acht Mails geschrieben habe.

Worauf es mir ankam: dass es mit der Lebenseinstellung und mit den Hobbys passt. Wenn Frauen etwa sagten, die suchen einen Tanzpartner, wusste ich schon: Das ist nichts für mich. Ich fahre lieber Rad, bin gern in der Natur, besuche gern Weinfeste. Auch wenn eine noch Kin-

der wollte, war das ein Ausschlusskriterium. Nachdem ich bereits bei den ersten Treffen gemerkt habe, dass das ein Thema ist und einige wegfallen, wenn man kein Kind mehr will, habe ich das nachträglich noch in mein Profil geschrieben. Das konnte man bei Parship leider nicht angeben, bei Elitepartner schon.

Natürlich habe ich auch nach den Fotos geschaut. Mir ist schon bewusst, dass es da einen gewissen »Katalogeffekt« gibt und man schnell mal weiterklickt, wenn optisch irgendwas nicht so mein Fall ist. Es gibt keinen zweiten Blick. Aber bei der großen Auswahl muss man zwangsläufig irgendwo eine Grenze ziehen und »vorsortieren«. Man kann sich ja nicht mit allen treffen.

Was mir nicht so gut gefallen hat, war, wenn die Frauen inszenierte Fotos da eingestellt haben. Manchmal sogar richtige Job-Bewerbungsfotos. Ich finde natürliche Fotos schöner und aussagekräftiger. Wenn man eine Frau zum Beispiel im Urlaub sieht, weiß man schon, wohin sie gern verreist, was sie bereits gesehen hat. Man bekommt gleich mehrere Informationen. Aus gestellten Fotos kann man dagegen deutlich weniger ablesen. Mir ist es zwar nicht passiert, dass die Fotos später mit der Realität wenig zu tun hatten, weil etwa die Altersangaben nicht stimmten, aber ich habe gemerkt, wie häufig das vorkommen muss. Einfach, weil einige Frauen schrieben, sie seien tatsächlich 42 oder 39.

Ich war nun also in den Portalen unterwegs und ich bin natürlich mehr ausgegangen als früher. Aber ich wusste trotzdem nicht, ob ich mich so kurz nach der Trennung überhaupt auf etwas Neues einlassen kann. Ich dachte: Vielleicht kannst du ja gar nicht mehr flirten. Nach 20 Jahren Beziehung glaubte ich auch, dass nur noch die Ladenhüter auf dem Single-Markt unterwegs sind. Dass außer unserer Beziehung keine kaputtgegangen ist. Aber da habe ich mich getäuscht.

Gut, das erste Telefonat war noch sehr aufregend. Aber dann merkte ich schnell, dass man sich ganz normal unterhalten kann und war entspannt. Bei den Dates habe ich dann immer gleich die Karten auf den

Tisch gelegt. Habe gesagt, wer ich bin. Dass ich ein Kind habe. Dass ich keines mehr will. Welche Hobbys ich habe. Was ich teilen kann und was ich nicht teilen möchte. Ich dachte, besser jetzt als in drei Monaten. Die Frauen haben das ähnlich gesehen. Die sagten oft auch: »Ich werde nicht umziehen. Mein Haus bleibt mein Haus. Das und das sind meine Hobbys. Ich würde sie gern mit dir teilen. Aber ich möchte auch Zeit für mich.« Es ging einfach darum festzustellen, worauf es einem im Leben ankommt.

Sicher ist das nicht sehr romantisch. Man könnte ja auch sagen: Wir schauen mal, was geht, und möglicherweise verkaufe ich dann leichten Herzens das Haus und ziehe ans andere Ende der Welt. Wenn die Liebe nur groß genug ist. Ich kann mit dieser romantischen Idee nicht so viel anfangen. Das geht nicht nur mir so. Niemand, auch die Frauen, will unnötig Zeit, Gefühle und Kraft investieren. Klar, gibt es diese rosarote Phase, doch die ist ja irgendwann vorbei. Danach muss es aber immer noch passen. Ich glaube auch, dass man Mauern aufbaut, weil man eben nicht noch einmal verletzt werden will.

Insgesamt habe ich fünf Frauen getroffen. Und die fünfte Frau, die ist es. Ich hatte das Gefühl schon vorher einmal gehabt, bei einer anderen. Aber das beruhte offenbar nicht auf Gegenseitigkeit. Es war auch nicht so intensiv. Jetzt hat der Blitz eingeschlagen. Ich kann es nicht anders beschreiben. Und das Gefühl ist beidseitig. Ich kann gar nicht mal so genau erklären, weshalb sie es jetzt ist und keine andere. Gut, wir hatten 80 Prozent Matching Points, aber das spielt überhaupt keine Rolle. Die hat man relativ schnell zusammen.

Jedenfalls habe ich sofort alle anderen Verabredungen abgesagt und Parship auf »Pause« gestellt. Nicht, weil ich nicht sicher wäre. Aber wenn man kündigt, muss man sowieso für ein ganzes Jahr bezahlen. Da vergebe ich mir nichts, wenn ich Mitglied bleibe. Bei Elitepartner habe ich komplett gekündigt. Da hat man ein 14tägiges Widerrufsrecht. Ich musste aber für die anderthalb Wochen Mitgliedschaft 360 Euro bezahlen. Das Argument: Ich hätte schon so viele Leistungen in

Anspruch genommen, die Persönlichkeitsanalyse, die Mails, das Foto-Feedback. Das machen die schon ganz clever, dass doch noch so ein hoher Betrag zusammenkommt. Ein wenig blöd war, dass ich außerdem bereits einen Single-Segeltörn gebucht hatte, bevor ich mich verliebt habe. Den habe ich noch gemacht, was natürlich zu einigen Irritationen bei der Frau geführt hat. Aber der Törn hat auch aus anderen Gründen keinen Spaß gemacht. Der Skipper war extrem unfreundlich. Es hat sich übrigens auch kein Paar gefunden.

Toll fand ich bei den Portalen, dass sie einem eine gewisse Bestätigung geben. Dass man begehrt wird, dass es Leute gibt, die einen haben wollen. Das tut einem sehr gut. Vor allem, wenn man wie ich, direkt gegen einen neuen Mann ausgetauscht wurde. Und dann gab es noch einen Aspekt, der gerade am Anfang sehr wichtig für mich war: Man trifft viele Gleichgesinnte, denen ähnliches passiert ist. Mit manchen Frauen habe ich einfach nur Erfahrungen ausgetauscht. Wir haben uns erzählt, wie wir die jeweiligen Trennungen verarbeiten. Was wir tun. Wie es mit dem Kind läuft. Wie lange es gedauert hat, bis man das Gefühl hatte, dass es wieder aufwärts geht. Es ist sehr wohltuend zu erfahren, dass man nicht der Einzige ist.

Ich bin erstaunlicherweise sehr ruhig und gar nicht wütend. Meine Frau ist ausgezogen, und wir haben jetzt wieder ein sehr gutes Verhältnis. Wir reden sehr viel und offen. Es ist fast besser als vorher. Natürlich hilft es ein wenig, dass ich jetzt auch jemanden habe. Ich kann die Online-Suche nur empfehlen. Besonders Parship. Das System ist einfach unkomplizierter und besser nachzuvollziehen. Aber man sollte das nicht zu ernst nehmen. Es ist nur eine Möglichkeit, jemanden zu treffen. Und sieht man einen Menschen etwa in der Straßenbahn, sollte man ihn auf jeden Fall ansprechen. Trotz Parship-Account.

Ich bin jetzt seit drei Wochen wirklich verliebt. Aber ich merke auch, dass es diese Unbekümmertheit, mit der man in jungen Jahren zusammenkommt, nur einmal gibt. Wenn dieses absolut blinde Vertrauen einmal zerstört wurde, bekommt man es so leicht nicht mehr zurück.

Darüber haben wir gerade gestern gesprochen. Meine Freundin sagte: »Ich hatte so schöne Mauern aufgebaut und du reißt sie jetzt alle ein.« Das stimmt. Man bekommt viel eingerissen. Aber nicht mehr alles. Ganz tief im Inneren glaube ich, dass man die 100 Prozent nicht mehr erreicht. Der Mensch lebt auch aus Erfahrung und er lernt, dass er blöd war, als er dachte, es ist für die Ewigkeit. Umgekehrt ist es aber natürlich auch so: Wenn man gar kein Risiko mehr eingehen will, lebt man praktisch nicht mehr. Vielleicht bringt es die Zeit, dass man mehr von sich preisgibt. Aber ehrlich: Alles wird es vermutlich nicht mehr sein.

(Ein Nachtrag: Markus hat diese erste Beziehung inzwischen wieder beendet. Er sagt »Es ging doch noch nicht vom Kopf her. Da war meine Expartnerin noch zu präsent.«)

Vom Tun und vom Lassen

Ick bin eine Amerikanerin

Das Schlimmste an ersten Dates ist, dass es erste Dates sind. Als hätte man beim Schicksal eine Katze im Sack bestellt und soll nun den ganzen Abend mit ihr verbringen. Plötzlich tauchen tausend Fragen auf, die man Jahrzehnte nicht gesehen und ehrlich gesagt auch nicht vermisst hat: Wird er mich mögen? Werde ich ihn mögen? Was ziehe ich an? Wird er gleich küssen wollen? (Hoffentlich! Auch wenn ich ihn furchtbar finden sollte, wäre es wirklich das Mindeste.) Soll ich nicht doch lieber absagen? Bin ich nicht zu alt für all das?

Klar hatte ich schon ein paar erste Dates. Allerdings wurden in der Zwischenzeit der Euro eingeführt und eine Frau Bundeskanzler. Wer weiß, was inzwischen auf dem Single-Markt alles passiert ist? Vielleicht gibt es ja mittlerweile ganz andere Regeln? Oder gar keine mehr? Ich will sofort nach New York umziehen. Da ist alles hübsch straff organisiert. Und zwar so, dass wirklich keinerlei Interpretationsspielraum übrig bleibt. Genauer gesagt ist selbst die »EU-Verordnung über Umsturzvorrichtungen für land- und forstwirtschaftliche Zugmaschinen auf Rädern« dagegen reinste Anarchie! Das hat mir Oliver, mein Friseur erzählt, der einige Jahre im Big Apple gelebt hat. Er erklärte mir: »Es gibt ganz bestimmte Orte für erste Dates, solche für zweite und für dritte. Das erste Date findet immer in einer Bar und unter der Woche statt. Das Wochenende ist privat. Man sieht seine Freunde und die Familie. Da trifft man sich nicht mit jemandem, den man gerade erst kennengelernt hat. Jedenfalls noch nicht. Das wäre echt too much. Am Ende denkt der noch, du bist so eine einsame Maus, die nichts Besseres vorhat. Das geht gar nicht. Selbst, wenn du tatsächlich am Wochenende nichts anderes zu tun hast, als die Wand anzustarren.«

Natürlich holt der Mann die Frau ab und bringt sie auch wieder nach Hause. So viel Höflichkeit muss sein. Zumal das erste Date, sagt Oliver, eine Art Leistungsschau ist, ein unverbindliches Informationsgespräch. Man checkt die wichtigsten Eckdaten ab: Benehmen, Beruf, Einkommen, Hobbys, Kinderwunsch und Familienhintergrund. Es sollte dennoch lässig und easy going sein. Bloß keine Formulierungen wie »schwierige Kindheit« oder »ich hasse meinen Ex!« oder »als der Arzt mir damals den Eileiter durchgespült hatte« oder »früher bin ich noch nach jedem Essen zum Kotzen aufs Klo gegangen«. Das Treffen endet vor Mitternacht. Der andere könnte sonst denken, man hätte nichts Wichtiges zu tun und könnte am nächsten Tag ausschlafen. Die Rechnung für die Drinks zahlt selbstverständlich der Mann. Danach gibt's höchstens Küsschen auf die Wange. Oliver sagte, manche behaupten, dass sogar vorgegeben sei, wie weit man dabei voneinander entfernt stehen sollte und dass man höchstens den Oberkörper nach vorn beugt, damit bloß keine anderen Körperstellen in Berührung kommen.

Ist das erste Date gutgelaufen, ruft der Mann an. Findet die Frau, dass es ein Reinfall war, geht sie einfach nicht ans Telefon. Somit ist klar: Das war's. Vielleicht war ihr sein Jahreseinkommen zu niedrig. Oder sie interessiert sich nicht für Baseball oder sie will keinen, der mit 45 immer noch nicht weiß, ob er Kinder will, oder sie hat die kahle Stelle an seinem Hinterkopf entdeckt.

Sollte er ihr gefallen haben, geht es jetzt am Wochenende und im Restaurant weiter. Und zwar in einem bestimmten. Es gibt nämlich Lokale für zweite und solche für dritte Dates. Man sitzt also mit lauter anderen Paaren in einem Restaurant, die gerade auch alle ihre Gefühle gemeinsam auf »Wiedervorlage« gesetzt haben. Eigentlich könnte man am Ende des Abends mal durchgehen und fragen, wie es jeweils so gelaufen ist, und ob man nicht John gegen James tauschen könnte und Jennifer gegen Susanne. Wo alle Anwesenden schon mal Singles sind. Und großzügig außerdem. Erwartet wird nämlich, dass an diesem Abend Kosten von mindestens 100 Dollar auflaufen, die selbstverständlich der Mann übernimmt. So selbstverständlich, dass er schon mal sauer wird, wenn wir Europäerinnen, wahrlich nicht verwöhnt in Sachen »Einladung«, getrennte Rechnungen vorschlagen.

Das Schlimmste an ersten Dates ist, dass es erste Dates sind.

»Was ist, wenn ich bloß eine Vorspeise hatte und der Betrag noch nicht erreicht ist? Muss ich dann noch ein Dessert essen, damit er mich wieder anruft?« Nicht, dass das häufig vorkommt, dass ich wichtige Menüpunkte auslasse, aber ich will es wenigstens theoretisch von Oliver wissen.

»Das gibt es kaum. Schon weil die In-Restaurants so hochpreisig sind, dass man sein Plansoll auch bloß mit ein oder zwei Drinks und einem Gericht erreicht.« Wenn das Essen sehr, sehr teuer war, sagt Oliver, darf der Mann jetzt Sex vorschlagen. Üblich sei aber eher, dass man damit bis zum oder nach dem dritten Date wartet. Dann redet man auch schon mal darüber, wie es jetzt weiter geht: europäisch oder amerikanisch?

Äh, habe ich damals bei Dr. Sommer nicht aufgepasst? Hätte ich mal wieder »Cosmopolitan« lesen sollen?

»Nein, amerikanisch meint, dass man am Anfang noch andere datet. Maximal zwei andere. Das ist ganz normal, jedenfalls in den USA. Europäisch dagegen bedeutet, dass man sich ziemlich früh und exklusiv für den einen entscheidet.«

»Wie: Darüber redet man schon beim zweiten Date? In Deutschland würde man das Frauen frühestens nach dem ersten Jahr empfehlen und dann müsste man sich noch den Vorwurf gefallen lassen, vielleicht ein wenig zu forsch und ganz sicher zu klammerig zu sein.«

Ich lerne, dass man in den USA eine Beziehung erst durch den sogenannten »talk« zu einer solchen erklärt. Dabei versichern sich beide Seiten, dass sie ein exklusives sexuelles Verhältnis wünschen. Wer nicht »talkt«, hat auch keine Vereinbarung. Frauen, die eine haben, setzten damit eine Art XXL-Beziehungs-Stoppuhr in Gang: Nach nur zwölf Monaten dürfen sie einen Verlobungsring im Gegenwert von möglichst genau drei Nettomonatsgehältern des Mannes erwarten, in Texas sind es sogar vier. »Sollte der Mann übrigens nicht genug für den Ring ausgeben oder erst gar keinen anbieten, dann kannst du die Beziehung sofort beenden«, erläutert Oliver den Partnerschaft-Selbsttötungsmechanismus.

Single-Legende 2

»Ich beneide dich um deine Freiheit.«

Das kommt meist von Frauen, die seit ihrem 15. Lebensjahr in Beziehungen leben, und die bei der Aussicht panisch werden, auch nur allein ins Wochenende zu fahren.

Er ist brutal. Blutig. Gnadenlos. Einerseits. Andererseits würde mancher Frau hierzulande mit einer so strikten Deadline vermutlich eine Menge verzauderte Zeit mit Männern erspart bleiben. Außerdem gibt es nach der Devise »niemand geht so ganz« ein hübsches Recycling-System für solche, die in den ewigen Single-Kreislauf zurückgeschickt wurden. Sie werden als Kandidaten für sogenannte »booty calls« wiedergeboren: Man ruft sich an, um unverbindlichen Sex zu vereinbaren (schreibt sich also auf keinen Fall Valentinstagskarten).

Mir gefällt das. Es ist so schön übersichtlich. Zu übersichtlich darf es aber auch nicht werden. So wie in China. Wer hier mit Mitte oder gar Ende 20 noch keinen Partner hat, für den übernehmen die Eltern die Suche. Dafür gibt es spezielle Events, die beispielsweise in einem Park abgehalten werden. Dort treffen sich die besorgten Erziehungsberechtigten und zeigen sich gegenseitig Schilder, auf denen die Vorzüge ihrer Sprösslinge stehen. Also etwa: »Männlich, Jahrgang 1987, 1,70 Meter groß, Beamter, Monatseinkommen in Höhe von …, Wohnung in Aussicht«. Ich möchte mir gar nicht vorstellen, was auf dem Schild meiner Mutter stehen würde: »Weiblich, Jahrgang 62, 1,74 Meter groß, zu selbständig. Sie ist entweder zu dünn oder zu dick und sie geht immer zu spät ins Bett. Es ist schön und gut, unabhängig zu sein. Aber man sollte es doch nicht übertreiben. Außerdem fährt sie viel zu schnell Auto. Und auch zu dicht auf. Eine Wohnung hat sie schon. Aber sie könnte sehr gut jemanden für die Gartenarbeit gebrauchen oder wenigstens einen, der ihr sagt, dass Bettwäsche gebügelt gehört. Auf mich hört sie ja nicht …«

Gut, man kann sich sehr lustig machen über dieses starre Regel-Korsett, das jeglicher Spontaneität die Luft abwürgt. Andererseits hat es viel Schönes, wenn alle einer einzigen Choreographie folgen und man nicht jeden winzigen Schritt in dieser unendlichen Abfolge an Fragen, Zweifel, Unsicherheiten für sich neu überlegen muss. Immer in Gefahr, völlig daneben zu lieben.

Liebe Frau Dr. Frühling,
ich habe mit Männern sehr viel Pech gehabt. Jetzt bin ich 39 und wünsche mir so sehr ein Kind. Meine Zeit für Männer, die noch mit 55 behaupten, sie wären noch nicht so weit, ist also begrenzt. Soll ich das gleich beim ersten Date sagen? Wäre es nicht ehrlicher und sehr viel effektiver, mit offenen Karten zu spielen?
Marietta, 39

Liebe Marietta,
sagen wir so: Es ist schwierig! Jemand, der noch nicht mal weiß, was Sie gerne essen, oder ob Sie lieber bei offenen oder geschlossenen Fenstern schlafen, soll bereits überlegen, ob er Kinder mit Ihnen will? Man kann verstehen, dass das Männer verschreckt. Ich empfehle die übliche Methode: kennenlernen, verlieben, über Kinder reden und auf Ihr Gefühl vertrauen, ob der, der da sitzt, dafür qualifiziert ist.

Die Kunst des Aufschiebens

Ich glaube, vor allem Frauen – mich eingeschlossen – täte es gut, gäbe es überhaupt keine Illusions-Ablage mehr, nicht mal das winzigste Hoffnungs-Zwischenlager. Es würde uns einiges an Demütigungen und eine Menge Zeit ersparen. Von all den Enttäuschungen, die durch viel zu viel Interpretationsspielraum entstehen, ganz zu schweigen. Ein paar Regeln wirken da wie Haltegriffe und Landefeuer, und man bräuchte sich nicht dauernd zu fragen: Was meint ein Mann eigentlich genau, wenn er sagt, er sei noch nicht bereit für eine feste Beziehung? Dass er jetzt diese Woche noch nicht bereit ist? Nicht bereit für diese Frau, für eine andere schon? Bereit, wenn sie bereit ist, ihr Sexportfolio um Latex und Peitsche zu erweitern? Oder wenn der Halley'sche Komet das nächste Mal wieder auftaucht? Also 2061? Es würde einem ein paar unerfreuliche Themen beim Erstkontakt ersparen. Etwa den Satz: »Ich hoffe, du bist rasiert. Zahnseide brauch ich untenrum nämlich nicht!«

Aber deshalb gleich in die USA auswandern? Am besten ist vermutlich, man stellt eigene Regeln auf. Zum Beispiel die, sich für das erste Date tatsächlich in einem Café oder in einer Bar zu treffen. Mit der Ansage, dass man spätestens um 23 Uhr wieder gehen muss, weil man anderntags einen frühen Termin hat. Es ist einfach entspannter, nur zwei Stunden vor sich zu haben als einen Open-End-Abend-Termin. Hat sich die Konstellation bewährt kann man ja immer noch ins Restaurant gehen. Ohne damit zu rechnen, dass der Mann alles bezahlt. »Das ist heute einfach nicht üblich«, erklärt mir Lotte, eine Freundin, die schon länger Single ist. Und dass man tunlichst etwas mehr Geld dabeihaben sollte, als man braucht, um ein Taxi zu bezahlen. Es sollte im Zweifel auch noch für eine Dorade mit Rosmarinkartoffeln, frischem Spinat und zwei Wein reichen.

Ich lese in einem Artikel, dass zwar auch deutsche Männer durchaus bereit wären, die Rechnung der Frau mit zu bezahlen. Wenn sie glauben, dafür eine Gegenleistung erwarten zu dürfen. Also, ich will Sex ja nicht von vornherein kategorisch immer ausschließen. Woher aber wollen Männer schon bei einem ersten Date wissen, dass es direkt darauf hinausläuft? Tragen Frauen, die ein Gratisessen brauchen, vielleicht kleine Schildchen um den Hals »Für eine warme Mahlzeit tue ich alles!«? Und wie ernüchternd ist es, dass viele nicht mal am Anfang einfach so nett sein können?

Mein Verständnis wächst ein wenig, als ich mich mit einem ehemaligen Kollegen über das Thema unterhalte. »Ich hatte sehr viele Dates und habe die Frauen jedes Mal zum Essen eingeladen. In ein richtig gutes Lokal. Ich kann dir sagen, bei etwa vier bis fünf Treffen pro Monat geht das ganz schön ins Geld. Aber ich wollte höflich sein. Bis ich dachte: Bin ich blöd? Die meisten Frauen haben sich zwar gern einladen lassen, haben sich aber kaum bedankt. Meistens habe ich gleich am nächsten Tag noch eine WhatsApp-Nachricht geschickt. Etwa in der Art, dass es ein schöner Abend war und ob sie gut heim gekommen sind. Aber kaum eine hat es überhaupt für nötig befunden zu antworten oder mir wenigstens zu sagen, dass sie nicht weiter interessiert ist. Ich jedenfalls steige jetzt auf getrennte Rechnungen um.«

Ich beschließe, nicht so streng zu sein, wenn einer nach einem Essen tatsächlich »Rechnung! Bitte getrennt!« ordert. Nur beim Sex sollte ich konsequent bleiben, sagt Lotte: »Wenn es dir wirklich ernst ist, wenn du total verknallt bist, dann musst du warten. Wenn nicht, dann würde ich mir überlegen, ob du Lust hast auf Sex. Mit ihm. Und falls ja: Mach es! Man kann schließlich auch mit dem Falschen richtig guten Sex haben.« Ich wende ein: »Findest du das nicht ein bisschen spießig? Und auch ein wenig peinlich? Mich ausgerechnet bei einem potentiell Richtigen zu zieren, als wäre ich 21 und ein Blümchen, das gepflückt werden möchte, und nicht eine erwachsene Frau von über 50, die – strenggenommen – tatsächlich nicht mehr alle Zeit der Welt hat? Am Ende denkt der vielversprechende Kandidat, ich interessiere mich nicht wirklich für ihn?«

Lotte versichert mir glaubhaft, dass es einfach »die natürliche Choreographie des Anfangs« störe, wenn ich gleich bereitwilligst alle Karten, also auch mich, nackt auf den Tisch lege. »Schau, wieso hast du es so eilig mit jemandem, mit dem du doch noch ganz viel Zeit verbringen willst? Das wirkt schon ein wenig verzweifelt. Dabei bist du das doch gar nicht!«

Lotte ist Biologin und sagt, nicht mal Tiere würden es sofort tun, sondern ihre potentiellen Partner auf die Probe stellen. Sie erzählt, dass weibliche Singvögel -- etwa die Drosselrohrsängerin – sich nur mit den Männchen paaren, die die meisten Melodien kennen. Die Weibchen der Impalas und Gnus nähmen nur die mit den besten Revieren. Und Rebhühner bevorzugten Hähne, die sich um sie kümmern! Bei den Winkerkrabben bekomme nur jenes Männchen Sex, das Weibchen vor Angreifern schützt. Die Stichlingfrau lasse sich erst dann auf die Matratze bitten, wenn das Männchen ein Nest vorweisen kann und einen speziellen Tanz aufgeführt hat.

Ganz besonders gefällt mir der Guppy. Damit das Weibchen ihn erhört, verwandelt er sich in ihr Lieblingsessen. Das ist es vermutlich, was Bon Jovi gemeint hat, als er sagte: »Die perfekte Frau verwandelt sich nach dem Sex in eine Pizza.« Nur dass es hätte heißen müssen: Der perfekte Mann verwandelt sich vor dem Sex in einen Streuselkuchen!

Also ist das bisschen Warten nun wirklich das Mindeste, um sich gegenseitiger Wertschätzung zu vergewissern. Manche Dinge ändern sich also nie. Wie die Sache mit dem Blümchen. Andere schon.

Vom Fettnäpfchen zum Ölkännchen

Was unbedingt für eine möglichst frühzeitige Sexpremiere spricht: dass man sie bald hinter sich hat und dieses verdammte Lampenfieber aufhört. Klar sollte man jenseits der 40 wissen, wie es geht. Schließlich, das sagt die Statistik, hat jeder Deutsche pro Jahr durchschnittlich 138,9

Mal Sex. Das ergibt schon in einer bloß zehnjährigen Beziehung knapp 1200 Übungseinheiten. Einerseits. Andererseits sind es in Wahrheit höchstens 700 Mal und zweitens nützen die einem so viel wie eine Giraffe bei einem Erdbeben. Weil man ja jahrelang bloß mit Jochen Sex hatte und nun aber mit Martin oder Thomas oder Heinrich Sex haben will.

Jedenfalls sorgt die Aussicht, »es« mit jemandem zu tun, mit dem man bloß ein paar Mal beim Essen und/oder im Kino war, lange vorher für ganz schön viel Aufregung. Seit dem letzten ersten Mal haben sich ein paar Dinge nämlich deutlich verändert. Zum Beispiel die Sache mit den Körperhaaren. Auch die sind jetzt offenbar harschen Trendregeln unterworfen. Noch vor einigen Monaten etwa sollte man dringend und überall ganz glatt sein. Deshalb hatte ich mich – nur zu Versuchszwecken – einem Intim-Waxing unterzogen. Aber kaum war ich nach einem ziemlich demütigenden Selbstversuch haarfrei daheim (es gibt kaum etwas Peinlicheres, als an der Theke eines solchen Studios vor drei anderen wartenden Kunden, männlich und weiblich, über Intimrasur zu sprechen. Ausgenommen natürlich, auf Geheiß einer völlig fremden Frau die eigenen Pobacken auseinanderzuhalten, damit sie auch wirklich jedes Haar an jeder Stelle erwischt), war der Trend wieder vorbei. Lady Gaga zeigte sich auf dem Cover des britischen »Candy«-Magazins mit schwarz behaartem Intimbereich, und Gwyneth Paltrow verkündete bei US-Talkerin Ellen DeGeneres, dass sie ihre Schamhaare jetzt im Seventies-Style trüge. American Apparel ließ sogar dunklen Pelz aus den Höschen ihrer Schaufensterpuppen sprießen, um die Kundinnen »auf natürliche Schönheit hinzuweisen«, wie es Iris Alonzo, Kreativchefin der Kette, formulierte.

Ein Glück. Ich fand es ohnehin seltsam, von Frauen meiner Altersgruppe zu erwarten, dass wir uns vorpubertär blank machen sollen. Mittlerweile macht es deshalb sogar jünger, wachsen statt waxen zu lassen. Es sind jetzt vor allem die Älteren, die zur Komplettrasur tendieren, weil sie glauben, das müsste so sein.

Offenbar waxen auch die Männer an ihren eigentlichen Bedürfnissen vorbei. Laut einer Meldung tun sie es nur, weil sie glauben, dass Frauen es so möchten. Tatsächlich finden die meisten Frauen, die ich kenne, dass so ein bisschen Deko unterherum gerade dem Mann nicht schaden kann. Im Prinzip sollte es deshalb jeder und jede so halten, wie er oder sie es mag – und nicht, wie irgendwelche Lifestyle-Magazine es uns vorschreiben. Und ehrlich: Einer, der sagt: »Du hättest das große Glück meines Lebens werden können, bis ich die Haare zwischen deinen Beinen sah!«, der taugt sowieso für nichts. Nicht mal für einen One-Night-Stand.

Es gibt ohnehin nichts Uncooleres, als ausgerechnet beim Sex nach dem Mainstream zu schielen, danach, wie »man« es gerade tun sollte. Und es zeugt sicher von einem eklatanten Mangel am wichtigsten Sex-Spielzeug überhaupt: Humor. Den braucht man. Ganz dringend. Sehr viel dringender als die perfekte Intimfrisur. Gerade in den mittleren Jahren, wenn schon mal Scheidentrockenheit auf Erektionsstörung trifft und Frauen manchmal ein kleines Fläschchen Olivenöl am Bett stehen haben. (Ganz sicher nicht, um sich nachts um eins mal eben eine kleine Salatvinaigrette zuzubereiten. Bevor Sie sich den Kopf zermartern, wie man das einem Mann erklärt, ehe er fragen kann »Und wo bewahrst du gewöhnlich den Essig auf?«: Es gibt Alternativen. Eine befreundete Frauenärztin rät zu Gleitcreme oder Östrogencremes und dazu, »den Betrieb auch in männerlosen Zeiten lebendig zu halten. Mit einem süßen Dildo etwa.«)

Und was ist mit dem Performance-Druck? Gerade deshalb spricht viel dafür, tatsächlich ein paar Dates lang zu warten, damit man sich ein wenig besser kennt und davon ausgehen kann, dass der andere auch eine gewisse Vorfreude hegt – warum sonst sollte er sich immer wieder treffen wollen? Vor allem hat er damit auch ausreichend Gelegenheit gehabt, die Frau näher kennenzulernen und also in Gedanken hochzurechnen, was unter den Klamotten steckt. Beim Auspacken sind also keine größeren Überraschungen zu erwarten. Es sei denn, Sie besitzen

Eine Frau sollte dringend mehr Geld dabei haben, als sie braucht, um ein Taxi zu bezahlen. Es sollte im Zweifel auch noch für eine Dorade mit Rosmarinkartoffeln, frischem Spinat und zwei Wein reichen.

die beneidenswerte Fähigkeit, etwa 30 Pfund durch Kleidung wegzumogeln (falls ja, wo kaufen Sie ein?).
Außerdem ist der andere sicher mindestens so nervös wie man selbst. Und schließlich: Wenn es endlich so weit ist, werden Sie feststellen, dass man nicht gleichzeitig den Bauch einziehen, die Brüste vorteilhaft in Stellung bringen und guten Sex haben kann. Aber auch, dass das völlig egal ist. Weil Sie sich umsonst so wuschig gemacht haben.
Und noch etwas: Es wird leichter, mit einem Brandneuen ins Bett zu gehen. Aber nicht so leicht, dass praktisch jeder dafür in Frage käme. Ich jedenfalls brauche für Hingabe ein gewisses Maß an Vertrauen, und sowohl ich als auch er wollen ja im Idealfall, dass Sex etwas Besonderes ist. Nicht so besonders, dass man jedes Mal ganz Deutschland beflaggen müsste, aber auf jeden Fall besonderer als ein Coffee-to-go.

Taube Nüsse

Kürzlich las ich in einer Tageszeitung die Geschichte einer Frau meines Alters. Sie hatte einen Mann kennengelernt. Alles lief super. Sie waren sehr verliebt. Bereits nach der ersten gemeinsamen Nacht hatte er ihr den Schlüssel zu seiner Wohnung überlassen. Dann fuhr er in den lang geplanten Urlaub. Vorher sagte er ihr, dass sie ihn nicht anrufen solle. Sie könnten allenfalls SMS, WhatsApp oder E-Mails austauschen. Sie hielt sich nicht dran. Sie rief ihn an, dachte, die Beziehung sei so tragfähig, dass sie einen kleinen Regelverstoß locker verkraftet. Sie wollte nur mal kurz nachfragen, wie es ihm geht. Danach war Schluss. Der Mann meldete sich nicht mehr.
Eigentlich weiß sie, dass sie keinen Fehler gemacht hat oder wenigstens keinen, der so eine Reaktion rechtfertigt. Trotzdem fragt sie sich nun ständig, ob es vielleicht ganz anders gekommen wäre, hätte sie nicht angerufen. Ob sie nicht noch ein Paar wären. Ein sehr glückliches Paar. Sie überlegt sich nicht, wie bizarr es ist, wenn ein Mann seiner Freun-

din kategorisch verbietet zu telefonieren. Und wie herzlos, sie so ratlos zurückzulassen. Was das für ein riesiges Arschloch sein muss, ihr so etwas zuzumuten.

Typisch. Leider. Weil wir Frauen uns so gern ausgerechnet über die Männer am meisten den Kopf zerbrechen, die es am wenigstens verdient haben. Ganz egal, wie alt wir sind und wie viel besser wir es eigentlich wissen sollten.

Nein, man kann keinen Kerl dazu zwingen, einen zu lieben. (Ja, das ist schade!) Deshalb ist es auch okay, wenn es sich einer anders überlegt und einem sagt, dass seine Gefühle wohl doch nicht ausreichen. Jedenfalls nicht für eine Beziehung. Das ist mir umgekehrt auch schon passiert. Das kennen wir alle: Einer ist total entbrannt, aber der andere kann die Gefühle so gar nicht erwidern. Ist nicht schön. Aber eben auch nichts Persönliches. Nichts, an dem man dadurch etwas verändern könnte, indem man noch mal zum Friseur geht oder 15 Kilo abspeckt oder die Bundesligatabelle auswendig lernt. Wenn der Funke nicht da ist, ist er nicht da. Es gibt keine Verpflichtung, dass der andere gefälligst genauso verschossen sein sollte, wie man selbst es möglicherweise ist. Aber es gibt eine Verpflichtung, den anderen mit Respekt zu behandeln. Gerade weil er so verliebt ist. Deshalb verschwindet einer mit Charakter auch nicht einfach in den unendlichen Weiten des Internets, sondern ist Kerl genug, es einer Frau direkt zu sagen, dass er sie nicht liebt. Und zwar möglichst bevor er zehnmal mit ihr Sex hatte und sie schon überlegt, wen sie zur Hochzeit einlädt.

Natürlich muss man auch sagen: Manchmal senden Männer wirklich deutliche Signale. Bloß wollen die Frauen sie nicht verstehen. Sie möchten lieber Gefühle und Qualitäten in Männer reininterpretieren, die gar nicht da sind. Wenn einer unzuverlässig ist, nicht anruft, immer nur nachts und bloß für Sex Zeit hat, wenn er offenbar noch andere Frauen trifft, wenn er sich wie der letzte Idiot benimmt, ohne Erklärung abtaucht oder Dinge erwartet oder Bedingungen stellt, die das Gegenteil von liebevoll, entgegenkommend, interessiert, fürsorglich, warm-

Man kann nicht gleichzeitig den Bauch einziehen, die Brüste vorteilhaft in Stellung bringen und guten Sex haben.

herzig sind, dann denken wir uns sehr komplizierte, aber ungemein überzeugende Entschuldigungen für ihn aus und hoffen, dass er sich dafür irgendwann revanchieren wird. Zum Beispiel glauben wir, dass nur wir ihn richtig verstehen und er das ganz sicher bald kapieren wird, dass er halt noch traumatisiert ist durch seine Ex, dass der Service, den wir ihm bieten, vielleicht verbessert werden sollte, damit er wirklich Grund hat zu bleiben, dass wir eigentlich dankbar sein müssen, wenn sich überhaupt einer für uns interessiert.

Bitte merken: Wenn ein Mann etwas will, dann unternimmt er ALLES, um es zu bekommen. Er fragt nach Telefonnummern, er ruft an, er verabredet sich, er meldet sich spätestens am nächsten Tag, bedankt sich für den schönen Abend und will einen unbedingt wiedersehen. Er ist verbindlich, zuverlässig, er will die Frau, die er liebt, richtig froh machen und er will ganz dringend wissen, was dazu nötig ist. Er wird IMMER Zeit finden für sie. Unternimmt ein Mann wenig bis nichts davon, dann ist er es nicht wert, seinetwegen unglücklich zu sein. Und schon gar nicht, sich für ihn Ausreden, Beschönigungen, Entschuldigungen auszudenken. Sollte man dennoch einen exzellenten Grund brauchen, um sich abends in den Schlaf zu heulen, gibt es da noch das Problem mit der Klimaerwärmung und die Flüchtlingsmisere. Dafür lohnt es sich wenigstens, morgens aufzustehen und nach einer Lösung zu suchen. Da lässt sich noch wirklich viel verändern, was man von den tauben Nüssen, die man – leider – dauernd beim Dating trifft, nicht behaupten kann. Vor denen muss man sich und seine Zukunft schützen. Damit man die Richtigen, die Guten nicht verpasst, während man gerade damit beschäftigt ist, sich die Wunden zu lecken, die die Arschgeigen einem in die Seele gehauen haben.

Im Internet weiß niemand, dass du ein Hund bist

Frau Sherlock

Früher hatte ich eine Freundin, die jedes Mal, wenn sie einen neuen Mann kennenlernte, sofort anfing, Erkundigungen über ihn einzuziehen: Womit er sein Geld verdient, wie seine Exfrauen aussehen, sein Trennungsverhalten war, wohin er ausgeht, ob die Eltern noch leben, was er gern isst, welchen Sport er macht. Praktisch alles, was sie an Informationen bekommen konnte. Dafür sprach sie auch Leute an, die sie eigentlich gar nicht kannte. Wir nannten sie »Sherlock«, weil sie wie eine Privatdetektivin unterwegs war. Als hätte sie jetzt schon Grund, dem Mann zu misstrauen. Sogar noch bevor der selbst daran dachte, sie anzulügen.

Ich fand das ein wenig peinlich. Doch sie meinte: »Wieso? Ich will doch wissen, woran ich bin. Und wieso Gefühle verschwenden, wenn ich jetzt schon erfahren kann, ob ich überhaupt sein Typ bin, ob er zum Beispiel gern zweigleisig fährt, ob er eher an langen Beziehungen interessiert ist oder dauernd bloß kurze Affären hat?« So viel Pragmatismus schien mir schon im Ansatz ernüchternd und auch irgendwie ziemlich bekloppt. Ich meine, warum soll man schon vor Weihnachten alle Geschenke öffnen wollen, um sich die Enttäuschung am 24. dadurch zu ersparen, dass man sie sich schon am 16. bereitet? Das sagte ich ihr. »Na gut, aber damit habe ich wenigstens Zeit gewonnen!«, kommentierte sie meinen Einwand.

Manchmal stellte ich mir vor, dass sie in ihrem Keller bestimmt lauter Kisten mit einer gigantischen Datensammlung von Männer-Dossiers aufbewahrt. Eine Datenvorratsspeicherung, angelegt, noch bevor man das Wort überhaupt kannte. Und ich hatte auch ein bisschen Angst. Wer weiß, ob sie nicht auch bei ihren Freundinnen ähnlich strategisch vorging und eifrig Material anhäufte, bloß um ein paar ordentliche Antworten zu haben, sollte sie je von einem ähnlichen Kontrollfreak wie sie einmal gefragt werden: »Sag mal, wie ist die Susanne so? Kannst du sie als Freundin empfehlen? Würde sie mir Geld leihen? Eine Niere spenden?«

Mr. Google, ich und die Sache mit der Ungewissheit

Als Sherlock und ich noch Freundinnen waren, hatte ich eine Beziehung. Jetzt bin ich selbst auf der Suche und kann sie schon viel besser verstehen. Nie würde ich dasselbe tun wie Kate Beckinsale in dem Film »Weil es Dich gibt«: Sie spielt Sara, die beim Christmas-Shopping in New York zufällig Jon (John Cusack) kennenlernt. Obwohl beide in festen Beziehungen leben, verbringen sie den Nachmittag zusammen und verlieben sich dabei ineinander. Als sie sich am Abend wieder trennen, möchte Jon Sara wiedersehen und bietet ihr an, Telefonnummern und Adressen auszutauschen. Doch Sara will das Wiedersehen lieber dem Zufall überlassen (an dieser Stelle wäre schon mal die erste Ohrfeige fällig gewesen). Sie hat dann diese total irrsinnige Idee, ihn seinen Namen und seine Telefonnummer auf eine Fünf-Dollar-Note schreiben zu lassen. Sie nimmt den Geldschein und kauft damit eine Rolle Pfefferminz beim nächsten Straßenhändler (zweite Ohrfeige). Wenn sie füreinander bestimmt seien, sagt sie, würde ihr der Geldschein irgendwann wieder in die Hände fallen.

Bis dahin hätte ich noch mithalten können und das ganze Arrangement vielleicht etwas zuckrig, aber auch süß romantisch gefunden. Natürlich hätte ich in jedem Fall heimlich auf den Geldschein geschaut. Nur für den Fall, dass das Schicksal mit anderen Dingen beschäftigt ist (es sollte sich wirklich dringend um ein paar globale Krisenherde kümmern. Dafür bin ich gern bereit, selbst aktiv zu werden). Tut Sara aber nicht. Immerhin schreibt sie wenigstens auch ihre Telefonnummer auf. In eine Erstausgabe von »Die Liebe in den Zeiten der Cholera«, die sie am nächsten Tag an ein Antiquariat verkauft.

Zehn Jahre trödelt der Zufall herum, bis er den Geldschein und Sara und das Buch und Jon zusammenbringt. Übrigens ganz kurz, bevor die beiden jeweils andere heiraten. Nichts für mich. Ich bin nicht gerade die Geduldigste. Manchmal will ich den Mann, der es vielleicht sein könnte, einfach anrufen und sagen: »Schick mir doch mal eben deine Beziehungsgeschichte rüber. Und vergiss nicht, dazuzuschreiben, welche Art Frauen du magst, ob du zuverlässig bist, was du so im Monat verdienst, ob du deinen Beruf liebst oder ob ich mir bei näherer Bekanntschaft dauernd Gejammer über den unfähigen Chef und die trotteligen Kollegen werde anhören müssen und darüber, dass du zu weit Höherem bestimmt warst. Ich würde außerdem auch lieber gleich wissen, ob ich mich auf dich werde hundertprozentig verlassen können und was du beim Sex magst. Und solltest du auf Swinger-Clubs, Windeln oder SM stehen, dann sag's lieber jetzt und nicht erst, wenn ich im Prinzip schon fast nackt bin und nicht sehr, aber zu betrunken, um noch mit dem Auto nach Hause zu fahren. Hilfreich wäre es auch, du würdest mir dein Verhältnis zu Geld, zu deiner Mama, zu deiner Ex und zum Feminismus offenlegen. Wäre ja auch in deinem Interesse, rechtzeitig Abstand nehmen zu können, bevor du dir bessere Ausreden ausdenken musst als ›Ich bin ein Mann und deshalb von der Hausarbeit befreit.‹«
Stattdessen sitze ich jetzt am Computer und google den Mann, sobald ich mehr weiß als bloß seinen Vornamen. Und der einzige Unterschied zwischen mir und meiner ehemaligen Schulfreundin besteht darin, dass sie diese Möglichkeiten damals noch nicht hatte und ich es heimlich tun kann. Oder sagen wir: ziemlich heimlich.

Gibt's doch gar nicht ...

»Machen doch alle!«, sagt Christine, die schon etwas länger als ich als Single unterwegs ist. »Das Erste, wenn ich ein paar Daten habe, ist, den Kerl zu googeln. Auf Facebook zu schauen, YouTube, Xing, LinkedIn und überhaupt die gute alte Internet-Kiste so lange zu schütteln, bis sie alle Infos rausrückt. Damit man dem Kerl nicht so ganz unvorbereitet gegenübersteht und er einem schon mal nicht das Blaue vom Himmel und das Gelbe vom Ei zusammenlügen kann.«

Ja, ein paar Gewissheiten wären schön. Man geht ja auch nicht in ein Restaurant und sagt dem Kellner »Bringen Sie mir irgendwas. Wird schon lecker sein.« Den meisten von uns genügt nicht mal mehr die Speisekarte. Wir gehen vorher ins Internet, gucken, wie es anderen geschmeckt hat und was sie darüber in den Bewertungsportalen geschrieben haben. Wir schauen uns sogar Fotos vom Essen an, um später selbst welche zu machen und sie zu posten. Nur plausibel, dass man bei der Partnerwahl ähnlich vorgeht. Zumal es um die Liebe und nicht bloß um einen Teller Spaghetti geht.

Was ist schon eine versalzene Mahlzeit gegen das Risiko, einem Heiratsschwindler aufzusitzen oder einem, der daheim Frau und fünf Kinder hat? Möglich auch, dass Marathonman135 bei Friendscout zwar einen durchtrainierten Eindruck macht, das Bild mit seiner Startnummer drauf aber so alt ist wie der Ötzi und er heute eher in der Gewichtsklasse der Wildecker Herzbuben unterwegs ist. Reiner Selbstschutz, wenn man erst mal gründlich recherchiert. Zumal man es kann. Mehr als 27 Millionen Deutsche sind allein bei Facebook, mehr als 80 Prozent nutzen das Internet und hinterlassen Spuren. Das Ergebnis nennt sich Big Data – ein gigantischer Informationsberg.

»Mittlerweile gibt es zig Gelegenheiten, sich vorab ein wenig schlauzumachen. Zum Beispiel kannst du bei Google sogar nach Fotos suchen lassen. Ganz praktisch. Denk dran, was Claudia passiert ist«, erinnert mich Christine. Tatsächlich hatte Claudia wochenlang von einem tollen Typen geschwärmt, den sie in einem Internet-Portal kennengelernt hatte.

»Ja, er ist ein wenig jünger als ich. Aber ihn stört das nicht und mich mittlerweile auch nicht mehr. Noch nie bin ich einem so warmherzigen, lustigen und fürsorglichen Mann begegnet. Und dann sieht er auch noch unglaublich gut aus!« Sämtliche Freundinnen und Kolleginnen waren schon hellgrün vor Neid. Sogar die, die längst einen Mann hatten – weil sie da offenbar etwas Wesentliches verpasst hatten: einen real existierenden Traumkerl, mit dem Claudia »stundenlang wirklich alles« besprechen konnte. Täglich gingen Dutzende WhatsApp-Nachrichten hin und her. Bloß zu einem Treffen kam es nicht. »Ja, blöd. Niemand ist darüber betrübter als er, dass dauernd was dazwischenkommt. Aber ich bin ja genauestens über jeden seiner Schritte informiert, und ehrlich, wenn ihr ihn kennen würdet, wüsstet ihr, wie absurd euer Verdacht ist, dass da was nicht stimmt« erklärte Claudia uns allen die seltsamen Termineskapaden ihres »Seelenverwandten«, um sofort vom Tisch aufzuspringen, weil er gerade mal wieder angeläutet hatte und Claudia lieber draußen vor der Kneipentür mit ihm sprechen wollte.

Währenddessen ergingen wir uns in Verschwörungstheorien. Bis eine sagte: »Also, wenn er Claudia irgendwie ausnutzen wollte, dann hätte er doch wenigstens ganz schnell Sex verlangt oder ihre Kontonummer oder ihren Wohnungsschlüssel. Und – hat er?« Nein, hatte er nicht. Fast hatten wir schon ein schlechtes Gewissen. Wieso konnten wir uns eigentlich nicht einfach mit Claudia freuen?

Bis Claudia das Bild ihrer Flamme an eine Kollegin weiterschickte. »Sieht er nicht toll aus?«

»Ja, wirklich«, antwortete die. »Aber warum hast du nicht gleich gesagt, dass du mit dem Gärtner von RTL zusammen bist? Von dem würde ich mir auch gern mal ein Beet umgraben lassen.«

»Wieso Gärtner? Matthias ist Baugutachter bei einer großen Versicherung!«

»Na, dann hat er einen Klon«, kam die prompte Antwort.

Tatsächlich hatte Matthias oder wie immer er in Wirklichkeit heißt, ein Foto aus dem Internet gefischt und für sein Profil benutzt. »Wozu?«, fragte sich die fassungslose Claudia. »Sieht er in Wirklichkeit vielleicht aus wie der Glöckner von Notre Dame?«

Ähnlich wie Gulasch oder Bolognese kann auch Liebe aufgewärmt besser schmecken als beim ersten Mal.

Die Antwort ist ihr der Mann schuldig geblieben. Die Spekulationsblase »Matthias« – prallvoll mit Sehnsucht, Träumen, Verliebtheit – platzte in aller Stille. Er verschwand aus WhatsApp, auch sein Friendscout-Profil war weg. Einmal noch ging er ans Telefon, weil Claudia von einem anderen Handy aus anrief. Er sagte zu ihrem Vorwurf nur: »Du hast echt 'ne richtig lange Leitung!« Seitdem: Funkstille. Bis heute fragt sich Claudia: »Warum macht jemand so etwas?« Und sie ist nicht die Einzige.

Angefixt und abgezockt

Eine andere Freundin, von Beruf Visagistin, erzählt, wie eine Nachbarin wochenlang mit einem Mann chattete, seitenlange Mails austauschte, über WhatsApp quasi im Minutentakt kommunizierte. Auch hier brachte das Bild schließlich die Wahrheit an den Tag. »Ein Zufall, dass es sich um ein Männer-Model handelte, mit dem ich erst kürzlich ein Shooting hatte.« Der fiel aus allen Wolken, dass sich da jemand sein Foto zunutze gemacht hatte, und die Nachbarin, dass der Typ, dem sie ihr ganzes Herz ausgeschüttet hatte, offenbar ein ganz anderer war. Auch hier verschwand der Kerl gleich nach der Enttarnung in den unendlichen Weiten des World Wide Web.

Manchmal kann so ein Fake-Profil sogar monatelang das ganze Leben überwuchern. Kommt gar nicht selten vor, dass sich ein völlig Fremder mit falscher Identität ins Herz und in den Alltag einschleicht. Als vertrauensbildende Maßnahme liefert er lauter vermeintliche »Echtheitszertifikate« für seine Existenz: Fotos auf Instagram, ein Facebook-Profil mit Freunden, Geschwistern und zig scheinbar belegten Aktivitäten. Sogar telefoniert wird. Nur ein Treffen kommt irgendwie nie zustande. Trotzdem wird der Mann immer wichtiger. Irgendwann fängt er an, Ansprüche zu stellen, Verhaltensmaßregeln vorzugeben, etwa zu entscheiden, wann und mit wem seine »Freundin« ausgehen darf. Die findet das noch »süß«, weil er ja offenbar eifersüchtig und ihm damit scheinbar sehr an der Beziehung gelegen ist. Man wird regelrecht »angefixt«, bis man die leisen und bald auch die lauten Zweifel wegdrückt.

Irgendwann – manchmal erst nach einem Jahr oder länger –, lässt sich der Betrug dann nicht mehr ignorieren. Wenn selbst der Verliebtesten keine Entschuldigung mehr einfällt, weshalb ein Mann einer Begegnung und damit auch dem Sex im wirklichen Leben mit immer absurderen Ausreden aus dem Weg geht. Man kann nur schätzen, wie viele Frauen gerade in einer »Beziehung« mit einem Fake sind. Denn niemand spricht gern darüber, auf einen Schwindler reingefallen zu sein. Schon weil man sich schön was anhören müsste: »Warum ist dir denn nicht aufgefallen, dass …«, »Du hättest doch etwas merken müssen!«, »War doch klar! Der Typ auf den Fotos sah viel zu gut aus!«, »Na ja, da gehören ja immer zwei dazu …« Dabei würde ich auch für mich nicht die Hand ins Feuer legen, dass mir das nicht passieren könnte. Schließlich hat man es mit echten Einseif-Profis zu tun. Männern, aber auch Frauen, die genau wissen, was wir praktisch alle vermissen: Interesse, Fürsorge, Ansprache, Komplimente.

»Catfishes« nennt man diese virtuellen Herzensbrecher. Benannt nach dem gleichnamigen Film über einen New Yorker Fotografen, der sich online in eine junge, schöne Frau verliebte. Später entpuppt sich die hinreißende Elfe Megan als moppelige Angela, Mutter, Mitte 40. »Es hat mir das Herz gebrochen!«, sagt der Fotograf. Aber auch, dass er und Angela Freunde wurden.

Als der Film, eine Dokumentation, herauskommt, füllt sich sein Mail-Postfach binnen Stunden mit Berichten von ähnlichen Fällen. Er beschließt, den Geschichten nachzugehen. So entstand die Fernsehserie »Catfish«, die auf MTV läuft. Menschen, die sich wundern, weshalb ihr Online-Freund oder ihre Online-Freundin sie partout nicht treffen will, werden nun bei der Recherche unterstützt und mit der Kamera begleitet. Schaut man sich die Serie an, kann man schon eine leichte Paranoia entwickeln vor all dem, was einem im Internet droht. Das Filmteam trifft etwa die 21-jährige Sunny, eine Krankenschwesternschülerin aus Arkansas, die sich online via Facebook in Jamison verguckt hat. Das erste Gespräch mit ihm dauert über drei Stunden. Jamison scheint ein Sechser mit Zusatzzahl zu sein: Er arbeitet als Model, ist in der Ausbildung zum Anästhesisten und außerdem Autor. Er schreibt Stichwortkarten für eine Fernsehsendung. Er hat eine tragische Geschichte: Seine drei Schwestern starben bei einem Autounfall. Sunny und Jamison verbringen täglich Stunden damit, sich via SMS und Mail auszutauschen. Sprechen schon übers Heiraten, über gemeinsame Kinder. Gefragt, was sie so sicher macht, dass er wirklich existiert, sagt Sunny: »Es ist einfach ein Bauchgefühl. Die Alarmglocken haben in acht Monaten nicht einmal geläutet. Ich würde mein Leben darauf verwetten, dass er echt ist.«

Schon die Anfangsrecherche ergibt: Die Redaktion der Sendung, für die Jamison angeblich arbeitet, kennt ihn nicht und sie benutzt auch keine Stichwortkarten. Aus einem Zeitungsartikel kann man entnehmen, dass seine drei Schwestern noch leben und ziemlich erfolgreich Fußball spielen. Doch Sunny hat für alles eine Erklärung. Auf die Stichwortkarten angesprochen sagt sie: »Da arbeiten so viele Menschen, da weiß bestimmt der eine nicht, was der andere tut.« Am Ende der Suche nach dem wahren Jamison gibt es keine Ausreden mehr. Der perfekte Typ entpuppt sich als die 18-jährige Chelsea, die sich für das Mobbing in ihrer Schule damit revanchieren wollte, sich als Jamison ganz eng mit anderen Mädchen befreundet zu fühlen.

Trau, schau, wem

Wie gesagt, ich glaube, niemand ist gefeit davor, ordentlich aufs Kreuz gelegt zu werden. Aber warum tun Männer und auch Frauen das? Vielleicht einfach, weil es möglich ist, weil sie es spannend finden zu schauen, wie weit sie gehen können, ehe der Schwindel auffliegt? Möglicherweise, weil gerade die Erbärmlichsten sich auch mal mächtig und

Es gibt keine Verpflichtung, dass der andere gefälligst genauso verschossen sein sollte, wie man selbst es möglicherweise ist.

begehrt fühlen wollen? Ganz sicher aber auch, weil sich zunehmend mehr Fake-Profile damit den Weg zum eigentlichen Thema ebnen: Geld und/oder Kopien unserer Ausweispapiere. Love- oder Romance-Scamming nennt sich das. Es beginnt mit einer Freundschaftsanfrage z.B. auf Facebook, wie ich und wie praktisch alle Frauen, die ich kenne, sie schon mal erhalten haben. Da schreibt einem ein Mann aus Südafrika oder aus den USA, aus England oder aus Lateinamerika, dass er sich aus dem Stand in unser Foto, ach, eigentlich gleich in die ganze Frau verliebt habe: »Hallo und guten Abend, Ihnen meine Liebe ... mein Name ist Pete und ich bin neu auf der Seite Sie haben eine sehr schöne und erstaunliche Lächeln dort ankamen haben und gerne mehr über Sie, dass ... wenn Sie sich für Sie, um mich wieder schreiben können sind!!! Auf Wiedersehen und hoffen, bald von Ihnen zu lesen!« Gut, das Deutsch ist nicht besonders. Andererseits ist es ja aber total süß, dass er es wenigstens in unserer Muttersprache versucht. Und dann hat er so einen sympathischen Beruf. Er ist Ingenieur für Umwelttechnik oder Kinderarzt oder Psychologe. Das – geklaute – Foto zeigt einen attraktiven, smarten, gepflegten, freundlichen Kerl. Bald schon erzählt er einem seine traurige Geschichte, dass er etwa alleinerziehender Witwer ist und/oder ein Kind hat, das an einer chronischen Krankheit leidet oder dass er sich aufopferungsvoll um seine hinfälligen Eltern kümmert. Auch hier werden einem zunächst die Seele gestreichelt und das Ego. Hat man angebissen, scheint sich irgendwann alles auf ein Treffen zuzuspitzen.

Plötzlich aber muss der Mann noch mal ins Ausland, wird Opfer eines Überfalls, hat einen schlimmen Autounfall, Probleme mit Kreditkarten, und seine schwer krebskranke Mutter droht aus dem Hospiz geworfen zu werden, wenn er nicht sofort ein paar tausend Euro hinlegt. Er traut sich kaum, es anzusprechen, aber er braucht jetzt ganz dringend und sofort Hilfe: per Bargeldtransfer, z.B. Western Union oder MoneyGram. Manchmal werden Opfer von einem »Arzt«, einem »Polizisten« oder »Angehörigen« kontaktiert, der noch mehr Druck ausüben soll. Das geht oft so weit, dass die Scammer sogar ihren Selbstmord ankündigen – nur um an das Geld zu kommen, warnt die Polizei.

Zu gut, um wahr zu sein ...

Wie viel Geld auf diese Weise erbeutet wird, wurde von den deutschen Behörden bislang nicht ausgewertet. Aber für Großbritannien hat die britische »Serious Crime Agency« errechnet, dass einzelne Opfer bis zu 800000 Pfund gezahlt haben. Nein, nicht weil Frauen so blöd sind, jedem zu glauben, der ihnen Komplimente macht. Auch Männer sind mindestens ebenso anfällig. Bei ihnen melden sich Krankenschwestern, Ärztinnen, Mitarbeiterinnen im Waisenhaus oder Lehrerinnen, Schauspielerinnen, Geschäftsfrauen. Durch die Bank sehr attraktiv. Viele geben sich als Russinnen aus. Sie können aber auch aus Südamerika, Thailand, Afrika oder Europa stammen. Der Betrug ist so weit verbreitet, dass Monica Whitty, Professorin für Zeitgenössische Medien an der Uni Leicester, sogar darüber geforscht hat. Ihre wichtigste Grundregel: »Wenn die Person dich nicht in den ersten vier Wochen sehen will, such dir jemand anderen. Und gib nie jemandem Geld.« Ihr größter Trost: Man ist nicht allein und sollte sich also auf keinen Fall schämen.

Die Professorin schätzt, dass es unter Einbeziehung der Dunkelziffer in Großbritannien bis zu 230000 Love-Scamming-Opfer geben könnte. »Und vieles deutet darauf hin, dass es hierzulande nicht weniger sind«, warnt Katrin Hummel, die für die FAZ einen Artikel zum Thema verfasst hat. Sie schildert den Fall einer Betroffenen, die bereits eine fünfstellige Summe an ihre vermeintlich große Liebe »Arthur« überwiesen hatte. »Nicht auf einmal, sondern nach und nach. Nachdem sie ihm das Geld für den Anwalt geschickt hatte, wollte Arthur sie besuchen. Doch mit einer umgeleiteten Vorwahlnummer rief er sie vom Flughafen in Nordafrika aus an. Er habe Übergepäck, sie müsse sofort Geld überweisen.

Er schickte ihr sogar ein Foto von seinem Flugticket – es war gefälscht, wie sie inzwischen weiß. Damals jedoch zahlte sie.«

Manchmal wissen Männer eben nur zu gut, was Frauen wünschen. Jedenfalls, sobald Geld winkt. Dann schreiben sie, was wir schon immer gern mal lesen wollten: »Ich suche nach einer Frau, um eine große Liebe zu leben, eine lange Beziehung, voller Respekt, Zärtlichkeit, Warmherzigkeit, Hingabe, Loyalität. Ich suche kein Abenteuer oder einen One-Night-Stand. Ich bin romantisch, intelligent, ehrlich, jemand, der Candle-Light-Dinner mag, Wein, Blumen, Sport. Ich bin leidenschaftlich. Wenn ich jemanden liebe, dann mit Herz, Seele und Körper. Ich glaube daran, dass Gott mir die Frau meiner Träume schicken wird: vertrauensvoll, geduldig, tolerant, nicht arrogant, großzügig in ihrer Haltung und in ihren Taten. Jemanden, der mich glücklich macht. Jemanden, den ich glücklich machen kann, und der mit mir die schönen und die schrecklichen Momente teilt. Denn das Leben besteht ja nicht nur aus guten Dingen.«

Ehrlich, ich bin selbst schon fast verliebt in den Typ, der diese Kontaktanzeige aufgegeben hat. Zumal sein Bild exakt meinem Beuteschema entspricht. Leider finden sich Bild und Text auf einer Website, die vor Love-Scammern warnt und auf der Betroffene ihre Fake-Romeos präsentieren. Ich verstehe die Verführung: Dieser Mann lässt einem so unendlich viel Raum zum Träumen, und je länger er ein Treffen hinauszögert, umso länger bleibt mir dieser Raum erhalten. Ich kann ihn hübsch einrichten, mit meinen Hoffnungen, ohne mich mit der ganzen öden Beziehungsalltagswirklichkeit herumärgern zu müssen.

Miss-Marple-Pflichten

»Im Internet«, so lautet die Unterzeile eines berühmt gewordenen Cartoons des »New Yorker«, »weiß niemand, dass du ein Hund bist«. Das Problem ist bloß: Wir verwechseln das Internet gerne mit einem

Liebe Frau Dr. Frühling,
ich sehe gut aus, bin schlank, sportlich, beruflich sehr erfolgreich und finanziell unabhängig. Ich wünsche mir einen adäquaten Partner, der Ähnliches zu bieten hat. Aber offenbar ist das zu viel verlangt. Muss ich tatsächlich meine Ansprüche runterschrauben, will ich überhaupt noch einen Mann?
Inge, 59

Liebe Inge,
mit Ihrem Suchprofil bewegen Sie sich im Großraum des Statusdenkens. Männer, die in demselben Universum unterwegs sind, haben oft eben auch sehr genaue Vorstellungen davon, was sie verdient haben. Selten die ebenbürtige, unabhängige, selbstbewusste Frau. Sie wollen ein Trophy-Weib – jung, sexy, knackig und gern noch bereit für eine zweite Runde Kinder. Nehmen Sie sich ein Beispiel: Wenn Sie schon selbst so viel mitbringen, dann sollte dieser Bedarf eigentlich gedeckt sein. Wenn Sie wirklich so souverän sind, wie Sie behaupten, können Sie sich auch einen klugen und hübschen Konditormeister leisten.

Nacktscanner. Wir denken: Weil es die Weltöffentlichkeit quasi im Sekundentakt mit unretuschierten Schnappschüssen von Stars mit Zellulite, Falten, Besenreißern, Doppelkinn und Krähenfüßen versorgt, müsse sich auch alles über Bernd, Anton, Michael oder Valentina herausfinden lassen. Die Wahrheit aber ist: Das stimmt nur bedingt und nur für die, die sowieso nichts zu verbergen haben. Die anderen machen sich zunutze, dass wir – nur weil es Bilder gibt und eine einigermaßen plausible Biographie – die Kulisse mit der Wirklichkeit verwechseln.

»Du musst eben jedes Foto durch die Google-Suche schicken«, erinnert mich Christine an meine Miss-Marple-Pflichten. Allerdings zeigt sich, dass der Airbag für das WWW noch lange nicht serienreif ist. Ich lasse Google ein Bild von mir suchen, das sowieso schon ein paar Mal im Internet gezeigt wurde. Das System erkennt es nicht, sondern ruft – sicher ist sicher – offenbar alle Blondinen mit halblangem, blondem Haar zwischen 14 und 100 auf diesem Planeten auf, die jemals ein Bild ins World Wide Web eingespeist haben. Google findet dabei Übereinstimmungen zwischen mir, Shakira, Tina Turner, Renée Zellweger, der Sängerin Pink, Barbie und einem Kerl, der als Osteopath arbeitet. Ein wenig verstörend ist das schon. Wegen des Kerls und weil Tina Turner und ich nicht ganz denselben Hautton haben.

»Wenn du Zweifel hast, dann fordere den Typ auf, ein Selfie zu machen, auf dem er das aktuelle Datum und die aktuelle Zeit auf einem Blatt Papier hoch hält und es an dich zu schicken!«, rät Christine.

»Denkst du nicht, das wirkt ein wenig paranoid? Am Ende glaubt er, dass ich meine ganze Wohnung mit Alufolie ausgeschlagen habe und auch daheim einen Fahrradhelm trage, um mich vor den Strahlen Außerirdischer zu schützen?«

Außerdem: Kann man nicht andererseits auch nach zehn Jahren Ehe noch ganz schön reingelegt, betrogen, verlassen werden? Plötzlich feststellen, dass man einem völlig Fremden nicht nur sein Herz und/oder die Geldbörse geöffnet hat, sondern auch noch mit ihm vor den Traualtar getreten ist? Ich beschließe: Es wäre ziemlich schrecklich, jedes Ent-

Der perfekte Mann verwandelt sich vor dem Sex in einen Streuselkuchen.

gegenkommen, jede Freundlichkeit, jedes phantasievolle Kompliment, überhaupt alles, was nicht in die »Männer-sind-Schweine«-Schublade passt, zum Anlass für heftiges Misstrauen zu nehmen. Man würde sich jedes Date, jeden Kerl und die Liebe überhaupt damit verderben. Umgekehrt werde ich mir sicher nicht Romeos Monolog anhören, ohne skeptisch zu sein. Und wenn mich einer partout nicht treffen will, wird er sicher seine Gründe haben. Gute Gründe. Solche wie »Die haben mich an der Grenze festgehalten, weil ich offenbar totale Ähnlichkeit mit einem weltweit gesuchten Terroristen habe!« Die interessieren mich dann aber nicht mehr. Und werde ich der Versuchung widerstehen, den Mann vor dem ersten Date zu googeln? Ich glaube nicht. Ich weiß aber auch selbst mit am besten, wie irreführend ein im Internet zusammengetragenes Persönlichkeitsbild sein kann und bin mir gar nicht sicher, ob ich mich mit mir selbst treffen würde, würde alles stimmen, was das World Wide Web so über mich erzählt. Ob's passt, erfährt man sowieso erst, wenn man sich gegenübersitzt und feststellt: Uff, erstens ist er kein Hund und zweitens eigentlich sehr nett. Trotz der schrecklichen Facebook-Bilder vom Vatertag 2013.

Einhörner unter dem Nutella-Baum

Ein bisschen Haue

Hach, der wäre es: Einer, der instinktiv spürt, was eine Frau gerade braucht. Der bestimmend sein kann wie ein Drill Sergeant der US-Army. Einer, der wohlhabend ist, erfolgreich, durchtrainiert und sie mit seinem Armani-Gürtel ein bisschen verkloppt. Gerade so viel, wie sie braucht, um sie nicht nur im Bett zu ihrem Glück zu zwingen. Was das ist, weiß er natürlich deutlich besser als sie.

»Ich kann mich immer so schwer entscheiden!« Nur nicht dieses Mal. Diesmal ist sie nämlich ganz, ganz sicher, dass dieser Mann der absolut Richtige für sie ist. Das erzählt mir Miriam, eine Bekannte vom Fernsehen. Sie hat sich diesen Typ nicht ausgedacht. Sie hat ihn gestern im Kino gesehen. Auf der Leinwand. In »Fifty Shades of Grey«. Ich könnte nicht fassungsloser sein, wenn ich den Dalai Lama nackt in meiner Badewanne finden würde. Soll ich es ihr sagen? Ich glaube, ich muss. Auch wenn es sich anfühlt, als wollte man einer Dreijährigen erklären, dass es weder den Weihnachtsmann noch den Osterhasen und auch keine Zahnfee gibt. Immerhin ist Miriam gerade 45 geworden, sie ist alleinerziehend, da verliert man vielleicht nicht so schnell den Boden unter den Füßen.

»Äh, du weißt schon, dass das Kino ist. Sie zeigen einem das, weil man ja nicht zehn Euro dafür bezahlen würde, Günther oder Egbert oder Holger dabei zuzuschauen, wie sie nach der Sportschau daheim ihre Ursula oder Marion flachlegen.«

»Ach was! Denkst du, ich bin blöd?«, sagt sie und wirkt nun doch ein wenig eingeschnappt. »Mir ist durchaus klar, dass hübsche und ungebundene Milliardäre wie Christian Grey nicht einfach so frei rumlaufen. Darum geht's gar nicht. Es geht darum, dass ich einen Mann will, der Position bezieht, der spürt, was ich brauche. Der mich auch mal lenkt und auf die Spur bringt. Wenn es nötig ist, auch mit etwas Druck. Nicht so wie mein Exmann. Der konnte nur ›nett‹. Dauernd hat er für mich gekocht und mir meine Tasse Kaffee morgens noch bis raus auf die Straße hinterhergetragen. Ich kann dir sagen: Das nervt! Natürlich würde ich das Ruder nicht ganz abgeben, Christian Grey hat sich ja durchaus auch mal führen lassen, wenn er spürte, es ist zu seinem Besten.« »Ja, wie?«, frage ich. »Dienstag peitscht er dich aus und Mittwoch du ihn? Donnerstag entscheidet er, was es zu essen gibt und Freitag du?« Miriam möchte nicht mehr mit mir darüber reden.

Beuteschema mit Schulterpolster

Und da regen wir uns auf, wenn Martin (54), von Beruf Maschinenbauer, glaubt, dass er sich keinesfalls mit der 47-jährigen Steuerfachgehilfin Manuela, »brünett, BMI 27, Hobby: Kochen und Gymnastik« zufriedenzugeben braucht und lieber auf Monica Bellucci wartet. Andererseits: Hat man nicht das Beste verdient? Aber was ist eigentlich das Beste?
Klar gibt es zig Studien, die herausgefunden haben wollen, was Männer und Frauen sich wünschen. Männer stehen demnach auf jung und sexy. Frauen auf athletische Attraktivität mit ausgeprägtem Kinn und Versorgerkompetenzen. So seien wir eben von der Evolution gestrickt, um den Fortbestand der Menschheit zu sichern, behauptet die Wissenschaft von der Partnersuche. Mit zwei Kindern habe ich diesen Auftrag aber längst erledigt und kann mich außerdem ganz gut allein versorgen. Aber weiß mein Beuteschema das auch? Möglicherweise hört es ja immer noch Milli Vanilli, trägt Schulterpolster und Schlaghosen? Sucht irgendwie noch immer einen Ernährer, jemanden, der hauptberuflich Nestbauer ist, ein bisschen erfolgreicher, ein bisschen älter als ich? Nicht, dass mein Beuteschema berechnend wäre. Es soll sich eben bloß mit dem Bewährten sehr viel wohler fühlen als mit dem Neuen, Unwägbaren. Das gilt angeblich auch für Ähnlichkeiten in Bildungsgrad, soziale Herkunft, Attraktivität und Status. Gegensätze sollen zwar eine Weile ganz spannend sein. Auf Dauer aber würden sie sich abstoßen.

Viel zu anstrengend, wenn man sich einander ständig sein Anderssein erklären muss. So die Theorie.

Aber ist es überhaupt sinnvoll, in allem übereinzustimmen? Braucht etwa ein total harmoniebedürftiger, friedliebender und bequemer Mensch – also eine ziemliche Entwicklungsbremse – nicht einen anderen, der ganz anders ist, damit sich die Beziehung und das Leben nicht anfühlen, als säße man zu zweit bei absoluter Windstille auf einem Surfbrett? Und mal unter uns, welche Frau hat noch nicht die Erfahrung gemacht, dass man sich auch oder gerade dann ganz schön fremd sein kann, wenn die genannten Koordinaten alle übereinstimmen? Wenn man sich ganz nahe sein sollte – weil man sich lange kennt und der Background der gleiche ist –, aber der angeblich perfekt passende Mann sich trotzdem aufführt, als hätte man eine neue Spezies von einem unbekannten Planeten angeliefert bekommen? Wenn er im eigenen Heim und nach 15 Jahren Ehe noch fragt, wo die Butter ist und ob der Haushalt Schuhcreme führt und was seine Frau jetzt schon wieder hat? Wenn er nicht mal unter Folter sagen könnte, was sie am liebsten isst und wohin sie in ihrem Leben gern noch mal verreisen würde? Es könnte doch sehr viel einfacher sein, gar nicht erst darauf zu hoffen, dass man sich verstehen muss, weil der andere sowieso ganz anders ist als man selbst! Jünger, mit anderer Herkunftsgeschichte, vom Land oder aus der großen Stadt, aus einem ganz anderen Berufsfeld.

Man kann sich in so unendlich vielen Punkten ähnlich und unähnlich sein. Wer entscheidet eigentlich, welche zählen? Und welche nicht so wichtig sind? Ich denke dabei an ein Paar, das lange leidlich glücklich war, bis sie unheilbar an Brustkrebs erkrankte und ihre letzten Wochen in der Klinik verbrachte. Ohne ihn. Er mochte sie nicht mehr besuchen. Er sagte, er wolle sie so in Erinnerung behalten, wie sie vor ihrer Krankheit war. Was hilft es da, dass beide aus ähnlichen Milieus kamen? Könnte es nicht sowieso sein, dass es viel spannender ist, die Gemeinsamkeiten nicht schon gleich zum ersten Date mitzubringen, sondern sie erst mit der Zeit zu entdecken? So wie es der Philosoph Alain de

Es gibt ja nichts Uncooleres, als ausgerechnet beim Sex nach dem Mainstream zu schielen.

Botton in seinem Buch »Versuch über die Liebe« schildert. Er erzählt von einem Mann, der sich in eine Frau verliebt und erst nach und nach allerhand Übereinstimmendes entdeckt – beide waren in einem Jahr mit grader Zahl geboren worden, beide hatten zwei Sommersprossen auf dem großen linken Zeh und beide besaßen die gleiche Ausgabe von Tolstois »Anna Karenina«. »Kleine Details vielleicht, aber waren sie für Gläubige nicht genug, um eine neue Religion zu gründen?«

All You Can Eat

»Also echt, zum Entdecken hab ich keine Zeit!«, sagt eine Freundin und dass, wenn das Single-Dasein überhaupt einen Sinn habe, dann ja wohl den, »endlich aus einem üppigen All-You-Can-Eat-Männer-Eigenschaften-Büfett exakt die Merkmale zusammenstellen zu können, die mir hundertprozentig schmecken.« Eine Phantasie, die von den Partnersuchportalen nach Kräften genährt wird. Sie bieten so viele Optionen als Backzutaten für einen »Traummann« an, dass man allein damit ganze Nachmittage mit der Auswahl beschäftigt ist. Ich kann sein für mich »attraktivstes Merkmal« aussuchen, seinen Kleidungsstil, seinen Musikgeschmack und ob er sich mehr für »Raumgestaltung« oder für »Fischen und Jagen« interessieren sollte. Das passt zum weiblichen Anforderungsprofil. Jede Single-Frau, mich eingeschlossen, weiß schließlich, was sie so und nicht anders will.
Dabei lassen sich die Auswahlkriterien grob in zwei Kategorien einteilen: In der ersten befinden sich all die Eigenschaften, mit denen man bereits Erfahrungen gemacht hat. In der Regel fangen sie mit »kein« an. Also: kein Katholik, kein Fußballfan, kein Surfer, keiner mit zu enger Mutterbindung, kein Psychologe, keiner, der behauptet, er könne nicht mal ein Spiegelei braten und das auch noch lustig findet, kein Geizkragen, kein Schlappschwanz, der beim Chef nie den Mund aufbekommt, keiner, der nicht spricht, aber auch keiner, der bloß dauernd

über seinen Job und das Fernsehprogramm redet, keiner, der dauernd im Büro hockt, aber auch keiner, der sich nicht mal allein beschäftigen kann, keiner, der immer bloß in die Berge will und auch keiner, der am Strand oder in der Oper schon nach einer halben Stunde unter Restless Legs leidet.

In einem Interview mit einer Heiratsvermittlerin lese ich, dass eine einzige ihrer Kundinnen 25 Ausschlusskriterien aufzählte. Bei einer anderen kamen immerhin noch 20 zusammen. »Aber sie will noch eine Familie gründen und hatte ganz klare Vorstellungen in Bezug auf den Mann, mit dem sie das tun will.«

Natürlich möchte man so etwas Wichtiges wie Vaterschaft nicht dem Nächstbesten überantworten. Aber es steigert nicht unbedingt die Chancen, gleich mit einem ganzen Verbotsschilderwald zum ersten Date anzureisen. Das bestätigen mir auch Single-Freunde. Sven etwa, 55, Rechtsanwalt.

»Ich hasse das, wenn ich eine Frau treffe und sie mir zuerst einmal aufzählt, was sie nicht will und wann sie sofort gehen würde und wo genau sie keinesfalls mehr Kompromisse machen wird. Klar, jeder hat seine Grenzen. Aber so trage ich die Konsequenzen von Beziehungen zu Männern, die ich gar nicht kenne. Und ich finde außerdem: Es kommt auf die Dosierung an. Jedes Thema hat seine Variationen. Ich kann zum Beispiel fanatischer Fußballfan sein – wie mein Nachbar. Bei jedem Heimspiel fällt er ein komplettes Wochenende lang aus. Er geht mittags schon los, trinkt sich auf dem Weg ins Stadion durch verschiedene Kneipen und macht auf dem Rückweg dieselbe Tour noch einmal. Manchmal torkelt er erst Sonntagmorgens um fünf Uhr heim. Ich verstehe, dass das auf die Dauer nervt. Aber ich kann mich auch stocknüchtern von der Ehrentribüne aus amüsieren oder bloß gelegentlich vorm Fernseher und selbstverständlich nicht, wenn meine Frau Geburtstag hat. Und überhaupt: Was sagt es über meine Qualitäten als Liebhaber, als Freund, als Mensch, wenn ich mich für Fußball begeistere?«

Single-Legende 3

»Du musst mehr ausgehen.«

Ja, wohin denn? In die Disco, um dort die Freunde meiner Tochter zu treffen? Und überhaupt: Von den Paaren, die ich kenne, hat sich keines in einer Bar, in einem Club oder bei einem Konzert kennengelernt. Wenn ich ausgehe, dann um mich zu amüsieren, und nicht um alles dem Zweck der Partnerfindung zu unterwerfen.

Felix, der 44-jährige Bruder einer Freundin, hat Ähnliches zu berichten. Er meint, es sei schon auffällig, wie oft Frauen bereits bei der ersten Begegnung ihre Claims abstecken. »Eine meinte, sie wolle eben keine Zeit mit den Falschen verlieren. Ich dachte, warum schaut sie nicht einfach mal, was ich ihr zu bieten habe? Und ob das wirklich so falsch ist, wie sie befürchtet.«

Speckfrettchen mit Bauarbeiter-Dekolleté

Man muss auch leider sagen: Geduld ist gerade in der Lebensmitte und besonders bei Frauen nicht gerade ein Massenartikel. Dachte man sich mit 20 oder auch 30 noch ganz entspannt: Okay, er ist vielleicht nicht perfekt, aber wir versuchen es einfach mal. Wenn es nicht klappt, kann ich mir ja immer noch einen Neuen angeln. Mit dem Ergebnis, dass man am Ende doch 20 oder gar 30 Jahre mit dem »Provisorium« verbrachte. Von denen jetzt wahrlich nicht alle wirklich schlecht waren. Heute, mit 40 oder 50 Jahren, sieht das schon ganz anders aus. Jetzt glaubt man, dass man sich keinen Fehler mehr erlauben darf. Nicht mal den klitzekleinsten. Am Ende verbringt man die Lebensrestlaufzeit mit dem Falschen. Oder jedenfalls mit einem, der einem lauter Kompromisse abverlangt. Was ungefähr auf dasselbe hinausläuft. Jetzt will man, dass für immer garantiert alles stimmt.

Ab 40 hat man einfach nicht mehr die größte Geduld für einen, dem man immer wieder aufs Neue erklären soll, dass die Wurst in den Kühlschrank gehört, Ende Dezember Weihnachten ist und also Geschenke fällig sind, und dass das Frühstücksgeschirr sich nicht von allein abdeckt. Auf der anderen – der Männerseite – hat sich derweil auch etwas getan: Im Laufe der Jahre haben sich zig Macken, Marotten und Gewohnheiten aus dem Alltag herausgemendelt und dazu ein paar Meinungen darüber, wie es so läuft in der Welt, in der Politik und in der Wirtschaft. Vor allem: Wie es viel besser sein könnte, hätte er etwas zu sagen. Das wird jetzt nicht einfach so zu den Akten gelegt, bloß weil eine Frau meint, dass man ein paar Dinge auch ganz anders machen und sehen könnte. Man muss es verstehen. Geht uns ja umgekehrt nicht anders. Auch wir haben längst ganz genaue Vorstellungen von allem und jedem und finden: Das habe ich mir jetzt aber so was von verdient, dass es endlich mal so läuft wie ich will.

Neben allem, worauf Frauen bei Männern gern verzichten, gibt es deshalb mindestens genauso viel, was einer unbedingt mitbringen muss. Das ist die zweite Kategorie der Auswahlkriterien: meist Eigenschaften, die Frauen in ihren vorherigen Beziehungen vermisst haben. Und weil man sich als frischgebackener Single sowieso fühlt wie ein Kind im Bonbonladen, legt man noch ein paar Träume drauf: Hey, wenn man schon mal ganz von vorne anfangen kann, dann ja wohl richtig!

So kommt es zu Beuteschemata wie dem meiner Schulfreundin Marion. Sie will einen Mann, der mindestens so gern liest wie sie. Und nicht nur das. Er sollte auch unbedingt dieselben Bücher mögen, »damit wir drüber sprechen können«. Das wird schwer. Ich jedenfalls kenne keine Männer, die sich für »Die Spur der Hebamme« begeistern können. Ich meine, es ist schon kompliziert genug, überhaupt einen Mann zu finden, der fürsorglich ist und aufmerksam und humorvoll. Und der es erträgt, dass Marion sehr gern und äußerst ausführlich über jedes Wehwehchen spricht. Wenn er jetzt auch noch dieselben Bücher mögen muss, könnte man daraus eine neue olympische Disziplin machen. Ich biete Marion also an: »Wenn du mal jemand brauchst, mit dem du ganz dringend über ›Die Spur der Hebamme‹ sprechen musst, dann ruf mich an.« Ich würde das Buch sogar lesen, nur damit sich Marions Chancen verbessern. Die haben es nämlich dringend nötig. Marion – mindestens so gewichtsflexibel wie ich und gerade mal wieder in ihrer maximalen Rubensphase –, legt nämlich auch an die Optik sehr strenge Maßstäbe an:

»Kürzlich habe ich mich mit einem getroffen, der hatte von sich behauptet ›sportlich‹ zu sein. Dann saß da so ein Speckfrettchen mit Bauarbeiter-Dekolleté. Ich bin einfach dran vorbeigegangen und habe mich nicht mehr bei ihm gemeldet. Ich meine, ich will keinen dicken Mann. So jemand motiviert einen ja nicht gerade, wieder schlank zu werden, und wie sieht das dann aus, wenn ich abgenommen habe und neben so einem Mops stehe!«

Eine andere Freundin, Merle, immerhin auch schon 58, meinte kürzlich, dass ihr die gleichaltrigen Männer viel zu vergreist wären. »Die wollen doch bloß daheim vor der Glotze hocken.« Klar, Merle – die viel Energie damit verbringt, ihr Lifestyle-Know-how auf dem neusten Trend-Stand zu halten – ist voll auf der Höhe der Zeit unserer Töchter. Doch erstens könnte sie erwarten, dass es eben auch auf der Männerseite Exemplare gibt wie sie. Und zweitens: Wer so gnadenlos auf Männer blickt, muss damit rechnen, dass genauso gnadenlos zurückgeschaut wird.

Verlangen wir von Männern, was wir selbst gar nicht bieten können oder wollen? Stimmt es, dass wir alles optimieren und kontrollieren wollen? Wird ja immer wieder gern behauptet, sagt man besonders Akademikerinnen nach, dass sie eben keinen einzigen, winzigen Kompromiss mehr eingehen wollen. Dass also der Hausmeister gar nicht erst zur näheren Ansicht zum Date gebeten wird und auch nicht der Automechaniker oder der Ingenieur aus dem Kaff im Westerwald: »Mit wem soll ich denn dann in die Oper gehen?«

Da ist was dran. Klar, man wird ja wohl noch träumen dürfen. Und das tut der weibliche Single ganz ungehindert von einem real existierenden Mann an ihrer Seite, der sie auf den Boden der Tatsachen zurückbringen könnte. Je länger wir allein sind, umso mehr nutzen wir die Gelegenheit, uns den Traummann nach Kräften auszuschmücken. So lange, bis die echten selbst dann nicht mehr an das Ideal heranreichen, wenn man ihnen eine Feuerwehrdrehleiter zum Date mitbringen würde.

Ich kann mich noch gut daran erinnern, wie manche Single-Freundin große Augen bekam, wenn ich früher von meinem Beziehungsalltag erzählte, von den Banalitäten, mit denen sich zwei Menschen beschäftigen, während sie sich in der derselben Zeit doch genauso gut noch

Humor braucht man ganz dringend. Sehr viel dringender als die perfekte Intimfrisur.

ein paar Kosenamen füreinander ausdenken und die Finger nicht voneinander lassen könnten. Allein der Gedanke, dass meine Unterwäsche sich mit seiner Unterwäsche in derselben Waschtrommel drehte, erschien mancher schon als der Gipfel des Profanen.

Eine andere sagte: »Was, du lässt deinen Mann allein zu diesem Empfang gehen? Also, wenn ich einen hätte, dann würde ich jede Minute mit ihm verbringen wollen!«

Aber wer schon mal eine längere Beziehung hatte, sollte doch wenigstens eines gelernt haben: Die Liebe ist zumindest im Alltag endlich. Und selbst wenn sie sich richtig doll anstrengen: Männer aus Liebesfilmen gibt es so wenig wie Frauen aus dem Porno, die sofort einen Orgasmus bekommen, bloß weil ein Mann sie mit seinem Penis ohrfeigt. Und wenn wir erwarten, dass jemand das Gesamtpaket »Iris« oder »Simone« oder »Christine« oder »Silke« nicht nur akzeptiert, sondern vergöttert, müsste man umgekehrt ähnlich viel Großmut walten lassen und etwas kritischer dem vermeintlich Perfekten gegenüber sein.

Womit wir schon wieder bei Christian Grey wären, diesem Einhorn unter den Männern, das selbst bei den über 40-jährigen Frauen noch friedlich unterm Nutella-Baum grast. Eigentlich wissen wir doch, dass Alphatiere nicht in Teilzeit arbeiten. Wir wissen ebenso, dass es den romantischen, fürsorglichen Karrieristen nicht gibt. Einer, der unfasslich viel Geld anhäuft, der total erfolgreich und durchtrainiert ist, der verbringt – Achtung, jetzt wird's logisch! – eben viel Zeit in der Firma und beim Sport. Ganz sicher lässt er um 17 Uhr weder den Montblanc-Kugelschreiber noch die Hantel fallen, um sich mit den Worten »Ich möchte meinem Schatzi heute was Leckeres kochen!«, aus der Vorstandssitzung zu verabschieden.

Das hat mir vor einiger Zeit eine Frau bestätigt, die tatsächlich durch Heirat mehrfache Millionärin wurde. Aus der Erbmasse von immerhin zwei sehr begüterten Ehemännern, die sie überlebte. »Frauen stellen sich das immer so einfach vor, ein Alphatier zu angeln und dann ein sorgenfreies Leben zu führen. Wie im Märchen. Ich kann nur sagen:

Es ist wirklich sehr hart verdientes Geld. Diese Männer haben es ja nicht mit Freundlichkeit an die Spitze geschafft. Jeder, den ich bislang in dieser Einkommensgruppe kennengelernt habe, hatte mehr als bloß eine XXL-Macke. Sie waren weder besonders nett zu ihren Frauen, noch interessiert daran, möglichst viel Zeit mit ihnen zu verbringen.«

Die Erbin lebt übrigens schon sehr lange allein.

Fazit: Auf »A« folgt bei Männern dasselbe wie bei Frauen – meist bloß »B« und nicht noch alle weiteren Buchstaben von C bis Z. Deshalb braucht man aber nicht auf herrliche Überraschungen zu verzichten. Im Gegenteil.

Lieben für Nichtleser

Ich sehe eine Folge von »Das perfekte Dinner«. Die Kamera fährt über ein riesiges Schwimmbecken, schwenkt über gleich mehrere Liegestühle auf einer golfplatzgroßen Rasenfläche. Erst denke ich: Oh, heute eine Folge aus Gran Canaria oder aus Mallorca. Vermutlich werden Hotelbesitzer gegeneinander antreten. Aber es ist irgendeine ländliche Region in Deutschland. Das Anwesen gehört auch nicht etwa Boris Becker, sondern einem Kälteanlagenbauer mit eigener Firma. Der Mann ist offenbar ganz schön erfolgreich, er wirkt sympathisch, souverän, ist lustig und scheint Geschmack zu haben. Das sehr große Haus jedenfalls ist schön eingerichtet. Außerdem kann er phantastisch kochen. Deshalb ist er ja im Fernsehen.

Ich denke an eine ehemalige Kommilitonin. Sie war schon einmal »sehr gut« verheiratet und wurde dann auch »sehr gut« geschieden. Jetzt ist das Geld fast weg, das ihr Ex ihr so großzügig überlassen hatte. Nun ist sie Ende 40. Sie sucht erneut einen, der ihr die lästige Pflicht des Selbsterhalts abnimmt. Vielleicht würde sie ja auf einer Handwerkermesse ihr Glück finden? Möglicherweise mit jemandem, der sogar noch ein wenig entspannter ist als viele der »Lassen-Sie-mich-durch-

ich-bin-Arzt«-Typen, mit denen sie so oft unterwegs ist? Ohne, dass jemals mehr daraus geworden wäre als eine außereheliche Affäre?
Vielleicht sollte man überhaupt einfach mal die Schubladen neu sortieren, in denen wir unsere Klischees aufbewahren – auch das vom Handwerker, dem die Currywurst näher ist als die getrüffelte Selleriesuppe.
»Und mit wem spreche ich dann über die aktuelle Hamlet-Inszenierung?«, fragt eine Freundin fassungslos.
»Also nicht mit mir!«, sage ich und will wissen, wann sie denn das letzte Mal überhaupt im Theater war und wie häufig so ein Gespräch ihrer Einschätzung nach vorkommen würde. »Öfter, als du allein auf dem Sofa sitzt und dir jemand wünschst, der dir die Füße massiert? Öfter, als du dich nach jemandem sehnst, mit dem du frühstücken kannst? Von allen anderen Sehnsüchten ganz zu schweigen?«
Ich könnte das noch im Schlaf aufsagen. Denn ich muss es mir ja selbst auch dauernd vorbeten: Wenn sonst alles stimmt, die Gefühle, der Sex, die Begeisterung füreinander, die Warmherzigkeit und das Gefühl von Geborgenheit, was spielt es dann für eine Rolle, wenn einer wenig oder gar nicht liest? Nie ins Theater geht? Ins Ballett? Will man einen ansonsten herrlichen Mann deshalb von der Bettkante stoßen?
»Aber das steht doch für was, wenn einer nie auch nur ein Buch in die Hand nimmt!«, wendet die Freundin ein. Ja, das tut es. Aber vielleicht steht es nicht für die Dinge, auf die es ankommt!
Mein großes Vorbild ist Elisabeth. Sie ist 61 und hat ihren Liebsten im Hallenbad kennengelernt. Nicht, weil er in Badehose so schick aussah UND eine Erstausgabe von »Stolz und Vorurteil« dabeihatte. Er ist als Haustechniker bei der Stadt beschäftigt. Die beiden sind ziemlich verliebt ineinander, ohne den Anspruch, alles miteinander teilen zu müssen. Deshalb fährt sie auch mit ihren Freundinnen allein zum Golfen und er geht mit seinen Kumpels ohne sie zum Fußball. »Ich kenne das aus meiner vorherigen Beziehung mit dem Vater meiner Kinder. Da haben wir ewig nach Kompromissen gesucht, mit dem Ergebnis, dass schließlich keiner auf seine Kosten kam.« Jetzt wartet Paul mit Rosen

auf sie, wenn sie einmal wieder ein paar Tage unterwegs war. »Ich bin ganz glücklich, dass ich jetzt beides haben kann – Zeit für mich und eine Beziehung.« Und das finanzielle Ungleichgewicht? »Wir sprechen darüber. Er tut, was ihm möglich ist, und unser größter Luxus ist ja sowieso, dass wir uns gefunden haben.«

Männer wie Sand am Meer

So lautet der Titel eines Beitrags in der Zeitschrift »Brigitte«. Eine Journalistin schreibt, wenn Frauen endlich aufhörten, bei der Männerwahl so schnäubisch zu sein und stattdessen bereit wären, mit praktisch jedem gleich ins Bett zu gehen, böten sich quasi sofort die herrlichsten Gelegenheiten. Sex sei das Einfallstor zur männlichen Aufmerksamkeit. Das Argument: »Ein in meinen Augen normaler Mann folgt nun einmal seinem Trieb, nicht der Sehnsucht danach, ein Haus zu bauen oder sich einmal zu binden oder eine Patchwork-Familie zu gründen oder im Alter nicht allein zu sein …«
Damit liegt sie gar nicht so falsch. Schließlich habe auch ich ausreichend einschlägige Angebote von Jungmännern bekommen. Und ich habe erst kürzlich im Fernsehen eine Diskussionsrunde gesehen, in der Männer um die 30 darüber sprachen, wie gut alte Besen doch kehren oder wie viel besser man auf einem alten Rad das Fahren lernt. Aber ich möchte mich eigentlich nicht als erotisches Trainingsgerät betrachten müssen. Und zeigt nicht die Erfahrung, dass Männer, denen es vor allem um den Sex geht, danach eher geringe Lust entwickeln, ein Haus zu bauen und gemeinsam eine private Rentenversicherung abzuschließen? Die meisten sind eher hochmotiviert, auszuschlafen und sich dann nie mehr zu melden.
Was mich außerdem an dem »Du-kannst-sie-alle-mal-im-Bett-haben«-Konzept stört: Allein der Mann soll den Takt vorgeben und die Frau darf ihm dabei keineswegs reinreden. Es muss ihm überlassen sein, ob er

lieber Partner, Kumpel oder Liebhaber sein möchte und die Beziehung als Affäre oder was auch immer betrachten will. Klar, kann jeder alles so betrachten, wie er möchte. Aber was ist mit dem, was ich mir wünsche? Soll ich warten, bis ihm nach drei lockeren Jahren, in denen er gern bloß zum Sex vorbeischaut, einfällt, dass es dabei bleibt? Dafür bin ich wirklich zu alt!

In ihrem Buch »Lean In« beschreibt Facebook-Chefin Sheryl Sandberg, nach welchem Traummann kluge Mädchen heute Ausschau halten sollen: einem, der ihnen den Rücken freihält und die Kinder erzieht, während sie selbst Karriere machen. »Ich rate jungen Frauen, den Mann (oder die Frau) zu heiraten, der auch die Wäsche machen will.« Und eigentlich rate ich das auch den älteren Frauen, mich eingeschlossen, ganz dringend. Ich will – wie es eine Freundin ausdrückt – »Ruhe im Hinterland«. Ich brauche keine großen Liebesdramen, nicht mal die Balkonszene von Romeo und Julia. Schön, wenn mir einer unbedingt die Sterne vom Himmel holen will. Die Erfahrung zeigt: Viel mehr, als das zu behaupten, tut so ein austrainierter Romantiker dann meistens auch nicht. Und wenn, was will ich mit so einem Stern daheim?

Überhaupt ist es mir lieber, wenn mir einer stattdessen etwas Gutes kocht, ohne dass ich ihn dafür beklatschen muss, als hätte er gerade ein Mittel gegen Krebs erfunden, bevor ich danach die Küche renoviere. Wenn er lustig ist und über sich selbst lachen kann. Wenn er mich auch mal fragt, ob mein Tag hart war, anstatt einfach vorauszusetzen, dass »harte Tage« in einem Frauenleben praktisch so wenig vorkommen wie Prostataprobleme. Und auch das will ich gar nicht: Dass einer dauernd beschäftigt werden will. Ich brauche ja auch umgekehrt nicht bei allem begleitet zu werden. Nicht beim Lesen, nicht beim Joggen, nicht, wenn ich mir Serien wie »Girls« oder »Downtown Abbey« anschaue. Bei »The Wire« oder »House of Cards« können wir uns ja dann wieder zusammen vor den Fernseher setzen. Ich mache sehr gern Urlaub und auch Sport mit meinen Freundinnen. Kurz: Eigentlich will ich einen ganz anderen Mann, als ich ihn mir noch mit 25 gewünscht habe. Einfach weil ich jetzt erwachsen bin und alt genug, um zu wissen, dass ich ganz allein und auch sehr gern für meine Unterhaltung und meinen Unterhalt verantwortlich bin. Und wenn ich mich nicht glücklich machen kann, schafft es auch kein anderer. Ein Mann sowieso nicht.

Die größten Langweiler der Welt

Ja, ich möchte einen netten Mann. Ich weiß, »nett« ist keine sehr populäre männliche Eigenschaft. Im Gegenteil. Frauen denken ja, wenn einer »nett« ist, dann bedeutet das nur, bei dem kann ich mich ausheulen, der hat Zeit für mich, wenn gerade kein Unnetter zur Hand ist. Ein Netter tröstet mich über die Kollateralschäden hinweg, die die Unnetten ja immer hinterlassen. Aber mich mit einem Netten in den Laken wälzen? Dafür taugt so einer angeblich nicht. Dafür hat Gott die Uncharmanten, Unhöflichen, Kalten, Launischen, Bindungsscheuen gemacht. Die sind viel interessanter. »Nett« ist das Gegenteil von cool und spannend.
Welch ein Irrtum! Schlechtes, herzloses Betragen, puren Narzissmus zum Gütesiegel von »Männlichkeit« auszurufen ist ungefähr so, als wollte man Kim Jong-un für den Friedensnobelpreis vorschlagen. Wenn einer sich nicht meldet, obwohl es so vereinbart war, wenn er nach wochenlanger Funkstille »spontan« gegen Mitternacht vorbeischaut (»Du hast doch bestimmt nichts vor?«), wenn er sich nicht festlegen mag und erwartet, dass eine Frau für eine Stunde im Hotelzimmer mit ihm durch die halbe Republik fährt und dann auch noch das Zimmer zur Hälfte bezahlt, wie es eine Kollegin ihrem Neuen zuliebe tut, dann gehört er wieder in die ewige Single-Umlaufbahn geschickt. Jede hat es verdient, dass einer gut zu ihr ist. Außer, sie findet selbst, Liebe sollte ein Akt der Selbstbestrafung sein. Aber solch Beziehungsbescheuerten gebührt tatsächlich ein bisschen Haue mit dem Armani-Gürtel. Ich für meinen Teil möchte mich jedenfalls nicht mit jenem Satz vorstellen

müssen, der im Internet kursiert: »Hi, ich bin eine Frau. Ich ignoriere die netten Typen, laufe den Idioten hinterher und beschwere mich über Herzschmerz.«

An Arschloch-Qualitäten ist nun wirklich nichts Geheimnisvolles. Jedenfalls nicht mehr als an einem Arschloch. (Am besten, Sie schreiben sich das auf!). Deshalb sind sogar die erklärtermaßen größten Spießer der Welt, die Mitglieder des »Dull Men's Club« in Großbritannien, tausendmal interessanter und liebenswerter als einer, der sich selbst für Gottes größtes Geschenk an die Frauenwelt hält. Die Mitglieder des Vereins von und für die größten Langweiler landesweit sammeln Milchflaschen oder Leitkegel, fotografieren Briefkästen und sie haben ihre eigene App, »Fifty Shades of Gray«. Sie zeigt keinen Hausfrauensoftporno, sondern 50 Kacheln in verschiedenen Grautönen. Ja, die Langeweiler haben Humor, besitzen Selbstironie und Charme. Etwa 5000 Mitglieder hat der Club in England und in den USA. Ausschließlich Männer. Die herrliche Begründung für »men only«: Frauen seien immer viel zu aufregend, um richtig langweilig zu sein. (Das kann ich jetzt so nicht bestätigen, aber es klingt toll).

Was mir gefällt: Diese Männer wollen gar nichts anderes darstellen als das, was sie sind. Ihr Ziel: »das Gewöhnliche zelebrieren«. Dazu gehören eine Menge mehr Mut und Abenteuergeist, als die meisten selbst erklärten Extremsportler besitzen, mit denen ich bislang zu tun hatte. Ich finde, es zeugt von einer höchst erfreulichen Portion Lebensklugheit, einfach ganz normal sein zu wollen.

Ein eher rarer Rohstoff im Single-Kosmos, der zumindest bei mir unbedingt auf die Liste meiner Lieblingseigenschaften gehört und deutlich interessanter ist als das Treffen mit Justus, 52, nach Selbstauskunft »Autor«. Mehrmals hat er den Termin verschoben. Und als wir uns dann endlich in einer Bar treffen, weiß ich sofort: der nicht! Auf keinen Fall! Die Jeans schon fast peinlich zu eng (hält er sich für Nurejew?), viel kleiner als die 1,85 Meter, die er in seinem Profil angab. Eine Stunde lang erzählt er mir von seinen Spitzenleistungen: den vielen Büchern,

Wer so gnadenlos auf Männer blickt, muss damit rechnen, dass genauso gnadenlos zurückgeblickt wird.

die er geschrieben und im Selbstverlag herausgebracht hat. Alles gigantische Erfolge. Also nicht im üblichen Sinne. Denn mit »so einer kommerziellen Scheiße« wie der Spiegel-Bestsellerliste könne er gar nicht, klärt er mich auf, nachdem ich gefragt hatte, welchen Listenplatz er denn dort schon erreicht hat. Er ist sichtlich verärgert, dass ich mich offenbar mit der Materie auskenne. Wie gut ich das tue, ahnt er nicht. Er weiß nicht, wer ich bin. Deswegen protzt er auch munter weiter. Klar, wenn er wollte, hätte er längst schon die Auslagen der Buchhändler erobert. Aber fürs Volk schreiben? Für Kreti und Pleti? Das wäre nichts für ihn. Seine Bücher seien viel zu intelligent, um massentauglich zu sein.
Wie viel netter wäre da ein Abend mit Dull-Men's-Club-Mitglied Neil Brittlebank gewesen, der seit 1990 Ziegelsteine sammelt oder mit Archie Workman, der ein Faible für Abflussgitter hat. Die hätten gar nicht erst versucht, den Superman zu geben.
Ich habe mich nach einem Glas Wein schnell verabschiedet. Und einfach weiter den Mund gehalten, als er die Gesamtrechnung, seine mittlerweile drei Caipirinha und mein Getränk, generös durch zwei geteilt hat. Sicher hätte man mit ihm auch über Hamlet sprechen können. Aber selbst wenn er Marcel Prousts »Auf der Suche nach der verlorenen Zeit« im französischen Original hätte tanzen können – es hätte ihn nicht liebenswerter oder interessanter gemacht. Das ist es nämlich nicht, was zählt. Wirklich nicht.
Mir fällt ein, was ein Lehrer jüngst in der Verabschiedungsrede an einer US-Eliteschule sagte: »Bildet euch bloß nicht ein, ihr wärt etwas Besonderes. Denn ihr seid es nicht!« Vielleicht ist das gar kein schlechter Ansatz: »Ganz normal« als den Anfang von etwas ganz Besonderem zu betrachten. Ich glaube jedenfalls, mein Vintage-Beuteschema sollte einfach mal die Füße ruhig halten. Und ja, ich denke mittlerweile: Es könnte wirklich so ziemlich jeder sein und dass man erst weiß, wer es ist, wenn man ihm begegnet. Vorher muss ich endlich mein Single-Mantra zum Schweigen bringen: »Bloß keiner mit Goldkettchen« oder »Niemals Birkenstockträger!«

»Und was ist mit Liegeradfahrer?«, fragt meine Tochter.
»Äh, nein!«, sage ich. »Ich glaube, das kann ich nicht. Wenn ich mir vorstelle, so ein Gerät vor meiner Haustür?« Es gibt Grenzen. Irgendwo muss mit dem Großmut halt doch mal Schluss sein!

Der giftige Mann

Während wir auf Äußerlichkeiten achten, auf die Hemden (bloß nicht ohne Arm!) oder darauf, ob er »der einzigste« sagt, übersehen wir gern die wirklichen Risiken beim Daten: an hochtoxische Kerle zu geraten, also solche, die einem früher oder später das ganze Leben und Lieben vergiften. Und den Selbstwert noch dazu. Deshalb Finger weg, wenn einer Folgendes tut. Ganz egal, ob er wie Ryan Gosling aussieht und/oder gänzlich fehlerfrei darüber sprechen kann, wohin genau er seine Millionen vor dem Finanzamt in Sicherheit gebracht hat – er ist einfach »undatetable«:

Wenn er nie oder fast nie danach fragt, was Sie tun, wie Sie sich fühlen, was Sie bewegt.
Wenn Sie etwas Nettes über ihn sagen und er allenfalls »Danke!« oder »Ich weiß« antwortet, aber sich nie mit Komplimenten revanchiert.
Wenn er ständig von anderen Frauen schwärmt.
Wenn er eigentlich immer nur für Sex Zeit hat, aber schon fürs Frühstück keine mehr und auch nicht fürs Telefonieren.
Wenn er sich nie erkundigt »Bist du gut nach Hause gekommen?«
Wenn einer total unzuverlässig ist, immer mal wieder ein paar Tage oder ganze Wochen unerreichbar abtaucht. Ganz egal, wie gut seine Ausrede ist (»Die UNO brauchte mich dringend in Gaza.« Oder »Ich sage nur: Ohne mich hätten wir Ebola längst auch in Deutschland.«) Wir leben im dritten Jahrtausend. Wir haben SMS, Mail, WhatsApp – eine kleine Nachricht ist immer drin.

Wenn er Sie nicht seinen Freunden vorstellen will. Von seiner Familie ganz zu schweigen.

Wenn er seinem Nachwuchs aus einer früheren Beziehung noch nach Monaten nicht den Gedanken »zumuten« mag, dass er oder sie den Papa nicht bis zur Rente ganz exklusiv haben wird.

Wenn er es zwar nicht ausspricht, aber in XXL-Lettern über seinem Kopf »Tu was!« schwebt, weil er vermeintlich total hilflos und schreckensstarr vor all den Großbaustellen in seinem Leben steht: Insolvenz, pflegebedürftige Eltern, Arbeitslosigkeit, Räumungstermin für die Wohnung …

Wenn er dauernd sagt, er fühle sich noch nicht reif für eine feste Beziehung. Dann ist er es nämlich weder in diesem Leben noch in den nächsten 25 Reinkarnationen (gut, als Flechte braucht man sowieso weniger Gesellschaft – und als solche fängt einer leider wieder an, der Frauen stets nur hinhält).

Wenn er in der Öffentlichkeit jegliche Zuneigungsbekundungen vermeidet und einen bei Freunden oder Bekannten vorstellt, als wäre man ihm gerade zugelaufen.

Wenn er über rein gar nichts verhandeln mag, weil er jedes Nachgeben, jeden Kompromiss als persönliche Niederlage missversteht.

Wenn er über seine Ex nur Hass und Häme ausschüttet. So schmeichelhaft es ist, offenbar einige Produktvorteile gegenüber der Verflossenen zu besitzen (den größten überhaupt: nicht sie zu sein), seine Bitterkeit wird auch die aktuelle Beziehung vergiften. Und außerdem haben Sie vermutlich schon mal einen kleinen, ziemlich abschreckenden Einblick, was er über Sie denken wird, wenn es mal nicht mehr so gut läuft.

Wenn er im Bett schroff über Ihre Bedürfnisse hinweggagiert. Wenn er im Gegenteil sogar behauptet, das würde ja heute nun wirklich zur Sex-Basis-Versorgung gehören, und wenn Sie es nicht tun, ließe sich ja jederzeit eine andere finden … (An dieser Stelle: Danke, Charlotte Roche, für diese fixe Männer-Idee, dass Frauen furchtbar gern auch anal zu Diensten sind!)

Männer aus Liebesfilmen gibt es so wenig wie Frauen aus dem Porno, die sofort einen Orgasmus bekommen, bloß weil ein Mann sie mit seinem Penis ohrfeigt.

Wenn er Sie vorsorglich schon mal auf Ihre Mängel aufmerksam macht – »Du bist ja auch nicht mehr ganz taufrisch.« oder »Du könntest ruhig mal ein wenig abspecken.« oder »Wie blöd bist du denn?« oder »Davon verstehst du nichts.«

Wenn er keine gemeinsamen Zukunftspläne machen will. Nicht mal fürs nächste Wochenende. Auch nicht, wenn schon Donnerstag ist.

Und der Spezialfall: Der Anfänger

Leider befindet man sich außerdem im Hochrisikobereich, wenn es einem Mann nicht schnell genug gehen kann mit den Liebesbekundungen, der Verbindlichkeit, dem Zusammenziehen. Ja, das gibt es auch. Scheint sogar ziemlich verbreitet zu sein: Männer, die gern schauen, wie weit sie kommen. Um dann am Ziel so komplett zu verschwinden, als wären sie Teil eines besonders fiesen Zaubertricks. Das ist gleich zwei Freundinnen passiert. Erst waren sie sehr glücklich darüber, endlich einen gefunden zu haben, der es ernst meint, bei dem man quasi offene Türen so groß wie Scheunentore einrennt mit dieser Sehnsucht nach Nähe, nach Offenheit, nach Austausch. »Fast schon unheimlich«, erinnert sich die eine. Und dass sie erst nicht fassen konnte, so einen Volltreffer gelandet zu haben. Nach anfänglicher Begeisterung aber wurde es ihr beinahe schon etwas zu viel des Guten. Sie bremste ihn immer wieder mal in seinem Überschwang der Gefühle. »Mit schlechtem Gewissen. Ich dachte, was bin ich doch für ein undankbares Stück. Erst sind mir alle Männer zu zurückhaltend, zu bindungsscheu. Und jetzt, wo endlich einer alles will, geht's mir viel zu schnell.«

Manfred, so heißt das Prachtstück, reagierte sehr betroffen. »Er sagte, es sei unfair, dass er nun die Skepsis ausbaden müsse, die andere vor ihm durch ihr blödes Verhalten hinterlassen hätten. Er meinte: ›Seid ihr Frauen schon so durch den Wind, dass ihr keinem mehr traut?‹, und dass Liebe doch bedeute, offen aufeinander zugehen zu können.« Dass sie auch wegen ihres halbwüchsigen Sohnes aus erster Ehe zögerte, der bei ihr lebt, war für Manfred kein Argument. Und auch der Sohn meinte, dem Glück seiner Mutter nicht im Weg stehen zu wollen.

Ein Jahr, nachdem sie sich kennengelernt hatten, stand Manfred dann mit ein paar Umzugskisten vor der Tür. Er belegte Platz im Kleider- und Küchenschrank und dübelte gefühlte 85 neue Buchregale im Wohnzimmer an die Wand. Als er damit fertig war, ging er mit einem Freund in die Kneipe. Kam zurück und verkündete, er müsse etwas gestehen. Er habe sich in eine andere verliebt. An diesem Abend. In eine, die auch zufällig in dieser Kneipe war. Die er vorher noch nie gesehen und die er auch nicht angesprochen hatte. Trotzdem meinte er, diese Frau sei perfekt für ihn. Die müsse er nun kennenlernen. Er selbst könne nichts dafür. Es seien höhere Mächte im Spiel und wer liebt, habe eben recht. Manfred packte noch am nächsten Tag seine Umzugskisten und verschwand. Bloß die 190 Bücherregal-Dübel ließ er zurück und eine fassungslose Ex. »Das Schlimmste ist: Früher habe ich denen nicht getraut, die so sehr zurückhaltend waren. Jetzt traue ich auch denen nicht mehr, die anders sind.«

Auch die zweite Freundin hatte Ähnliches zu berichten. Bloß hatte sie bereits ihre Bleibe gekündigt und gemeinsam mit dem scheinbar total hingerissenen Mann eine eigentlich viel zu teure Wohnung angemietet. »Er wollte, dass wir ein schönes Leben haben.« Dann kam er von einer geschäftlichen New-York-Reise mit einer neuen Frau im Kopf zurück. Er hatte sie im Flugzeug gesehen und gleich angesprochen. Und obwohl sie nicht mal sonderlich interessiert gewesen sei, habe ihm dieses Ereignis gezeigt, dass er offenbar doch noch nicht so weit sei für all das, was er selbst so unbedingt haben wollte. »Ich stand da mit den Kosten: der halben Makler-Courtage, der halben Kaution, einem gebrochenen Herzen und musste außerdem innerhalb von zwei Wochen eine neue Wohnung finden.«

Was es ist, das diese Romeos bloß Teilzeit schmachten lässt? Vermutlich, was Chris Roberts einmal sang: »Ich bin verliebt in die Liebe.«

Solche Männer sind einfach leidenschaftliche Anfänger. Geht es weiter, ist für sie bald die Luft raus. Eigentlich müssten sie serienmäßig mit einem gut sichtbaren Etikett versehen werden: Achtung, der tut es nicht lange! Bis das mal durch ist, müssen wir eben selbst sehr gut auf uns aufpassen.

Liebe Frau Dr. Frühling,
ich trage Kleidergröße 46. In meinem Online-Profil habe ich »normale Figur« angegeben. Zum einen finde ich, dass 46 durchaus noch »normal« ist. Zum anderen ist das Gewicht doch nur einer von tausend verschiedenen Faktoren, die einen Menschen ausmachen. Und sicher nicht der wichtigste. Offenbar ein Irrtum. Ich hatte schon Dates, da sind die Männer bereits nach dem ersten Wein regelrecht geflüchtet. Wieso ist eigentlich alle Welt so von »schlank« besessen?
Gudrun, 46

Liebe Gudrun,
zunächst einmal sind viele vor allem davon besessen, nicht gleich schon am Anfang angeschwindelt zu werden. Stellen Sie sich vor: Sie sind mit einem angeblich über 1,80 Meter großen Mann verabredet, der sich dann als einer der sieben Zwerge herausstellt, der seinen freien Tag vom Bergwerk für ein Date nutzt. Sicher ist an Kleidergröße 46 nichts auszusetzen. Nur machen Sie selbst eine große Sache daraus, da Sie offenbar glauben, Ihr Gewicht verschweigen zu müssen. Sollten Sie auf der Suche nach Männern sein, denen es ähnlich egal ist wie Ihnen, würde ich einfach bei der Wahrheit bleiben.

Sabine (44), Graphikerin

Natürlich ist meine Traumvorstellung, einfach jemanden auf einer Party kennenzulernen. Aber erstens gehe ich kaum noch auf Partys, und wenn, dann sind die Männer dort meistens vergeben oder stehen blöd rum und unternehmen nichts. Auch deshalb bin ich seit anderthalb Jahren bei OkCupid. Das ist ein amerikanisches Internetportal, das international agiert. Ich hatte nach meiner Trennung vor zweieinhalb Jahren einen Artikel darüber in einer Zeitung gelesen. Eine Frau und ein Mann hatten sich in dem Portal kennengelernt und gleich beschlossen, gemeinsam eine Weltreise zu machen, und zwar nur mit so viel Gepäck, dass es in ihre Hosentaschen passt. Das hat mir gefallen, vermutlich weil ich selbst gern und viel unterwegs bin.

OkCupid ist sehr praktisch. Wenn ich zum Beispiel nach Tel Aviv reise – neben San Francisco meine absolute Lieblingsstadt –, dann linkt sich mein OkCupid-Profil dort ein und ich habe in null Komma nichts 100 Likes. So habe ich bislang bestimmt allein in Israel 15 Männer getroffen. Unglaublich attraktive Männer übrigens, die sehr viel lockerer sind als die Deutschen.

Klar, das Portal ist vermutlich nichts für Romantiker. Eher für Leute, die Spaß suchen. Aber das bedeutet nicht, dass aus Kontakten, die man hier knüpft, nicht auch etwas entstehen könnte. Es ist einfach so, dass das ganze Thema nicht so bierernst genommen wird wie etwa bei Elitepartner oder Parship, wo man gleich den absolut Richtigen fürs Leben finden will. Bei OkCupid gibt es deshalb zwar auch eine lange Frageliste, die man beantworten kann. Die Fragen sind allerdings viel lustiger als bei den anderen Portalen. Zum Beispiel: »Wenn Du eine Superkraft hättest, welche wäre das?«

Die ersten Dates waren total aufregend. Ich wusste noch nicht, wie ich agieren sollte, wie es etwa ist, wenn man sich vielleicht gar nichts zu sagen hat. Ich war viel schüchterner und habe so ein Treffen selbst dann durchgezogen, wenn ich mich total gelangweilt habe. Heute sage ich schon mal: »Sorry, ich glaube, das ist nichts mit uns«, und gehe. Mir ist einfach meine Zeit zu schade für Dates, von denen ich schon gleich am Anfang weiß, sie führen zu nichts. Nicht mal zu einem lustigen Abend.

Zu viel Hoffnungen sollte man nicht haben, gleich den Richtigen zu finden. Überhaupt halte ich es für schwierig, schon mit fertigen Vorstellungen zu einem Date zu kommen. Natürlich kann man sagen, dass man dringend eine feste Beziehung sucht. Aber erstens qualifiziert man sich damit nicht zum heißesten Feger, und dann ist es doch irgendwie auch eine unsinnige Bemerkung. Wie kann ich wissen, ob ich mit diesem einen Mann tatsächlich eine feste Beziehung will? Ich kenne ihn doch noch gar nicht.

Nicht nur Frauen, auch Männer fragen häufig bereits am Anfang, was man sucht, was man möchte. Ich antworte immer: Du, ich suche gar nichts. Ich finde, man muss den Dingen ihren Lauf lassen und schauen, was zwischen zwei Menschen passiert. Es geht doch eher um den Richtigen für den Moment. Sicher erkundigen sich manche schon vor dem ersten Date ganz unverhohlen einfach nach Sex. Denen sage ich dasselbe: Woher soll ich jetzt schon wissen, was ich von dir will? Am Ende sehe ich den und denke, den möchte ich mir im Leben nicht nackt vorstellen. Aber es kann genauso gut passieren, dass ich tatsächlich gleich mit einem ins Bett gehe. Warum nicht? Wenn mir doch danach ist?

Bloß sollte man das lieber für sich behalten. Männer fragen oft, wie viele man denn schon vor ihnen getroffen hat. Das scheint die meisten brennend zu interessieren. Ich würde nie sagen »schon zweistellig«. Dann werden die gleich blass um die Nase. Ich halte das eher im Vagen. Man ist immer noch sehr schnell als Schlampe abgestempelt.

Manche Männer kommunizieren gleich, dass sie in einer Beziehung sind. Einige sind geschäftlich in der Stadt und suchen bloß ein wenig Unterhaltung. Für mich ist das in Ordnung. Überhaupt habe ich keine schlechten Erfahrungen gemacht. Alle Männer sind bislang brav zum Date erschienen und ich habe viele interessante Typen kennengelernt. Viele jüngere Männer. Das ist schon bemerkenswert. Obwohl ich mit meinem richtigen Alter in dem Portal stehe und auch mit einem nicht retuschierten Foto, das nicht schon vor zehn Jahren gemacht wurde. Klar sind auf dem Portal auch mal schräge Typen unterwegs. Solche, die eine Foto-Love-Sex-Story wollen, die keinen Wert auf eine echte Begegnung legen, bei denen sich alles virtuell abspielt.

Umgekehrt gibt es auch Frauen, wo ich sagen würde: ganz schön verrückt. Ein Freund hat mir mal auf seinem Account Masturbationsvideos gezeigt, die Frauen ihm geschickt hatten. Ohne, dass er danach gefragt hätte. Das finde ich knallhart. Wie man einem Menschen, den man noch nie gesehen hat, praktisch alles bietet.

Man ist schon überrascht, was da hinter den Kulissen alles los ist. Dennoch: Das ganze Daten wird auch ziemlich schnell Routine. Das Neue, dieses aufregende Gefühl, jemand Unbekannten zu treffen, anzufassen, nutzt sich irgendwie ab. Es ist fast so wie in einer Ehe: Sogar der Drang, sich besonders herauszuputzen, lässt nach. Ich gehe mittlerweile ziemlich lässig zu meinen Verabredungen. Neulich habe ich sogar einen in Jogginghose daheim empfangen. Ich hatte einfach keine Lust, noch mal rauszugehen, also habe ich ihn auf ein Bier zu mir eingeladen. Der hatte sich vermutlich mehr versprochen. Aber ich war nicht in Stimmung.

Man muss schon sagen: Die Momente, wo man denkt »Yes! Das passt« – weil alles zusammenkommt, was einem wichtig ist: dass man sich versteht, dass man gut gemeinsam Zeit verbringen kann, ohne sich zu langweilen, dass man einen ähnlichen Humor hat, einen ähnlichen Bildungsgrad, ähnliche Interessen und dass er Hunde mag (ich habe nämlich zwei), ja, attraktiv sollte er auch noch sein –, die sind wirklich selten. Eigentlich hatte ich bislang nur mit einem Mann eine maximale Übereinstimmung. Den habe ich im Unterschied zu den anderen auch häufiger gesehen. Aber mit ihm ist es sehr, sehr schwierig.

Vermutlich gefällt er mir deshalb. Trotzdem treffe ich mich noch mit anderen. Für mich ist es schwer zu sagen, ob das wirklich eine ernsthafte Suche ist oder mehr eine Freizeitbeschäftigung. Natürlich habe ich auch eine romantische Ader. Ich hätte wirklich nichts dagegen, mich zu verlieben. Aber wenn ich mich so umschaue, stelle ich mir generell die Frage, ob wir überhaupt dazu gemacht sind, monogam zusammenzuleben. Was wirklich toll ist: Wie viel Selbstbewusstsein man bei diesem ganzen Dating gewinnt. Ich weiß jetzt, ich kann das, es funktioniert. Das entspannt mich sehr. Ich werde mich einfach weiter mit Männern treffen und schaue, was passiert. Eine andere Wahl hat man ja eh nicht.

Schlechtes, herzloses Betragen, puren Narzissmus zum Gütesiegel von »Männlichkeit« auszurufen, ist ungefähr so, als wollte man Kim Jong-un für den Friedensnobelpreis nominieren.

Ich bin nicht Carlo Little

Wisch und weg

»Hallo, mein Name ist Christian, ich bin der Exhausundhofidiot!« Kurz denke ich, da hat sich einer mal einen wirklich bescheuerten »Nickname« ausgedacht. Bis mir dämmert, dass Christian mir gerade die Kurzfassung seiner traurigen Ehegeschichte erzählt. Er sitzt noch nicht mal richtig an meinem Tisch, und schon ahne ich: schlimme Trennung, richtig sauer auf die Ex, noch lange nicht drüber weg. Ego vermutlich nicht mehr zu reparieren. Sofern die Ex nicht auf den Knien bereut, einen Prachtkerl wie ihn verschmäht zu haben. Ungefähr ein paar Jahre lang. Wahlweise würde er sich sicher auch mit einem schlimmen eitrigen Ausschlag in ihrem Gesicht zufriedengeben.
Aus einem Single-Ratgeber hat »Exhausundhofidiot« diesen Gesprächseinstieg todsicher nicht. Auch nicht sein Outfit. Einerseits. Andererseits wirkt der schmale 1,90-Meter-Kerl mit der John-Lennon-Brille, den kurzen Haaren, den Jeans und dem ollen Wollpullover wie der Prototyp des grundsympathischen, welt- und fashionfremden Kopfzerbrechers. Und obwohl er noch eine ziemlich große Rechnung mit der Ehe an sich offen hat, ist er dem Leben und den Frauen immerhin noch so zugewandt, dass er an einem Speed-Dating teilnimmt. Deshalb sitzt er jetzt mir gegenüber und wir haben sieben Minuten, um zu entscheiden, ob aus uns mehr werden könnte.
Ich habe Freundinnen, die brauchen länger, um sich im Supermarkt einen Joghurt auszusuchen. Doch gemessen etwa an den endlosen Sichtungen von Dutzenden von Männern etwa auf Tinder im Sekundentakt (Wisch nach links. Wisch nach links. Wisch nach links. Wisch nach links. Wisch nach links. Wisch nach links. Wisch nach links. Wisch nach links. Wisch nach links. Aaaahh, nein. Verdammt, der war doch eigentlich ganz süß!) sind sieben Minuten pro Person eine halbe Ewigkeit. Vor allem, wenn nur einer spricht. Wer behauptet denn, dass Männer nicht reden? Der hier redet, und

zwar am liebsten über sich. Ich erfahre, dass er gern Salsa tanzt und Tango. Dass er Live-Konzerte mag, Singer-Songwriter-Sachen, dass er sich ein Motorrad angeschafft hat und überhaupt all das tut, was er sich in den letzten mehr als 30 Jahren mit seiner Exfrau verkneifen musste. Seiner Ex zuliebe. »Ich dachte immer, das müsste so sein! Hab ich mich wohl getäuscht.«

Leider gehöre ich nicht zu den Frauen, die nebenberuflich gern als ein sehr großes Trostpflaster herumlaufen, Kissen aufschütteln, über den Kopf streichen, warmes Essen zaubern und Männer ganz dringend davon überzeugen müssen, dass wir nicht alle böse sind. Ganz sicher habe ich keine Lust auf einen, der dauernd sagt, dass er jetzt endlich auch mal an sich denken will. Ich meine, warum soll ich ausbaden, was eine Frau, die ich nicht mal kenne, angerichtet hat? Eigentlich bin ich ja hier, um jemanden zu finden, der an jemand anderen denken möchte. Am besten an mich.

Ja, sieben Minuten dauern. Langsam muss ich mich zusammenreißen, um nicht auf die Uhr zu schauen. Am Nachbartisch wird laut gelacht. Da scheinen sich zwei herrlich zu amüsieren. Schon bin ich unter Performance-Druck. Liegt es an mir, wenn das mit Christian sich so anstrengend anfühlt, als hätten wir hier ein Bewerbungsgespräch laufen? Irgendwie ist es das ja auch. Vielleicht sollte ich etwas begeisterter sein? Schließlich würde ich auch niemanden einstellen, der die Firma offenbar ziemlich langweilig findet und eigentlich gar nicht so genau weiß, ob er überhaupt hier arbeiten will. Ich bin zwar nicht sicher, ob ich Christian wiedersehen möchte. Aber das heißt nicht, dass es ihm umgekehrt genauso gehen soll. Eigentlich will ich, dass er total hingerissen ist von mir. Trotzdem würde ich die sieben Minuten mit ihm gegen noch einmal sieben Minuten mit seinem Vorgänger tauschen. Aber so läuft das hier nicht.

Liebe Frau Dr. Frühling,
ich habe einen Mann getroffen, mit dem es eigentlich toll läuft. Was mich ein wenig irritiert: Er scheint das Pech magisch anzuziehen. Seine Firma ging pleite. Dann hat seine Frau ihn bei der Scheidung total über den Tisch gezogen, so dass er sich kaum etwas leisten kann. Gesundheitlich ist er auch sehr angeschlagen. Ich habe mich bislang gern um ihn gekümmert. Mittlerweile aber ist meine Mutter ein Schwerstpflegefall. Nun sagt mein Freund: Er schafft es psychisch nicht, sich auch noch damit zu belasten. Ich bin ziemlich enttäuscht. Aber darf ich überhaupt von ihm erwarten, dass er mich unterstützt?
Gerlinde, 45

Liebe Gerlinde,
es ist schon eine erstaunliche Anhäufung an widrigen Umständen, mit denen Sie es da zu tun bekommen haben. Was noch mehr verwundert: Dass Ihr Freund offenbar an rein gar nichts schuld hat, also keinerlei Verantwortung für das alles trägt. Für eine gemeinsame Zukunft, in der man eben auch alt und gebrechlich wird, eher keine günstigen Voraussetzungen. Ich würde sagen: Drosseln Sie Ihre Bemühungen um sein Wohlergehen. Sie brauchen Ihre Energie jetzt für sich und für die Suche nach Alternativen.

Männer im Minutentakt

Wie es läuft, hat sich Ende der 90er Jahre Yaacov Deyo ausgedacht. Der Rabbi hatte nach einer Möglichkeit gesucht, möglichst viele jüdische Singles in möglichst kurzer Zeit effektiv miteinander bekanntzumachen. Solche, die sich im Alltag niemals über den Weg laufen. Weil sie zu weit entfernt wohnen, weil sie zu viel arbeiten, weil sie lieber lesen als auszugehen. Gemeinsam mit Freunden kam er auf die Idee, ein Dutzend Blind Dates pro Abend im Schnelldurchlauf zu organisieren. Jeder Mann sollte mit jeder Frau ein paar Minuten Zeit haben. Dann wechselten die Männer die Plätze und setzten sich zur nächsten Frau. Und so weiter. Auf diese Weise lernte man in nur zwei Stunden mehr potentielle Partner kennen als manche in ihrem ganzen Leben. Danach konnte man auf einer Karte vermerken, wen man gern wiedersehen würde. Gab es Übereinstimmungen – schrieb also Elias, dass ihm Saime gefallen habe und Saime, dass sie Elias sympathisch fand – wurden die Kontaktdaten ausgetauscht. Alles Weitere blieb dann den beiden überlassen.

Das Konzept entpuppte sich gleich als so erfolgreich, dass man es bald überall auf der Welt kopierte. Am Anfang versuchte der Rabbi noch, seine Idee zu schützen, stellte aber bald fest, dass er sein ganzes Leben dem Abmahnen von Nachahmern hätte widmen müssen und entschied, es sei besser fürs Karma, die Dinge geschehen zu lassen. Frei nach dem Konzept des »Zechus« oder »Zechut«, womit im Judentum der Gewinn bezeichnet wird, den eine gute Tat mit sich bringt. Rabbi Yaacov Deyo dachte also ganz fest an all die Hochzeiten und Babys, die es ohne ihn vermutlich nie gegeben hätte, und ließ dem Siegeszug des Speed-Datings fortan freien Lauf.

Ich finde die Idee toll. Aber längst nicht alle sind von der Erfindung des Rabbis begeistert. »Bist du total verrückt?«, hatte mich eine Freundin vor dem Speed-Dating gewarnt. »Das reinste Gruselkabinett!« Sie hätte da einen Freund. »Der kellnert immer in der Kneipe, in der das hier stattfindet, und sagt, da schlagen die allerschlimmsten Typen auf. Mit denen würdest du nicht mal in derselben Straßenbahn sitzen wollen. Ach was, die bräuchten eigentlich ein eigenes Sonnensystem ...« Andererseits kann nur gelingen, was man auch versucht. Die Geschichte ist schließlich auch ohne mich schon voll von grandios verpassten Chancen. Und ich möchte auf keinen Fall Carlo Little sein. Der Schlagzeuger hatte die Rolling Stones frühzeitig verlassen, weil er glaubte, die hätten keine Zukunft. Kann doch sein, dass Speed-Dating meine Rolling Stones ist und ich mein Glück verpasse, bloß weil ich dem keine Chance gebe? Außerdem gefällt mir die Vorstellung, Männer sofort live und in Aktion sehen zu können. Endlich das Allerwichtigste zuerst: Aussehen, Bewegungen, Stimme, Gestik, Mimik, Augen, Hände, Outfit, Geruch. Egal, wie gut die ersten Kontakte per Mail sind und später vielleicht die Telefongespräche, am Ende entscheidet immer noch die Chemie.

Das Angebot hier versprach etwas Reelles: »7 Frauen, 7 Männer, 7 Minuten«, so das bestechende Programm, das der Veranstalter in immerhin 40 Städten anbietet. Man registriert sich im Internet, gibt sich ein neues Passwort und einen neuen Nickname – schon damit man es nicht mit all den anderen Passwörtern und Nicknames der Partnersuchportale durcheinanderbringt –, dann sucht man in der Umgebung nach passenden Terminen. Das Gute: Im Rhein-Main-Gebiet kann man praktisch beinahe jede Woche in einer anderen Stadt zu solch einer Veranstaltung gehen. Sie sind nach Altersgruppen sortiert: 20-32, 28-42, 40-54, 52-68 Jahre. Noch so ein Argument für das Speed-Dating: Im Internet wollen gefühlte 98 Prozent aller über 50-jährigen Kerle Frauen zwischen 28 und 42 Jahren. Beim Speed-Dating könnten sich Männer meines Jahrgangs natürlich auch für die Altersklasse ihrer Töchter anmelden, würden dann aber zwischen lauter Jungs im Alter ihrer Söhne sitzen und so im direkten Vergleich vielleicht endlich verstehen, weshalb sich jüngere Frauen eher für jüngere Männer interessieren.

Männer, die sich hier gemäß ihres Alters anmelden, haben also schon mal grundsätzliches Interesse an etwa gleichaltrigen Frauen. Das ist die gute Nachricht. Die nicht so gute: Es handelt sich dabei offenbar um Raritäten. Im Portal signalisieren kleine Männer- und Frauenfiguren in Grün, Gelb oder Rot, wie viele Plätze zu den jeweiligen Terminen noch frei sind. Während das kleine weibliche Ampelfigürchen neben dem Termin für meine Altersgruppe sofort auf rot geht, was »ausgebucht« bedeutet, bleibt das Männchen daneben sehr lange grün. Einen Tag vor dem Event ist es orange. Meint: Es fehlen Männer. Dennoch vermeldet das Portal, dass der Termin definitiv stattfinden wird. Für 18,50 Euro, ein Glas Sekt inklusive, werden mir also sieben Männer präsentiert. Aber es werden auch sechs andere Frauen da sein. Auch das ist spannend! Man denkt ja immer, dass all die anderen Frauen bestimmt viel schlanker, witziger, netter, klüger und hübscher sind. Jetzt bekommt man auch mal die direkte Konkurrenz zu sehen. Das erste, das mir dazu einfällt: Was ziehe ich an?

Männer-Memory

Ich entscheide mich für unspektakuläre, aber zuverlässige Jeans, Bluse und Stiefel. Und stelle im Lokal fest: Die anderen sehen es ähnlich entspannt. Eine sieht sogar aus, als wäre sie gerade aus der Dusche gekommen und wollte sich hier die Haare trocknen. Die Kneipe lässt nicht vermuten, dass man hier einen Millionär, Nobelpreisträger, einen Hirnchirurgen und/oder Piloten kennenlernen wird. Aber sie ist leer genug, um ziemlich sicher sein zu können, dass fast alle Besucher aus demselben Grund hier sind wie ich.
Eine verdammt schlanke Blondine vom untersten Ende der vorgegebenen Altersskala ist auch dabei. Typ Helene Fischer – lange Haare, leicht gebräunt. Ich würde sie gern fragen, was mit ihr nicht in Ordnung ist, dass sie hier mittelalten, mittelgewichtigen Frauen das Leben schwer

Auf »A« folgt bei Männern dasselbe wie bei Frauen – meist bloß »B« und nicht noch alle weiteren Buchstaben von C bis Z.

macht, anstatt wie es sich für Frauen ihres Aussehens gehört, im P1 nach Nationalspielern Ausschau zu halten. Aber das wäre ziemlich uncool. Und das ist das Letzte, was für heute Abend auf meiner To-Do-Liste steht. Mist! Diese fleischgewordene Männerphantasie wird sicher die Abräumerin des Abends.

An einem Tisch amüsieren sich zwei Frauen, Kurzhaarfrisuren, mittelgroß, mittelschlank, offenbar schon vorab prächtig. Erst will ich mich allein irgendwo hinstellen, beschließe dann aber, die Frau mit den nassen Haaren anzusprechen. Sie heißt Corinna. Dieser Abend ist auch für sie eine Premiere. Ich erfahre: Sie ist 50 Jahre alt und war schon dreimal verheiratet. Also ein durch und durch optimistischer, hoffnungsfroher Mensch. Sie sagt: »Vermutlich passiert heute Abend nicht viel. Aber ich finde es immer noch besser hier zu sein, als allein daheim Tatort zu gucken.« Aufregender ist es auf jeden Fall.

Die Atmosphäre erinnert an die ersten Klassen-Partys: Auf der einen Seite die Jungs, auf der anderen die Mädchen. Alle tun wir so, als wären wir Luft füreinander. Auffälliger kann man nicht zur Kenntnis genommen werden. Ich hatte das Gefühl ganz vergessen und merke, wie ich es vermisst habe. »Hoffentlich reichen die Männer für uns alle!«, sagt Corinna so besorgt, als würden wir zu zweit vor einem Teller Nudeln sitzen. Vermutlich hat sie auch Geschwister. Wir Geschwisterkinder haben einen in langen, harten Jahren geschulten Blick dafür, wenn es knapp werden könnte, und reagieren sofort mit Versorgungsängsten.

Zu Recht. Tatsächlich sind wir nicht sieben Frauen und sieben Männer, wie es das Portal angekündigt hatte, sondern nur jeweils fünf. Ein sogenannter »Date-Angel« geht nonchalant über diese kleine Abweichung vom Programm hinweg. Von ihm beziehungsweise ihr bekommen wir alle unser versprochenes Glas Sekt in die Hand gedrückt, bevor sie uns noch mal den Ablauf des Abends erklärt: Die Frauen bleiben jeweils an den Zweiertischen sitzen, während die Männer wechseln. Man hat sieben Minuten für »Was machst du, was mache ich, wie soll dein

Traumpartner sein? Bist du außerdem noch bei Parship? Magst du auch Kino/Minigolf/Fesselsex, warst du schon mal hier?« Dann klingelt es.

Auf jedem Tisch liegt ein Flyer, der für Notizen gedacht ist. Wie ich hat hier jeder einen Nickname. Den sollen wir gleich aufschreiben, wenn sich sein Besitzer vorgestellt hat, und möglichst auch sofort eine Bewertung notieren. Nicht, dass wir dann später durcheinanderkommen und an Bärchen57 statt an Häschen61 weitervermittelt werden.

Erst finde ich es ein wenig albern. Ich meine, ich bin in der Blüte meiner Jahre und mein Gehirn hat das bislang auch so gesehen. Allerdings wird schnell klar: Das hier ist wie eine Mischung aus »Herzblatt« und »Am laufenden Band«, den legendären Fernsehshows mit Rudi Carrell in den 70ern. Der Gewinner durfte in einem Korbstuhl Platz nehmen und die Gegenstände betrachten, die auf einem Laufband vorbeidefilierten. Anschließend hatte der Sieger 30 Sekunden Zeit, möglichst viele der Gegenstände aufzuzählen. Am Anfang dachte man noch: Natürlich werden sich alle die richtig teuren und guten Sachen merken. Leider blieb den meisten nicht die Waschmaschine, sondern der Regenschirm im Gedächtnis. Deshalb ist man spätestens beim zweiten Speed-Dating-Kandidaten froh um den Zettel.

Es stellen sich alle nämlich nicht nur mit ihrem Nickname, sondern auch mit ihrem echten Vornamen vor. Das macht pro Mann schon mal zwei Namen. Dann die ganzen Informationen, die zugeordnet werden wollen. Schon wichtig, sich zu notieren, dass Thorsten alias Bärchen57 derjenige ist, der den Ultramarathon läuft, während Nicolai alias Fender61 der geruhsamen Kreuzfahrt den Vorzug gibt. Wäre blöd, sich schon auf endlose Büfetts, Sascha Hehn und gemütliche Liegestühle gefreut zu haben, um dann morgens um sechs einem total überraschten Extremsportler, der mal eben zu einer »kleinen Morgenrunde« in der Größenordnung von 15 Kilometern aufbrechen will, zu erklären, dass man um diese Zeit freiwillig nicht mal die Strecke vom Bett in die Küche zurücklegt. Noch blöder: Dass Fender61 nun im Dunkel des Nickname-Dschungels verschwunden ist. Also: Bloß nicht denken, dass man sich alles einfach so behalten wird. Außerdem hat man genug damit zu tun, sich eine ordentliche Gesprächseröffnung zu überlegen und danach die sieben Minuten manierlich über die Bühne zu bringen.

Eine wartet immer

Was sich Gotthilfs Eltern wohl gedacht haben, als sie ihm diesen Vornamen verpasst haben? Dass er einmal Papst wird? Ich könnte ihn fragen. Aber damit würde ich sogar den Hausundhofidiot in der Kategorie »dämlichste Gesprächseröffnung« abhängen. Stattdessen will ich von Gotthilf wissen, was er heute so gemacht hat. Es ist Sonntag – also hatten wir alle Freizeit –, und ich finde es schon interessant, ob einer den Tag mit dem Sortieren seiner Briefmarkensammlung, mit dem Training für ein Tennisturnier, mit seinem Schäferhund oder mit seinen sieben Kindern aus vier Ehen verbringt. Gotthilf erzählt, dass er heute gearbeitet hat, dass er Radfahren war und aus Baden-Württemberg stammt. Dazu gibt es zwei erwachsene Kinder, eine jüngere Schwester und noch lebende Eltern. Und er hat sich gerade ein Motorrad angeschafft. (Wie sich herausstellen wird, wird der ganze Motorradmarkt offenbar von mittelalten Männern am Leben gehalten. Bis auf einen haben alle Männer hier eines. »Wir auch«, sagen später die beiden kurzhaarigen Frauen. Trotzdem wird es auch zwischen Motorradfahrern und Motorradfahrerinnen nicht klappen. Zum Glück: Ich will mir bloß wegen der Aussicht auf einen Mann nicht auch noch ein Bike anschaffen müssen.) Außerdem interessiert sich Gotthilf für Fotografie und Musik. Und dafür, wie ich meinen Sonntag bislang verbracht habe. Er ist wirklich sehr aufmerksam, lustig und gut angezogen. Nach vier Minuten bin ich fest davon überzeugt, ich könnte mich sogar an den Vornamen gewöhnen. Was er beruflich tut, sagt er nicht. Er sieht aber nicht so aus, als würde er seinen Lebensunterhalt damit bestreiten, Heroin an Schulkinder zu verkaufen. Mit Gotthilf fühlen sich sieben Minuten wie fünf an. Höchstens.

Dann wechselt Stephan an meinen Tisch. Er sagt gleich, wie es ist: »Ich bin Berufsschullehrer!« Er habe eine ziemlich lange Beziehung hinter sich, wäre nun seit anderthalb Jahren »in aller Freundschaft getrennt.« Auf die Frage, wie er seinen Sonntag verbracht hat, antwortet er: »Ich habe gemalt!«

Ich: »Oh, bist du gerade umgezogen?«

Er: »Wieso?«

Ich: »Na ja, weil du deine Wohnung streichst!«

Er: »Nein, ich male!«

Ich: »Ach so, du hast einfach mal renoviert? Ja, das sollte ich auch mal machen, mein Wohnzimmer ist längst fällig.«

Er schaut ein wenig besorgt. Dann erst dämmert mir: Er malt Bilder und streicht nicht etwa Wände! Wieder was gelernt: Man braucht keine sieben Minuten, um sich mal eben schön zu blamieren. Und weil es mit den Peinlichkeiten gerade so gutläuft, muss ich gestehen, dass ich den offenbar sehr berühmten Maler, den Stephan sehr bewundert, nicht kenne.

Stephan ist sehr aufmerksam, vielseitig interessiert und mit seiner Ex noch sehr gut befreundet – was unbedingt auch für ihn spricht. Nur optisch ist er gar nicht mein Fall. Was für Stephan gilt, trifft auch auf Markus zu: Er hat alles, was für mich gar nicht geht: blauer Blazer, Marke »Yachtbesitzer«, Einstecktuch, scharf gezogener Scheitel, Goldkettchen. Seine Eckdaten: Fährt gern Alpin-Ski und ist leidenschaftlicher Tänzer, Spezialgebiet Tango. Er schätzt Wellness, meidet Abenteuer- sowie Fernreisen. Schnell ist klar: Unsere gegenseitige Anziehung bewegt sich in Temperaturbereichen, in denen selbst die Finnen schon mal den obersten Knopf schließen würden.

Er redet und redet und redet, bis ihm schließlich auffällt, dass er jetzt auch mal eine Frage stellen könnte: »Was machst du so beruflich?«, will er wissen. Ich denke an eine Szene aus »Sex and the City«, in der die

Anwältin Miranda an einem Speed-Dating teilnimmt und zunächst nur Körbe bekommt. Bis sie ihren wahren Beruf verschweigt und sich als Stewardess ausgibt. Plötzlich wollen alle Männer sie kennenlernen. Ich sehe nur so gar nicht nach einer Frau aus, die bei der Lufthansa Chancen gehabt hätte. Und die Wahrheit, »Autorin«, würde vermutlich zu unnötigem Misstrauen führen. Stattdessen sage ich: »Ich schreibe Presse-Texte für Medizingeräte. Du weißt schon: Hörimplantate, Schnarchgeräte und Penispumpen. Ich habe gerade was total Spannendes über die VTU-1 Vakuum-Erektionshilfe gemacht.« Die Dating-Fee läutet. Markus sieht irgendwie ziemlich erleichtert aus.

Ich bin erstaunt, wie voll all die Leben sind und ob es vielleicht nicht auch ein Problem ist, da noch reinzugrätschen. Zwischen all die tollen Hobbys, die Talente, denen nun nachgegangen wird, die Leidenschaften und Wünsche, die man jetzt noch realisieren will. Das setzt einen schon unter Druck. Schließlich konkurriert man auch immer ein bisschen mit dem, was man im Leben des anderen vorfindet. Will ja mindestens so interessant und spannend sein.

Und ich lerne an diesem Abend viel über Zeitdilatation – das Phänomen nämlich, dass sich Zeit tatsächlich dehnen kann. Sieben Minuten mit Goldkettchen-Markus dauern viel, viel, viel länger als mit Gotthilf, sogar länger als mit Exhausundhofidiot-Christian und mit Chill-Hans. Er ist der fünfte Mann an diesem Abend, ein naturmunteres Kerlchen. Blond, durchtrainiert, tiefenentspannt. Er erzählt, wie er diese und jene Ausbildung angefangen und vorzeitig beendet habe. Mit keinem Beruf sei er so richtig warm geworden. Sein Lebensunterhalt? Den finanziert er mit Aushilfsjobs in der Gastronomie. »Ganz schön hart verdientes Geld!«, sage ich mitfühlend. »Nö!«, meint er und dass er viel von einer ausgewogenen Work-Life-Balance halte. »Ich arbeite doch nicht jeden Tag!«

»So, das war's!«, unterbricht der Dating-Angel unser ohnehin eher schleppendes Gespräch und verabschiedet sich auch gleich. Sichtlich froh, nach Hause zu kommen. Ähnlich fühlt offenbar auch die blon-

Single-Legende 4

»Man darf es nicht zu sehr wollen.«

Das ist mindestens genauso bekloppt wie die Aufforderung »Sei spontan!«.

de Männerphantasie. Sie verlässt so eilig das Lokal, als hätte jemand »Feuer« gerufen. Ebenso Goldkettchen-Markus. Gotthilf verabschiedet sich gleich mit. Exhausundhofidiot-Christian setzt sich allein an einen Tisch, um sein Smartphone zu traktieren. Zurück bleiben Corinna, Künstler-Stephan, Chill-Hans, die beiden Freundinnen (die, wie ich jetzt erfahre, Angelika und Marion heißen und schon zum zweiten Mal beim Speed-Dating sind) und ich. Wir reden noch kurz über dies und das. Ganz so, als hätte uns der Zufall etwa in einem Bahnabteil zusammengewürfelt und wir würden uns nun einfach noch ein wenig die Zeit mit Smalltalk vertreiben. Da knistert mal gerade gar nichts. Künstler-Stephan, dem ich erzählt hatte, dass ich eigentlich aus Frankfurt komme, bietet mir noch an, mich zum Bahnhof zu fahren. Sehr nett. Aber ich bin ja mit dem Auto da. Corinna meint, dass wir uns vielleicht beim nächsten Speed-Date wiedersehen. Für sie war also kein Mann dabei.

Noch am selben Abend fordert mich das Speed-Dating-Portal auf, meine Favoriten zu benennen. Ehrlich gesagt käme für mich bloß Gotthilf in die engere Wahl. Vielleicht hat er ja noch einen hübschen Zweitnamen? Sonst lasse ich mir einen einfallen. Ich kreuze trotzdem alle Männer an. Ich will wissen, wem ich gefallen habe. Natürlich erwarte ich, dass ich umgekehrt auch von allen Männern »geliked« werde. Außer vielleicht von Markus, bei dem sich jetzt vermutlich für alle Zeiten die Assoziationskette Rosalina-VTU-1 Vakuum-Erektionshilfe festgesetzt hat. Ich stelle mir vor, wie sich alle bei mir zurückmelden und ganz dringend mit mir ausgehen möchten, und wie ich allen – außer Gotthilf natürlich – möglichst schonend erkläre, dass ich mich eigentlich nur aus Recherchezwecken für sie entschieden habe. Ich werde tröstend meine Hand auf den Arm des jeweiligen, schwer enttäuschten Interessenten legen und sagen, wie sehr ich hoffe, dass er mir deshalb nicht gram ist. Und dass er mich besser vergisst. Auch wenn das sicher sehr, sehr schwer sein wird.

Dann warte ich einen Tag, um festzustellen: Keiner will mich mehr sehen. Bis auf Gotthilf. Er ist der Einzige, der auf dem Portal auch für mich Interesse bekundet. Super! Ich freue mich. Wirklich. Zwei Tage lang. Dann hat er sich immer noch nicht gemeldet. Klar, könnte auch ich aktiv werden. Ihm schreiben oder ihn anrufen. Aber ehrlich: Das ist jetzt Männersache. Nach vier Tagen bin ich ziemlich enttäuscht. Nach sieben kann er mir mal im Mondschein begegnen und nach acht Tagen finde ich eine Mail von ihm im Spam-Ordner. Er hatte sie vier Tage nach dem Speed-Dating geschickt.

Ich will nicht kleinlich wirken. Aber nach überbordender Leidenschaft sieht das nicht aus. Er schreibt, dass er sich über meine Rückmeldung gefreut habe und ob wir nicht mal telefonieren könnten. Ich schreibe zurück, entschuldige mich für die späte Antwort und frage, ob er Zeit hat für einen Kaffee am Wochenende. Er schreibt noch einmal: »Ich bin leider nicht in der Stadt. Melde mich später noch mal!« Dieses »Später« dauert drei Wochen. Dann kommt die nächste Mail: »Habe dich nicht vergessen!« Da bin ich aber froh! Allerdings nicht froh genug, um sofort »Toll! Hurra! Hole gleich den Champagner aus dem Keller!« zu antworten. Ich schreibe nicht zurück. Danach: Funkstille.

»Kann doch sein, dass er dich im Netz gefunden hat und denkt, du wolltest ihn nur als Versuchskaninchen für ein neues Projekt?«, meint eine Freundin. »Womit er ja irgendwie auch recht hätte.« Eine andere sagt: »Du könntest ruhig etwas großzügiger sein. Mit dem Vornamen hatte der Mann mit Sicherheit eine harte Kindheit.« Aber wie meine Mutter immer behauptet: Wer nicht will, der hat schon. Und zwar vermutlich gleich mehrere Eisen im Feuer. Ich tippe auf die langmähnige Blondine, die es so eilig hatte. Sie hatten ein paar Dates. Dann hat sie gesagt, dass er doch nicht ihr Traumprinz ist. Vielleicht wollte sie einen Rechtsanwalt, und er ist Ingenieur? Oder er hat ihr gleich einen Besuch im Swinger-Club vorgeschlagen. Möglicherweise hat sie ja Genitalherpes, und das muss erst einmal ausheilen. Was man sich halt so vorstellt, wenn man höchstens lauwarm begehrt wird.

Trotzdem: Es war ein netter Abend. Mir gefällt die ganze Idee des

Speed-Datings: Das Angebot ist übersichtlich. Das ist schon mal ein Vorteil. Gegen die drei Sekunden, in denen man sich im Internet bloß wegen eines blöden Shirts oder einer schlechten Frisur gegen jemand entscheidet, sind die sieben Minuten, die man sich hier für jeden Zeit nehmen kann, fast schon Spielfilmlänge. Und ehrlich: Alle – mich eingeschlossen – hatten es verdient, dass man sich etwas länger mit ihnen beschäftigt als für die Dauer eines Mausklicks. Mit Ausnahme natürlich von Gotthilf.

Marlies (46), Texterin

Wenn sich einer schon »Kuschelbärchen« nennt, dann weiß ich: Der ist nichts für mich. Ansonsten bin ich eigentlich nicht besonders pingelig. Das wichtigste Kriterium ist für mich immer, ob ich mit dem Mann einen Abend verbringen kann, ohne mich zu Tode zu langweilen. Alles Weitere, denke ich, wird sich dann schon irgendwie von selbst ergeben. Bislang habe ich fünf Männer getroffen, die diesen Maßstab erfüllt haben. Der erste war ein Spanier. Wir haben uns ziemlich schnell getroffen. Nicht, dass er der Mann meines Lebens gewesen wäre. Aber er war sehr nett und lustig. Allerdings hatte ich schon vor der ersten Verabredung herausgefunden, dass er mir einen falschen Vornamen genannt hat. Das wusste ich, weil ich ihn anhand von ein paar Eckdaten googeln konnte. Beim zweiten Date sagte er mir dann, dass er verheiratet sei, zwei Kinder habe und eigentlich nur eine Affäre wolle. Ich habe ihn bei der Gelegenheit auf seinen falschen Vornamen angesprochen. Seine Erklärung: Er habe erst mal abwarten wollen, ob er mir vertrauen kann.
Trotzdem habe ich ein Verhältnis mit ihm begonnen. Es war meine erste Affäre. Und wahrscheinlich auch meine letzte. Ich merkte schnell, ich kann das nicht. Ich musste immer an die betrogene Ehefrau und vor allem die Kinder in Spanien denken.

Wenn ich mich nicht glücklich machen kann, schafft es auch kein anderer. Ein Mann sowieso nicht.

Der zweite Mann war auch ein toller Typ und wirklich attraktiv, gebildet, belesen. Leider aber auch sehr klein. Mindestens zehn Zentimeter kleiner als ich. Er war gleich sehr verliebt. Wir haben uns aber nur einmal geküsst. Mehr war für mich nicht drin. Es hat sich zu komisch angefühlt, so von oben nach unten zu küssen. Klar können auch kleinere Männer sehr männlich sein. Aber er war einmal bei mir zu Hause, und wie er da auf dem Sofa saß und seine Beine wie bei einem Kind in der Luft baumelten, weil sie nicht bis zum Boden reichten, da wusste ich, das wird nicht funktionieren. Mit ihm bin ich aber noch befreundet.

Der dritte Mann war es dann. Obwohl nichts stimmte. Ich kam zum ersten Date und sehe einen Typ in weißen Jogginghosen und mit Goldkettchen am vereinbarten Treffpunkt auf dem Parkplatz stehen. Alles, was ich wirklich nicht ausstehen kann. Ich habe kurz überlegt, ob ich mich lieber schnell verdrücken soll. Dann dachte ich: Ach, was soll's. Und kaum zu glauben: Sobald wir uns begrüßt hatten, war ich total verliebt. Er war es einfach. Er hat mein Herz berührt. So was war mir noch nie passiert, dass nichts von dem stimmte, was ich mir eigentlich gewünscht habe, und dann trotzdem alles genau richtig ist. Wir waren über ein Jahr zusammen. Es war auf eine Art toll und auf eine andere wiederum schrecklich. Ich kann es nicht besser erklären. Er ist komplett beziehungsunfähig, und doch hatte ich selten so eine schöne Beziehung zu jemandem. Schließlich habe ich mich sehr schweren Herzens von ihm getrennt. Heute sind wir beste Freunde.

Nach einer Weile habe ich mich wieder bei Friendscout umgeschaut und außerdem bei Parship registriert. Von Parship kam dann auch der nächste Mann. Auf dem Foto wirkte er noch ganz sympathisch. Beim Treffen zeigte sich, dass er total vergammelte Zähne hatte. Richtig kariös und gelb. Ich konnte den gar nicht richtig anschauen, so schlimm war das. Ich bin trotzdem mit ihm noch etwas trinken gegangen. Ich wollte nicht unhöflich sein. Aber das war's dann auch. Er war arbeitslos, aber eigentlich Projektmanager. Wie übrigens die meisten Männer auf Parship Projektmanager sind. Mindestens jeder Dritte gibt diesen Beruf in seinem Profil an. Das war neu. Wie überhaupt vieles.

In der kurzen Zeit, in der ich nicht in den Portalen unterwegs gewesen bin, ist das Angebot offenbar explodiert. Die Leute haben jetzt auf einmal gar kein großes Interesse mehr, sich wirklich Zeit für einen anderen zu nehmen. Es gibt einfach zu viele. Alles geht so viel schneller. Wenn ich früher – und das ist ja erst ein paar Monate her – jemanden angeschrieben habe, bekam ich überwiegend freundliche Antworten. Auch wenn ich als Partnerin nicht in Frage kam, haben sich dadurch nette Kontakte ergeben. Der Umgangston war sehr höflich. Man schrieb »Vielen Dank, dass du dich noch mal gemeldet hast!« oder: »Tut mir leid, ich glaube, das passt nicht. Du wohnst einfach zu weit weg.« Jetzt bekommt man überhaupt keine Antwort, und wenn man sich umgekehrt nicht sofort meldet, wird man gleich rausgekickt. Das ist richtig krass. Die ganze Leichtigkeit ist weg. Ich meine, ich arbeite sehr viel. Ich kann nicht jeden Abend stundenlang vor dem PC sitzen. Das aber wird offenbar erwartet. Mich haben Männer schon rausgekickt, weil ich gesagt habe: »Hör zu, ich habe die nächsten zwei Wochen total viel auf dem Zettel. Ich kann leider erst übernächste Woche planen.«

Gerade bei Parship muss man signalisieren, dass man wirklich einen Mann will. Und um das zu beweisen, soll man daran arbeiten und gleich ganz viel Zeit investieren. Ich muss die Profile genau studieren und mich in meinem Anschreiben darauf beziehen. Das ist im Grunde, als würde ich mich bei einer Firma bewerben. Ich meine, das ist doch kontraproduktiv! Ebenso dieser Matching-Kram. Es ist doch egal, ob jemand italienisches Essen mag, sogar welche Musik er gern hört. Ich habe doch mein eigenes Leben. Ich brauche doch niemanden, der mir dauernd bestätigt, dass es genau richtig ist, weil er dasselbe mag. Diese Portale tun aber so, als wäre genau das ein total wichtiges Kriterium.

Ich finde, es ist ein Problem, wenn man zu viel vorher weiß und dann noch das Falsche. Ich gehe lieber vorbehaltlos auf andere zu. Zumal ich von meinen Dates oft höre, wie furchtbar sie es finden, dass manche Frauen schon mit einem fertigen Regelwerk ankommen. Darin steht, dass sie sehr gern bald heiraten würden, was sie auf keinen Fall wollen, was unbedingt erfüllt sein muss, so in der Art wie »Ich hatte in der Vergangenheit die und die Beziehung und in der Zukunft möchte ich dies oder jenes.« Die Männer verschreckt das, sagen sie. Und ich verstehe das. Ich möchte ja auch, dass man mir möglichst vorbehaltlos begegnet und dann mal schaut, was sich entwickelt. So halte ich es jedenfalls. Ich will einfach erst mal jemanden kennenlernen und dann gucken, was passiert.

Ich würde dabei sehr gern auf die Portale verzichten. Aber das geht schon längst nicht mehr. Das erlebe ich auf Partys, in Clubs, sogar in der Straßenbahn. Männer flirten nicht mehr. Frauen auch nicht. Alle schauen auf ihre Smartphones. Wir haben das Feld längst den Partnersuchportalen überlassen. Mit allem, was dazu gehört. Auch all den Verrückten.

Ich hatte kürzlich wieder so eine Begegnung. Auf Friendscout hat mich jemand angeschrieben, er schien sympathisch, wenn auch sehr jung. Er hat mich relativ schnell gefragt, ob ich gern Uhren mag. Ich trage keine Uhren. Gar nicht. Aber meine Schwester hat ein Faible für Breitling oder Rolex. Deshalb habe ich so aus Spaß »klar« gesagt. Und dass ich ein ganzes Sammelsurium davon hätte. Er wollte dann gleich ein Foto von der, die ich im Moment trage. Ich habe also ein Foto vom Handgelenk meiner Schwester gemacht, die gerade da war, und es ihm geschickt. Damit fing ein lockerer Kontakt an. Wir haben dann irgendwann Telefonnummern ausgetauscht und uns SMS geschickt und natürlich weitere Fotos von Uhren, die mir gar nicht gehörten. Irgendwann wollte er wissen, welches Auto ich fahre. Dann haben wir gesagt, wir verabreden uns. Nach all dem Schreiben wollten wir uns persönlich kennenlernen. Dachte ich jedenfalls. Wir haben einen Ort vereinbart und eine Uhrzeit: früher Abend. Nachmittags hatten wir noch per SMS herumgeflachst. Er schrieb mir, er würde an seinem Haus am See sitzen. Am eigenen Steg. Ich hatte ihm noch einmal gesagt, dass ich nicht denke, dass etwas aus uns wird. Er war immerhin acht Jahre jünger. Und dass er bitte nicht enttäuscht sein solle. Er fand, das sei kein Problem. Noch bevor ich losfuhr, schrieb er: »Ich freu mich auf dich!« Doch als ich zum Treffpunkt kam, war da niemand. Nicht zur verabredeten Zeit und auch nicht eine Stunde später. Es ist nicht so, dass er mich hätte sehen können und entschieden hätte, dass ich ihm nicht gefalle. Der Ort war von weitem gut zu übersehen. Da war einfach niemand. Er hat auch meine SMS nicht beantwortet. Als ich nach Hause kam, sah ich, dass er mich aus seinem Facebook-Account gelöscht hatte. Dabei wollte ich von dem gar nichts. Ich hatte ihm immer wieder vermittelt, dass wir nicht zusammenpassen und ich nichts erwarte. Dass ich zu alt bin für ihn und gar nicht seine Zielgruppe.

Es gibt wirklich viele Verrückte. Trotzdem suche ich weiter. Immer so nebenbei. Ich habe ja bereits erlebt, dass man so einer Liebe begegnen kann.

Egal, wie gut die ersten Kontakte per Mail sind und später vielleicht die Telefongespräche, am Ende entscheidet immer noch die Chemie.

Scheck-heft-gepflegt sucht…

Frau mit Haus

»Gib doch mal 'ne Anzeige auf! Da melden sich ganz andere Typen. Die machen sich richtig Mühe. Müssen schreiben und nicht nur lächeln!«, ermuntert mich eine Freundin, als ich ihr von meinen Internet- und Speed-Dating-Erfahrungen berichte. Eine Anzeige! Ich denke, warum eigentlich nicht? Ein bisschen altmodisch, aber Vintage liegt ja im Trend. In Gedanken sehe ich mich schon in einem riesigen Haufen von Briefen sitzen und die tollsten Angebote sortieren, herrliche Handschriften, süße und kluge Texte auf bestem, cremefarbenem Büttenpapier anschauen. Bevor es so weit ist, muss allerdings erst mal eine Anzeige formuliert und aufgegeben werden. Aber welche Zeitung soll es sein? Seriös, nicht megakonservativ. Anspruchsvoll, aber nicht zu abgehoben. Ich wähle die »Zeit«. Aber wie preist man sich in einer Zeitung an? Was schreibt man? Ich will ehrlich sein, aber auch möglichst gut wegkommen. Man möchte ja kein Anzeigenladenhüter werden. Ein gewisser Spagat. Ich bitte meine beste Freundin, etwas für mich zu formulieren. Das Ergebnis gefällt mir. Es ist schmeichelhaft, aber doch einigermaßen nah dran an der Wahrheit. »52-jährige – scheckheftgepflegt, sportlich, erfolgreich, unabhängig, selbständig, gebildet, neugierig, Mutter von zwei nahezu erwachsenen Kindern – sucht souveränen, großzügigen, erfolgreichen und furchtlosen Mann, der genau das spannend findet – möglichst aus dem Rhein-Main-Gebiet –, der bei diesem und jenem gern auch mal zu zweit unterwegs ist und auf der To-Do-Liste für 2015 stehen hat: ›Sich verlieben, dass es nur so kracht!‹« Ich finde, das klingt gut.
Um vergleichen zu können, was wie läuft und wer besonders gefragt ist, ob ich über- oder unterdurchschnittlichen Zuspruch finde, schalte ich zwei weitere Anzeigen in der gleichen Ausgabe. Die erste lautet: »Attraktive Schwäbin, 35 Jahre, mädchenhafter Typ, schlank, 1,68 groß, Übersetzerin, leidenschaftliche Köchin, weniger leidenschaftliche

Sportlerin, häuslich, musisch, vielseitig interessiert, sucht im süddeutschen Raum einen liebevollen, ehrlichen, humorvollen Partner zum Reden, Reisen, Verwöhnen und Verwöhntwerden.« Die zweite: »First-Class-Kerl, 67 (1,79), erfolgreicher Medienmanager, gebildet, viel unterwegs, aber mit zunehmend mehr Zeit für die schönen Dinge des Lebens – Reisen, Segeln, Formel 1, Oldtimer-Rennen –, sucht attraktive und flexible Sie mit zarter Figur und großem Herz für meine kleinen ›Macken‹ (bin konsequenter Hausarbeitsverweigerer).«

Eine Anzeige aufzugeben ist kein Schnäppchen. 100 bis 150 Euro muss man schon investieren. Aber wie man weiß, hat zum Beispiel Petra Gerster vom ZDF einen phantastischen Mann über solch eine Zeitungsannonce kennengelernt. Und diese Aussicht ist das Geld ja allemal wert. Wer eine Anzeige aufgibt, muss zunächst mal geduldig sein. Es geht alles nicht so schnell wie im Internet. Ich habe keine E-Mail angegeben, sondern man kann mir nur unter Chiffre antworten. Wer das will, muss immerhin ein paar Zeilen schreiben, einen Briefumschlag auftreiben und den Brief frankieren. Das ist mehr Aufwand als einen Lächel-Button im Netz zu drücken. Sortiert das Fremdgeher, Männer, die es nicht ernst meinen, und andere Idioten aus? Oder nehmen am Ende nur die ganz arg Verzweifelten all die Mühe auf sich? Wir werden sehen.

Ein paar Wochen später liegt die Ausbeute auf dem Tisch: Der Gewinner ist – keine große Überraschung – der First-Class-Kerl. Immerhin 20 Zuschriften hat er bekommen. Platz zwei geht an die attraktive Schwäbin mit 14 Zuschriften und ein wenig abgeschlagen lande ich mit sechs Zuschriften auf Rang drei.

Unter der Post sind auch Anschreiben von denselben Partnerschaftsagenturen. Früher nannte man das Heiratsvermittlung. Hier werden ausschließlich wunderbare Traumpartner versprochen. Der First-Class-Mann bekommt sogar direkt sechs Frauen zwischen 47 und 63 mit Bild vorgeschlagen. Allen gemein: eine traumhafte Figur. Zwei besitzen ein »traumhaftes« Haus und zwei andere »sehr schöne« Eigentumswohnungen. Eine hat zusätzlich noch eine Ferienwohnung zu bieten. An der

Ostsee. Drei haben »schöne blaue Augen« und fünf von sechs lesen gerne. Es sind – zumindest auf den Fotos – alles nett aussehende Frauen. Trotzdem hat es was von Pferdemarkt. Dieses offensive Anpreisen – und als Zugabe werden ganze Wohnungen und Häuser draufgelegt –, erweckt statt Interesse fast so etwas wie Mitleid. Alles gleich in die Waagschale zu werfen hat etwas enorm Verzweifeltes. Als würde eine Ferienwohnung attraktiver machen, begehrenswerter. Nach dem Motto: Na ja gut – sie hat immerhin eine Immobilie. Und selbst wenn, will man einen Mann, den dieses Argument überzeugt?

Andererseits: Offenbar sind Männer flexibler, als ich dachte. Zwei haben sowohl der 35-jährigen unsportlichen, musischen und kochbegeisterten Schwäbin, wie auch mir, der 52-Jährigen, geschrieben. Immerhin liegen 17 Jahre zwischen uns.

Mann Nummer eins der vielseitig Interessierten ist Jörg. Er hat uns beiden zumindest unterschiedliche Texte geschickt. Und – was wirklich eher selten ist – seinen vollen Namen und seine Adresse angegeben. Damit kann man ihn natürlich googeln, sein Facebook-Profil besuchen und Bilder im Netz begucken. Er sieht ziemlich durchschnittlich aus. Nicht mal schlecht. Dunkelhaarig. Viel Haar, möglicherweise getönt.

Ich bekomme folgenden Text: »Deine Anzeige gefällt mir sehr gut. Ich bin ein netter, offener Mensch mit Esprit und Mutterwitz! Habe keine Kinder und auch keine Altlasten. Ohne ›Star-Allüren‹ ... Ortsunabhängig, mein Kerngeschäft ist das Telefon ... Mag Kultur, Literatur, Reisen und kann mich noch wie ein Kind über die kleinen Dinge des Lebens freuen ... Übrigens, neben Musikmanagement habe ich eine neue Fähigkeit entdeckt. Kann Menschen helfen, habe tatsächlich heilende Kräfte. Vom Dalai Lama habe ich die Bedeutung der Astrologie gelernt und kann sogar Horoskope erstellen. Vielleicht sollte ich mich die restliche Lebenszeit darauf konzentrieren, Gutes zu tun? Was meinst Du? Und wenn ich keine Partnerin finde, gründe ich eine Heiratsagentur oder mache meinen aktuellen Politthriller fertig und komme dann in die Spiegel-Bestsellerliste ... Magst Du vielleicht meine Muse sein?«

Er hat seine Telefonnummer dazugeschrieben und ein PS: »Solltest Du momentan schon über beide Ohren verliebt sein, behalte einfach trotzdem meinen Brief, im Leben kommt es oft anders, als man denkt ...«
Bei der »attraktiven Schwäbin« ist er sogar noch mitteilsamer: »Deine Anzeige hat mich total angesprochen. Wenn Du magst, skizziere ich mich mit ein paar Worten. Vielleicht besser, als nur drei Worte und plump ›Hallo‹ zu sagen. Dass ich mich von der breiten Masse unterscheide, ist sicher keine Arroganz. Einfach die Wahrheit. Dafür kann man nichts, so wird man geboren oder eben nicht. Stichwort Wahrheit. Bin vom Charakter authentisch. Liebenswert. Kann mir gut vorstellen, dass Du es magst, wenn ich Dich auf Händen tragen würde, oder Du Dich an meine starken Schultern anlehnst. Mit anderen Worten: bin trainiert, habe kein Übergewicht. Ich mag Sport. Gehe auch nicht in dieses Lokal mit dem gelben großen M. Dafür kann ich selbst kochen. Mit Begeisterung. Gern auch für Dich, für uns. Lieber vegetarisch als mit Fleisch ... Streit mag ich so wenig wie die Arroganz der Einbildung. Selbst bin ich halt gebildet ... Mir fällt es übrigens leicht, eine Sprache zu erlernen, so wie ich mir auch vorstellen kann, einen Roman, einen Bestseller auf den Markt zu bringen. Ich denke, es ist wichtig, seine Stimme zu erheben, wenn man denn eine schöne, kraftvolle sonore hat. Deswegen habe ich zum Beispiel ziemlich viel Energie, Herzblut etc. in eine eigene Partei gesteckt. Gebe demnächst ein Mentoring mit diesen Themata: 1. Wie wird man richtig erfolgreich? Wege zur ersten Million. 2. Mehr Glück in der Liebe. Tipps und Wege zum absoluten Traumpartner ...«
Auch bei ihr fügt er ein PS an: »Wenn Dir meine Worte beim ersten Lesen doof und übertrieben vorkommen mögen, oder Du schon halb verliebt bist in einen anderen, dann druck meine Mail einfach aus und leg sie an die Seite. Oft kommt im Leben vieles anders, als man denkt. Und meistens ist man nicht vorbereitet, wenn das Schicksal es mit einem gut meint ...«

Liebe Frau Dr. Frühling,
vermutlich bin ich etwas zu alt für diese Frage: Aber wann genau ist eigentlich der erste Zeitpunkt für den ersten Sex?
Ivanca, 54

Liebe Ivanca,
sagen wir so: Sollten Sie an einer längerfristigen Beziehung interessiert sein, können Sie getrost ein wenig warten. Es gibt keinen Grund zur Eile. Sie haben ja noch 40 Jahre vor sich. Drei Dates lang kann man es da wirklich einmal ruhig angehen lassen. Sollte der Mann aber einer sein, der schon am Anfang nicht für etwas Dauerhaftes in Frage kommt, und Ihnen ist nach ein wenig Spaß, gern auch gleich. Und übrigens: Fragen Sie mich nicht weshalb, aber es scheint ein Naturgesetz zu sein, dass ein Kerl mit ernsthaftem Interesse sogar ganz gern ein wenig wartet.

Gewürzhase und Strapsfotograf

Da tun sich einige Fragen auf: Von welcher Mail spricht er? Er hat doch einen Brief geschrieben! Scheint er sehr, sehr häufig zu tun. So häufig, dass er schon ein wenig den Überblick verloren hat. Das muss ja nichts Schlechtes sein, aber ein Mann, der dermaßen von sich überzeugt ist und so breit gestreut sucht und doch nicht gefunden hat, macht skeptisch. Immerhin – seine Orthographie ist gut. An sich glauben tut er auch. Heilende Kräfte, vom Dalai Lama Astrologie gelernt? Großer Koch, eigene Partei und Seminare zum Thema »erste Million« und Traumpartner finden? Das ist ein bisschen viel und ein bisschen seltsam. Definitiv kein Mann für mich. In der Häufung der Superlative hat das was Irres. Erstaunlich: Bei all der Informationsflut nicht ein Wort über sein Alter.

Der zweite Mann, der sowohl die Schwäbin als auch mich mit Post beglückt, ist Thomas. Er scheint eine Menge Internetadressen zu haben, denn die kleine, zarte Schwäbin und ich erhalten unterschiedliche Mailadressen. Bei mir beinhaltet sie das Wort »Rabbit«. Sofort habe ich Assoziationen. Wie heißt der männliche Hase? Rammler! Bei der Schwäbin beginnt seine Mailadresse mit Safran. Glaubt er, dass er bei mir direkter sein darf, weil ich älter bin? Zumindest hofft er wohl, dass ich für die Aussicht, noch mal mit einem Mann zu tun zu haben, alles tue. Oder besser gesagt: Er ist sich ziemlich sicher. Denn Thomas gibt sich nicht mal die Mühe, mir sein seltsames Anliegen etwas schmackhaft zu machen. Wenigstens mit Ansätzen von Geplänkel, Interesse, Charme. Nichts davon. Auch zu sich macht er keine großen Angaben.

Thomas kommt schnell zur Sache, hat keine Zeit und kein Wort zu verschwenden. Sein Text an mich: »Hallo, Viel lieber verwöhne ich (50, 183, NR, studiert) Dich (52, Rhein-Main) vollkommen hüllenlos oder nur in Strapsen aktfotografieren! Viele Grüße von Thomas.«

Er hat eine krakelige Schrift, und Briefpapier kann man das Blatt auch nicht nennen. Kurz überlege ich, ob die Anzeige wirklich in der »Zeit« war oder nicht etwa in der »Praline«. Was denkt sich Thomas? Dass ich hingerissen sofort einen Fototermin ausmache? Mich direkt ausziehe? Ihn frage, welche Farbe die Strapse haben sollen? Hat der noch alle Latten am Zaun?

Bei der Schwäbin ist derselbe Thomas ein wenig zurückhaltender und schreibt ein Sätzchen mehr. Vielleicht denkt er, bei einer 35-Jährigen müsse man ein bisschen subtiler vorgehen.

Hier lautet der Text: »Hallo, wie offenherzig ist die 35-jährige Schwäbin und wie leidenschaftlich ist sie? Ich (1,83, NR, studiert) mag Kunst, Alte Meister, Farben, Düfte, Gewürze, interessante Menschen, (Akt-)Fotografie, Bewegung, Schwimmen, Sauna. Viele Grüße Thomas.«

Interessanterweise gibt er hier kein Alter an, möglicherweise um die attraktive Schwäbin (16 Jahre jünger als er) nicht zu verschrecken. Ein Saunagänger! Liegt er da auf der Holzbank und hofft, potentielle Strapsfoto-Frauen kennenzulernen? Keine erfreuliche Vorstellung. Werde ab jetzt in der Sauna sehr misstrauisch sein!

Wäre ich 75 Jahre alt, hätte er den Text wahrscheinlich noch mehr eingedampft und nur noch »Ausziehen! Foto machen!« geschrieben. Hat dieser Mann so tatsächlich schon mal Erfolg gehabt? Gibt es Frauen, die beim Lesen dieser Zuschrift schreiben: »Juchhu, wann geht's los? Darauf habe ich schon immer gewartet und gehofft! Endlich! Ich brauche sowieso mal neue Bewerbungsfotos ...«?

Wenn der Vater für den Sohn

Damit sind von meinen sechs Zuschriften schon mal drei nicht wirklich eine Option: der Dalai-Lama-Freund, der hüllenlose Rammler und die Partnerschaftsagentur, die sich meiner gnädig erbarmen will. Meine Schwäbin hat dagegen einen fünfseitigen handgeschriebenen Brief bekommen. Ich gebe zu, auf den ersten Blick bin ich ein ganz klein wenig neidisch. Welcher Mann macht sich solche Mühe? Wer hat so viel Zeit? Martin, 42, ist der Mann, der diese Zeit hat, und er schwärmt zunächst mal drei Seiten lang. Interpretiert einiges in die Anzeige hinein und sülzt aufs Herrlichste. Er schreibt mit Füller, hat ordentliches Briefpapier (blumenverziert) und macht keine Rechtschreibfehler. Auf Seite drei des Epos taucht das erste Mal das Wort »Kriminalität« auf. Auf Seite vier dann die Erklärung. Martin sitzt seit sieben Jahren im Knast. Mehrfacher Bankraub, Geldwäsche, Unterschlagung, Fälschen von Papieren. Drei Jahre hat er noch vor sich. Mein Neid hat sich schlagartig gelegt. Natürlich hat sich Martin nach eigenen Angaben komplett geändert – und trotzdem ... Es gibt Frauen, die finden solche Männer reizvoll. Frauen mit einem sehr ausgeprägten Kümmergen. Ich gehöre nicht dazu. Es soll auch Frauen geben, die die Tatsache, dass ihr Liebster sicher aufbewahrt wird und keine Chance hat, andere Frauen zu treffen, sehr verlockend finden. Auch nicht meins.

Zwei der 14 Zuschriften der Schwäbin sind von Eltern. Väter, die für ihre Söhne schreiben. Ich hätte nicht gedacht, dass es so was im Jahre 2015 noch gibt. »Hallo, sehr geehrte Landsfrau, ist es aus Ihrer Sicht angemessen, wenn Ihnen der Vater einen Vorschlag zur Kontaktvermittlung mit seinem z.Zt. noch im Norden berufstätigen Sohn machen möchte? Angenommen ja …«, es folgen Name, Adresse und weitere Angaben. Der Sohn ist 1,70, wiegt 75 Kilo und kocht sehr gerne und gut. Der Vater denkt, »ein Versuch kann nicht schaden«.

Allein die Vorstellung, dass mein Vater das tun würde! Ohne mein Wissen! Wie erniedrigend und wie peinlich! Ich will mir gar nicht vorstellen, wie der Text lauten würde: »Meine Tochter, 52, kann sehr bockig sein und ist ausgesprochen wählerisch. So langsam wird es aber wirklich mal Zeit ...«

Vater zwei schreibt ähnlich wie Vater eins: »Liebe Schwäbin, ich möchte mich gleich als ›Nichtbewerber‹ vorstellen, denn ich bin schon seit 50 Jahren glücklich mit meiner Frau verheiratet. Aber wir haben u.a. einen

Sohn, der leider ohne ersichtlichen Grund noch keine Lebenspartnerin hat. Ich schreibe Ihnen auf diese Anzeige in der ›Zeit‹, um Sie für eine Begegnung mit unserem Sohn zu gewinnen. Leider kann ich ihm nicht einfach Ihre Anzeige auf den Tisch legen und sagen: Jetzt bewirb dich mal. Da würde er nicht mitmachen. Er ist halt selbständig, eigenwillig und will sich keine Frau ›verordnen‹ lassen von seinen Eltern, was wir auch verstehen. Er weiß also nichts von diesem Brief und der ›Verschwörung‹. Eine mögliche Begegnung müsste ›zufällig‹ erscheinen, so wie man fremden Menschen im Alltag begegnet. Das Feuer müssten Sie dann beide selbst entfachen.«

Es folgt die genaue Beschreibung des Sohnes: Er lebt in der französischen Schweiz in guten wirtschaftlichen Verhältnissen, ist 1,77 und wiegt 60 Kilo. Sportlich, aufgeschlossen und vielseitig interessiert. Angeblich kocht er gerne, manchmal mit telefonischer Unterstützung von Mama (essen tun es bei dem Gewicht offensichtlich andere).

Was denken sich diese Väter? Dass man eben mal in die französische Schweiz reist und solange auf der Straße ausharrt, bis der 41-jährige 60 Kilo schwere Schwervermittelbare vorbeischaut? Und dann? Anspringen? Festhalten? (Bei 60 Kilo wahrscheinlich machbar!)

Sagen: Dein Papa hat mich geschickt und ausgesucht! Wir sind jetzt ein Paar!

Vater zwei hat Ideen für diese »zufällige« Begegnung. Er will allerdings erst ein Bild der Schwäbin und dann gemeinsam alles planen.

Arrangierte Verbindungen sollen angeblich keine schlechtere Prognose haben als frei gewählte. Wenn beide Seiten Bescheid wissen, mag das eine Option sein (nein, Papa, nicht für mich!). Aber sind diese Väter schon mal auf die Idee gekommen, dass ihre Söhne eventuell schwul sein könnten und das einfach nur für sich behalten? Oder keine Frau wollen? Oder nicht ganz so toll sind, wie sie den Eltern erscheinen?

Natürlich geht es auch noch irrer, wie ein winzig kleiner bemalter Umschlag zeigt. Auch er ist an die Schwäbin adressiert. Darin findet sich ein

Man braucht keine sieben Minuten, um sich mal eben schön zu blamieren.

merkwürdig verzierter Zettel mit Mikro-Schrift. Natürlich ist der Text für eine 35-Jährige und nicht für eine 52-Jährige bestimmt, aber selbst mit Lesebrille kann ich nur mühsam etwas von dem kruden Text entziffern. Hier ein paar Auszüge: »Alles fliesst und wirkt. Der mit dem Sein tanzt wie es dem Sein gefällt. Oh Nihilistin finde ich Dich je? Den verisimo zu leben.« Mehr brauche ich nicht zu wissen. Ich bin beeindruckt, wie klein ein Mensch schreiben kann, bin inhaltlich aber eher verstört. Diesem Menschen sollte dringend geholfen werden!

Der jüngste Mann, der auf die Schwäbin reagiert, ist 43 Jahre alt. Die meisten sind deutlich älter. 14 bis 25 Jahre älter als die passionierte Köchin. Alle geben sich sehr selbstsicher und weltgewandt. »Ich bin schwarz (politisch sehr wertkonservativ), mag die Farbe Rot bei Frauen und an Rosen und grüne Ampeln für freie Fahrt. In meinem Denken und Handeln bin ich eng verbunden den alten preußischen Tugenden und sozialem Gedankengut der badisch/deutschen Revolution von 1848/49 ... Ich bin Idealist und Realist, Optimist, europäisch-abendländischer Kosmopolit und Deutscher, Romantiker und Träumer, Macho als auch Softie, ehrgeizig und stinkfaul, aus gutem Haus, was auch immer das heißen möge, und befinde mich öfters in schlechter Gesellschaft, wie andere meinen. Großer Junge, frecher Lausbub ... 57 Jahre jung, von kräftiger attraktiver Statur mit ein paar Pfunden zu viel ...« Es folgen zahlreiche Adjektive wie charakterfest, aufrichtig, facettenreich, sensibel, treu, aufgelistet ist jede mögliche gute Eigenschaft.

Es gibt Momente, da bin ich froh, keine 35-jährige Schwäbin zu sein. Es gibt Briefe ohne Namen und Unterschrift, und insgesamt klingen nur zwei einigermaßen normal und nett. Keine ganz große Ausbeute. Außer man steht auf sehr viel ältere und leicht bis ziemlich stark verschrobene Männer.

Männer bevorzugt

Am besten läuft es für den First-Class-Kerl. Nicht nur von der Anzahl der Briefe her. Es ist kein Totalausfall, nichts richtig Irres dabei. Gut – eine schreibt gleich zwei Mal mit einem Abstand von drei Monaten. Sie scheint den Brief einfach noch mal ausgedruckt zu haben. Handelt sie nach dem Motto: Akzeptanz durch Penetranz? Ansonsten erhält er ausschließlich sehr klare und freundliche Briefe. Sind wir Frauen vernünftiger? Oder liegt es daran, dass die Männerauswahl auf dem Anzeigenmarkt kleiner ist? Es gibt inzwischen sehr viel mehr weibliche Inserenten.

Keine der First-Class-Kerl-Anschreiberinnen haut auch nur annähernd so auf den Putz wie die Interessenten der Schwäbin etwa. »Ich bin auch toll«, ist das Höchste der Anpreisungen. Einige Damen haben sehr viel Verständnis für seine Haushaltsphobie: »Da brauche ich keine Hilfe, das geht mir so flott von der Hand!«, beruhigt ihn Anita. Nur Barbara wagt einen kleinen Scherz in dieser Richtung: »Bis bald am Telefon, wo ich Ihnen gerne mit Tipps zur Haushaltsführung behilflich bin!« Alle Frauen sehen gut aus, manche sehr gut.

Und bei mir? Es wäre nichts gegen den kargen Rücklauf zu sagen. Immerhin genügt strenggenommen bloß ein Brief. Wenn er denn von dem Richtigen kommt. Mein Gewürzhase, der Strapsfotograf wird sofort aussortiert, Jörg der zukünftige Bestsellerautor, der vom Dalai Lama Astrologie gelernt hat, auch. Ein weiterer Thomas hat mir geschrieben. Er tanzt Tango, lebt in Berlin, und seine Wurzeln liegen in Franken und Siebenbürgen. Viel mehr verrät er in seinem Brief nicht. Damit ich mir ein Bild machen kann von ihm und seinem Beruf, hat er mehrere Links beigefügt. Ich schaue sie mir an und weiß: Nein, für mich ist er nichts. Eine Zuschrift wirkt ganz vielversprechend. Albrecht kommt aus meiner Gegend, lebt um die Ecke und hat sehr nett geschrieben. Mit einem Hauch Witz (man wird bescheiden), schöner Handschrift und auf wertiger Karte. Unangestrengt, keine Angebereien und einiges an Information: »5-Jahrzehnte-Mann (Mitte 50, wieder Single), Akademiker, furchtlos und wohlgebildet (innen + außen), im Besitz von Bibliothek, Jogging- und Wanderschuhen, Skiern sowie anderen nützlichen Dingen, begeisterungsfähig für das Gemeinsame, vielseitig interessiert … Freut sich, von Dir zu hören.«

Ich brauche ein bisschen, um dann endlich doch irgendwann anzurufen. Auch am Telefon ist Albrecht nett. Angenehm. Freundlich. Wir verabreden uns für das folgende Wochenende zum Kaffee.

Er sitzt schon im Café, als ich ankomme. Was er nicht weiß ist, dass ich weiß, wie er aussieht. Ich habe das Netz bemüht. Obwohl Albrecht nur Mail-Adresse und Telefonnummer angegeben hatte, habe ich ihn doch aufgestöbert. Er ist – jedenfalls auf den ersten Blick – rein optisch nicht mein Typ. Und er ist auch nicht Mitte 50, sondern 60. Aber egal, man sollte nicht zu kleinlich sein.

»Ich weiß, wer du bist!«, sagt er. Er hat mich beim Telefonieren an der Stimme erkannt. Er habe sich informiert, teilt er mir mit. »Ich weiß auch, wer du bist!«, antworte ich. Gleiches Recht für alle, denke ich nur.

Albrecht ist ein ausgesprochen höflicher und freundlicher Mann. Dunkelhaarig, etwa so groß wie ich, Brille. Theaterinteressiert, kunstinteressiert, aber ich weiß innerhalb von Sekunden, dass er und ich niemals ein Paar werden. Ich kann mir einfach nicht vorstellen, ihn zu küssen. Da ist kein Prickeln, die Chemie stimmt nicht. Warum auch immer. Auch er wirkt nicht direkt entflammt. Wir plaudern eineinhalb Stunden, und beim Abschied fragt er mich, wie ich es fand. Ich sage die Wahrheit: »Ich kann mir vorstellen, dass wir mal ins Theater gehen, aber schockverliebt bin ich nicht.« Er äußert sich nicht, wahrscheinlich, weil es ihm ähnlich geht. Er ist, so profan das sein mag, nicht mein Typ. Ich kann es gar nicht genau festmachen, aber ich weiß, das wird nichts. Egal, wie oft wir uns noch treffen.

Wochen später trudeln zwei weitere Briefe ein: Nichts, was mich vom Hocker reißt.

Was bleibt von all den Anzeigen? Wäre ich der 67-jährige First-Class-Kerl, hätte ich gute Optionen. Nicht aber als 52-Jährige. Ich habe einen Mann getroffen, mit dem ich mal eine Ausstellung besuchen oder ins Theater gehen kann, und ich könnte mich jederzeit in Strapsen oder hüllenlos fotografieren lassen. Mein Trost: Selbst für eine 35-jährige Schwäbin mit für Männer herrlich angenehmen Eigenschaften wären meine Chancen kaum besser. Ja, das ist ziemlich ernüchternd. Ob ich die Methode Zeitungsanzeige empfehlen kann? Höchstens nach einer Geschlechtsumwandlung!

Alle haben es verdient, dass man sich etwas länger mit ihnen beschäftigt als für die Dauer eines Mausklicks.

Interview mit Christine (55)

Christine arbeitete vor einigen Jahren als Assistentin der Geschäftsleitung einer jener Partnervermittlungen der Luxusklasse, von denen man immer in den Anzeigenteilen der großen Tages- und Wochenzeitungen liest und glaubt: Das gibt's doch gar nicht! Männer aus dem Meine-Villa-meine-Insel-meine-Yacht-mein-Privatflugzeug-Kosmos suchen adäquate Partnerinnen – also deutlich jünger, aus guter Familie und mit Top-Figürchen. Doch sie existieren wirklich, die »Yachtbesitzer, hat in Harvard studiert« oder »Kommt aus bekannter Unternehmerfamilie« oder »Hat ein marktführendes Unternehmen aufgebaut«.

Wie würden Sie die Kunden der Partnervermittlung beschreiben?

Wirklich nur die Spitzen der Gesellschaft. Sehr erfolgreiche Menschen und/oder solche, die aus enorm wohlhabenden Familien stammen. Darunter Adelige, Prominente aus Film, Fernsehen und Showbusiness, Unternehmer, Spitzenmanager, Klinikbesitzer, Chefärzte, Politiker …

Wie lief das Vermitteln ab?

Wir hatten verschiedene Geschäftsstellen. Wenn ein Kunde einen Vertrag abgeschlossen hatte, wurde ein recht ausführliches Exposé erstellt – für das wir vorher alles Mögliche abgefragt hatten –, angefangen bei Hobbys bis hin zu Werten und Traditionen. Das Ganze packten wir in eine kleine Geschichte über diesen Menschen. Das legten wir ihm dann vor, und wenn er es abgesegnet hatte, wurde es weitergereicht an potentielle Kandidatinnen und Kandidaten. Dazu hat sich meine Chefin mit wirklich vielen getroffen, um ihn oder sie kennenzulernen. Sie hatte ein unglaubliches Gespür dafür, wer zu wem passen könnte. Wirklich erstaunlich.

Und wenn mir dann der Spitzenmanager mit Harvard-Abschluss und Privatjet gefallen hat, wie ging es weiter?

Bei Interesse riefen die Kunden zuerst uns an. Wir erzählten ihnen noch etwas mehr über den Menschen. Auch darüber, warum die Verbindung unserer Meinung nach perfekt wäre. Ich bin da am Anfang einmal ganz schön auf den Bauch gefallen. Wir hatten eine Malerin, die wirklich total nett war und wunderbare Sachen gemacht hat. Und einen adeligen Witwer mit riesigem Vermögen aus Süddeutschland. Ich fand, die passten vom Typ her toll zueinander und habe ihm die Frau vorgeschlagen. Er hat dann selbst ein wenig recherchiert, nachdem er den Namen hatte, und rief mich ganz empört an. Er sagte, das ginge gar nicht. Die Frau hätte ja keinen akzeptablen Familienhintergrund und keinerlei Vermögen. Ich meinte dann, »Das Vermögen haben Sie schon«, und sagte ihm, er könne die Frau doch einfach zunächst bloß mal kennenlernen. Er sagte: »Und wenn ich mich verliebe?« Das wollte er nicht. Er wollte sich nur in jemanden verlieben, der adäquat ist und zum Familienstandard passt.

Es geht also gar nicht darum, sich zu verlieben, sondern um den Erhalt des Status?

In diesen Kreisen schon. Da waren die Kriterien nicht verhandelbar. Besonders nicht die, die Männer aufstellten: Alter, Aussehen, Haarfarbe. Wenn einer eine jüngere Blondine wollte, musste es auch eine jüngere Blondine sein.

Vermutlich wollten doch alle eine jüngere Blondine?

Zumindest eine jüngere Frau. Das war der Standard: Der Mann Ende 40 oder Mitte 50 oder Anfang 60, der eine 35-Jährige sucht und sie auch bekommt. Deswegen gibt es wohl auch noch heute so viele Frauen mit blondgefärbten, langen Locken. Da ist so eine Hoffnung, als würde das Blond über alles andere hinwegblenden.

Also eine 35-jährige wohlhabende Blondine?

Ja klar. Für diesen Mann waren Familie und eigenes Vermögen Status. Und wenn schon nicht viel Geld, dann sollte sie zumindest aus sehr guter Familie, am besten mit Tradition, sein. Wir hatten allerdings durchaus auch Frauen aus dieser Altersgruppe, die erfolgreiche Unternehmerinnen waren.

Und da haben die Alphatiere nicht gleich entsetzt abgewunken?

Gar nicht. Meist waren sie ja noch ein wenig oder sehr viel erfolgreicher als die Frauen. Damit wird das gewünschte Gefälle bedient und dann ist es kein Problem. Dann nimmt der Klinikbesitzer gern auch mal eine Karrierefrau.

Und die älteren Frauen?

Für die gab es kaum Nachfrage. Männer, die eine gleichaltrige oder gar ältere Partnerin – von wünschen will ich gar nicht reden – akzeptierten, waren so selten wie zwei Daumen an einer Hand. Einfach, weil es nicht viele Männer aus diesem Milieu gibt, die bereit sind, Frauen zu treffen, die auf die 50 zugehen oder älter sind. Und die wenigen, die es gab, konnten da natürlich aus dem Vollen schöpfen. Diese Männer hätten jeden Tag fünf Frauen treffen können. Unsere Kundinnen, das waren alles sehr schöne, intelligente Frauen, die wirklich ein super Standing hatten, aber die adäquaten Angebote waren so rar, dass sie irgendwann fast jedes Angebot akzeptierten, um wenigstens ein bisschen Spaß zu haben. Es ist ein bisschen wie in der Mode. Mit Größe 44 macht der Einkauf bei Designern keinen Spaß. Aber auch die Männer um die 30 hatten es schwer, denn die meisten jüngeren Frauen wollen nämlich durchaus einen älteren Mann mit Stil und Geschichte.

Denken die – älteren – Männer dabei auch an Familiengründung?

Meist hieß es: Wenn denn noch mal Kinder kämen, wäre das auch in Ordnung. Es ist ja – angefangen beim Kindermädchen – auch für alles gesorgt. Natürlich gab es auch solche, die mit Anfang 50 das Bedürfnis verspürten, den Stammbaum zu vervollkommnen.

Wie lange dauerte es denn im Durchschnitt, bis zwei sich gefunden hatten?

Man muss sagen, dass wir bei den Männern, die »gut« waren, manchmal selbst dafür sorgten, dass sich die Vermittlung hinzog. So ein Typ, mit gutem Aussehen, Geld und Stil, wenn er dann auch noch Humor hat und großzügig in Geist und Wesen ist, wie es immer so schön hieß, der geht ja weg wie frische Rosen. Ich erinnere mich an einen mittelalten Klinikchef, der verwitwet war. Er kam zu uns und wollte keine große Auswahl, sondern suchte wirklich ganz gezielt eine passende Partnerin, etwa in seinem Alter, gebildet, weltläufig. Wir haben ihm dann ein paar Damen aus unserer Kartei vorgestellt, besonders die in seinem Alter, denn das war ja eine seltene Gelegenheit. Nach einigen Dates erkundigten wir uns, ob er wohl schon eine Wahl getroffen habe. Er meinte, er könne sich noch nicht entscheiden und würde sich gern noch weiter umsehen. Jetzt, wo er merkte, welche Chancen er hatte, wollte er alle seine Möglichkeiten ausschöpfen. Die Suche hatte sich in eine »Party« gewandelt. Das ist üblich und kam öfter vor.

Das klingt nach »Und ewig grüßt das Murmeltier« – jeden Abend eine andere Blondine, immer dieselbe Geschichte …

Klar, das ist emotional sehr anstrengend. Darüber denkt anfänglich niemand nach. Sich immer wieder zu präsentieren kostet Kraft. Deshalb gibt es eben doch irgendwann ein Ende der Suche. Männer sind es auch mal müde und langweilen sich wie ein Comedian über sich selbst. Sie sehnen sich nach Ruhe und wollen eine Beziehung aufbauen. Das ist dann der Punkt, wo sie sich entscheiden.

Für die Frau, die zufällig gerade da ist, wenn sich so ein Erschöpfungszustand zeigt?

Es kann sein, dass sie dann die vorvorletzte Frau treffen wollen. Dann ist halt die Frage, ob die das überhaupt möchte, denn wer will schon einen Mann, der sich nach einem schönen Abend einfach nicht mehr meldet und nun, wie aus heiterem Himmel, wieder Interesse zeigt? Wie glaubwürdig ist der, wenn es jetzt doch heißt »gemeinsames Leben«?

Musste man dann auch manchmal Trost spenden?

Sehr viel. Wenn man Partnervermittlung ernst nimmt, dann gehört das dazu, und man muss immer erreichbar sein. Auch nach Feierabend und an den Wochenenden. Vor allem Frauen brauchten da oft ein offenes Ohr. Da war eine so große Sehnsucht danach, sich wieder zu binden, sich zu verlieben, nach Ehrlichkeit und wahrem Engagement. Dann trafen sie auf Männer, die einfach nur Spaß daran hatten, möglichst viele Frauen zu treffen. Da war die Trennschärfe bei den Männern, die unsere Vermittlung mit einem Escort-Service verwechselten, manchmal nur sehr, sehr vage. Wir mussten auch immer mal wieder ganz klare Worte sprechen, denn wir hatten nicht nur gehobene Preise, sondern auch eine gehobene Qualität. Ich für meinen Teil nahm die Gefühle und Situationen der Menschen sehr ernst. Es war für mich kein »Job«.

Waren die Frauen schnell zu Sex bereit?

Ich glaube schon, dass viele viel zu schnell mit den Männern ins Bett gegangen sind. Das sage ich nicht, weil ich finde, dass Frauen scheue Rehe sein sollten. Man macht sich einfach verwundbarer, wenn man einen Mann so nahe kommen lässt. Also wenn man wirklich etwas Ernstes sucht. Frauen glauben, ganz schnell ihr gesamtes Portfolio ausbreiten zu müssen: dass sie lustig sind, dass man mit ihnen essen und trinken kann, dass sie etwas zu erzählen haben und dass sie dann auch noch im Bett gut sind. Doch es gibt so viele Männer, die schon nach der ersten Nacht einfach wortlos verschwinden. Wenn man bloß mal wieder Sex will, ist es natürlich vollkommen in Ordnung. Dann kann man nichts verderben.

Vermutlich drängeln Männer aber doch gern ein wenig ...

Ja, und dass viele Frauen glauben, dem nachgeben zu müssen, hatte dazu geführt, dass die Kunden oft gleich beim ersten Date das Thema Sex auf den Tisch gebracht haben. Sie wollten wissen, wie wichtig der Frau der Sex wäre, wie oft sie ihn haben wolle. Manchmal riefen mich die Frauen an und fragten ein wenig verzweifelt, ob sie das wirklich beantworten müssten und wie sie das handhaben sollten.

Wirklich? Man sollte doch annehmen, dass Frauen gerade mit dem Hintergrund, den Sie geschildert haben – reich, gut ausgebildet –, etwas selbstbewusster sind?

Viele hatten einfach Angst, alleine zu bleiben. Sie hatten Ehen hinter sich und fragten sich, ob das »heute« wohl so ist, dass man Stellungen und Vorlieben wie bei einem Stadt-Land-Fluss-Spiel transparent macht und diskutiert. Sie wollten nicht anstrengend sein oder kompliziert und machten oft viel zu bereitwillig alles mit, wenn es nur der »Sache« dient. Wie gesagt: Männer, die sich mit Frauen über 50 überhaupt treffen wollten, waren wirklich Mangelware. Die Frauen wollten die vermeintliche Chance nicht verpatzen.

Das klingt so schrecklich trostlos. Gibt es denn keine Geschichten, wo die Liebe wirklich über alle Berechnung und Planung und Prognosen hinweg gesiegt und zwei zusammengebracht hat, die eigentlich gar nicht zusammengehören sollten?

Nein. Das ist nie passiert.

Hätten Frauen aus der Generation von mittelalten Klinikchefs und Politikern oder Show-Größen nicht mehr Chancen, wenn es überhaupt keine Partnervermittlungen gäbe? Wenn die Auswahl sich auf das eigene Umfeld beschränkte?

Viele würden dann niemanden mehr kennenlernen. Diese Männer haben einfach kaum Gelegenheit dazu, sich zu verabreden. Sie sind zu beschäftigt. Sie sind in ihrem Jobs kaum je allein und sie stehen an der Spitze einer Hierarchie. Es wäre komisch, wenn der Frauenarzt seine Patientin fragt, ob sie mal Zeit hätte für einen Wein.

Mit »Fifty Shades of Gray« kam ja diese herrliche Idee in die Welt, dass gerade die größten Alphatiere die besten Frauenversteher sein sollen, die ihre Partnerinnen letztlich auf Händen tragen und bloß manchmal, und wenn die es eigentlich auch wollen und nur zu deren Bestem, ein wenig mit dem Armani-Gürtel zuschlagen. Gilt das auch für die Klienten in Ihrer Kartei?

Wenn Frauen die Idee haben, sie könnten »einfach mal so« reich heiraten, dann muss ich sagen: Es ist wirklich hart verdientes Geld. Als Frau

Selbst wenn man sofort erkennt, dass sich hier ganz sicher nichts Amouröses entspinnen wird, kann man ja trotzdem immer noch einen netten Abend haben.

muss man dafür zunächst natürlich optisch ein bestimmtes Klischee erfüllen. Einer hat einmal zu mir gesagt, er will einen »Show-Stopper«. Das ist eine Frau, die sofort alle im Restaurant verstummen lässt, wenn sie den Raum betritt. Dann muss sie ihrem Mann allzeit zur Verfügung stehen. Trotzdem wird erwartet, dass sie auch ihren eigenen Hobbys nachgeht, ein wenig arbeitet, vielleicht als Graphikerin, das ist immer chic. Irgendetwas, das man gut von zu Hause aus erledigen und jederzeit unterbrechen kann. Und man soll Teil seiner Unterhaltung sein. Ein Spaßfaktor. Das Anstrengendste ist aber meiner Meinung nach, dass es zu dieser Beziehung gehört, als Frau den Mann auch wirklich toll zu finden und ihm das so oft wie möglich zu zeigen.

Erfolgreiche, im Beruf verankerte Männer, wünschen sich ein flirrend heiteres Dingelchen, »parkettsicher in Jeans und Abendkleid«, dass ihnen das Leben und die Erholung in der Freizeit leichtmacht und keine schweren Themen in die Beziehung trägt. »Sie organısiert den Ort und die Art der Reise, sie vergnügt mich, bereitet uns Freude, und ich zahle«, erklärte mir mal einer unserer Kunden. Das klingt leicht. Aber was macht man, wenn der Typ beruflich ein Bringer und daheim eine Dumpfbacke ist? Das gibt es nicht selten, dass erfolgreiche Unternehmer oder Professoren in der Beziehung dumm wie Brot sind.

Was wünschen sich Frauen?

Ihr Kriterienkatalog war meist deutlich größer als der der Männer. Sie wünschen sich zum Beispiel Tiefe und Kommunikation. Er sollte ein »echter Gentleman« sein, großzügig, charmant, lebensklug, »lachen können«, gebildet, höflich. »Ein Mann, der weiß, was er will«, war auch so ein Spruch. Aber die Frauen waren eher bereit, Kompromisse einzugehen, sehr viel niedrigere Standards zu akzeptieren. Das ist schon seltsam. Einerseits erhöhen Frauen gern alles, was mit Beziehung zu tun hat. Andererseits besetzen sie die Rollen in diesem Kitsch-Kosmos oft so lausig und mit der Antithese zum strahlenden Helden und sind so bemüht, ihre eigene möglichst perfekt zu spielen. Besonders die der kleinen, lachenden Elfe.

Wäre es nicht für alle Beteiligten besser, man sagt Männern: Hier sind fünf Frauen. Mehr gibt es nicht. Such dir eine aus?

Zumindest würde man dieses Katalogverhalten vermeiden, das oft so etwa nach der sechsten Frau entsteht. Dieser Gedanke: Jetzt habe ich bezahlt, jetzt will ich mich auch amüsieren. Vermutlich würden alle damit sehr viel glücklicher werden. Ich denke da an dieses Sprichwort aus Indien: Heirate nicht den Menschen, den du liebst, sondern liebe den Menschen, den du geheiratet hast. Das ist aber gerade für Frauen unvorstellbar. Sie sehnen sich in ihrem tiefsten Herzen nach dem Konzept »Prinzessin« und gehen fatalerweise noch immer davon aus, sie könnten den Mann umziehen und modellieren. Sie phantasieren sich da einen Verhandlungsspielraum zusammen, der ihnen die Möglichkeit gibt, mittels Liebe einen Menschen zu verändern. Menschen verändern sich aber nur aus eigenem Antrieb heraus, und Männer sagen bereits zu Beginn sehr klar und deutlich, was sie wollen, was nicht.

Hören Frauen nicht zu?

Sie hören, aber sie glauben nicht das, was sie hören. Sagt ein Mann, ich bin gern mit dir zusammen, aber ich liebe dich nicht, dann heißt es genau das. Viele Frauen hören jedoch: Ich mache all das, was Menschen machen, die sich lieben, nur benenne ich es anders. Es fehlen mir die Worte. Ich traue mich nicht das Wort »Liebe« auszusprechen. Ich bin scheu. Oder noch schlimmer: Wenn du dich noch ein bisschen geduldest und noch ein bisschen mehr anstrengst, dann werde ich die drei Zauberworte sagen.

Was würden Sie tun, wenn Sie Single wären?

Ganz sicher nicht im Internet suchen. Ich würde auch nicht auf Single-Partys gehen. Ganz einfach, weil ich nicht gern einen Mann hätte, der im Internet unterwegs ist oder solche Partys besucht. Ich würde Anzeigen schalten, in Zeitungen, die mein Wunschpartner auch gern liest. Ich würde mir überlegen, in welcher Sparte er beruflich tätig sein könnte und vielleicht auch da in entsprechenden Special-Interest-Zeitungen inserieren. Ich würde auch möglichst viel mit Männern ausgehen. Auch mit schwulen Freunden, mit Neffen, mit Brüdern – um diese männliche Energie in meinem Leben zu behalten. Ich würde mich Single-Gruppen anschließen, die viel gemeinsam unternehmen, wo das primäre Ziel eben nicht ist, dass man verkuppelt wird. Ich würde es auch langsam angehen lassen. Sehr langsam. Es besteht ja gar kein Grund, sich zu beeilen und sich sofort für oder gegen eine Beziehung zu entscheiden. Man hat alle Zeit der Welt, wenn es einem ernst ist. Man ist ja nicht als Passagier auf der Titanic.

Sie sind in einer langjährigen Beziehung. Wie haben Sie Ihren Mann kennengelernt?

Ich war lange Single, es machte Spaß, aber mit den Jahren kamen auch eine Menge Enttäuschung und Druck hinzu. Ich weiß noch, dass ich irgendwann eine irrsinige Fahrt vorlegte, so als müsste ich nach drei Treffen alles abgecheckt haben und alles wissen (wenn es überhaupt zu drei Treffen kam). Meinen Partner kannte ich schon fast zehn Jahre, dann verliebten wir uns mit einem Mal. Das war von einer Sekunde auf die andere. Wir hatten beide nie damit gerechnet. Ich war der Single-Schmetterling und flatterte umher, er war in einer ernstzunehmenden Beziehung. Als ich mit meinem gewohnten Fahrtwind schon ungeduldig wurde, erklärte er mir, dass er große Gefühle, aber auch Verantwortung spüren würde. Er bat um Zeit. Diesem Rhythmus war ich vollkommen entwöhnt. Wir haben uns erst nach vielen Wochen das erste Mal geküsst und nach weiteren Wochen das erste Mal miteinan-

der geschlafen. Jetzt, nach vielen Jahren, finde ich es rückwirkend sehr gut, dass er sich nicht von mir hat drängen lassen. Diese langsame Anfangszeit gibt mir auch heute noch ein gutes Gefühl, Sicherheit und Qualität. Und übrigens: Wir sprachen stundenlang über Liebe, aber wir verhandelten nie den Sex.

Können Sie einem Menschen ansehen, ob er Single ist oder nicht?

Ich kann zumindest hören, wenn Frauen auf der Suche sind. Dann sitzen sie mit ihren Freundinnen in einer Kneipe und lachen dieses aufgeräumte, laute Frauenlachen. Es sagt: Wir brauchen keinen Mann, um glücklich zu sein. Aber wo ist einer?!

Wieso sind Sie eigentlich nicht fündig geworden, unter all den wohlhabenden, erfolgreichen Männern?

Als ich in der Partnervermittlung arbeitete, saß ich direkt an der Quelle, aber von all unseren Männern hat mir keiner gefallen. Also wirklich, wirklich, wirklich keiner. Ich hätte sehr, sehr reich heiraten können, aber es war bei unseren Reichen und Schönen nicht der Typ Mann darunter, der mich interessierte. Ich suchte den Künstlertypen, der mir viel Freiheit gibt, der mich innerlich bereichert und mit dem ich tief und leicht reden kann. In Politik und Adel ist dieser Typus selten vertreten. Wenn der Fischteich nicht stimmt, nutzt eben die beste Angel nichts.

Freunde von Freunden

Nettworking

So viel vorneweg: Ich kann nicht singen, als Köchin bin ich eher Mittelklasse und außerdem eine lausige Dekorateurin. Dafür habe ich als Kupplerin glänzende Referenzen. Einmal habe ich meine beste Schulfreundin mit meinem Cousin zusammengebracht. Das Ergebnis: drei sehr wohlgeratene Kinder und beste Aussichten auf eine Goldene Hochzeit. Ich fand es immer etwas unfair, dass ich zum Beispiel bei Führungen durch die Wohnung zu meinem Besuch nicht gut sagen kann: »Okay, es mag vielleicht nicht ganz für das Titelbild von ›Schöner Wohnen‹ reichen, aber fragen Sie mal Petra und Michael, wo meine wahren Talente liegen!«
Aber man will ja nicht protzen – außer für das Kuppeln an sich werben: Menschen, die man gut kennt, werden mit anderen Menschen, die einem auch bestens bekannt sind, zusammengebracht. Ganz einfach, sehr bestechend. Alles bleibt im hübsch übersichtlichen Kreis. Man braucht keine langen Fragebögen oder Psychotests. Man weiß ja, wie die Kollegin, die Freundin, die Schwester, die Nachbarin oder die Cousine tickten. Dass sie eben nicht bloß »attraktiv, erfolgreich, humorvoll, schlank und sensibel« ist, sondern eben auch manchmal ganz schön verzickt, ziemlich pingelig oder total chaotisch. Dass sie etwa wie Simone daran glaubt, schon mal als Magd am Hofe Ludwigs XIV gelebt zu haben oder wie eine andere Freundin ihren beiden Katzen Schlaflieder vorsingt (ich habe versprochen, hier keinen Namen zu nennen ...).
Umgekehrt kennt man vielleicht Männer, die genau dem gewachsen sein könnten. Aber eben auch solche, bei denen Selbstbild und Wirklichkeit ähnlich auseinanderdriften wie bei Hans, der sich für total spontan und überhaupt für eine coole Socke hält – in Wirklichkeit aber der größte Spießer aller Zeiten ist. Einer, der sofort ausflippt, wenn er nicht pünktlich um 12 eine warme Mahlzeit vor sich stehen hat und dem man den Tag damit versauen kann, dass jemand schon vor ihm die

»Frankfurter Allgemeine« in den Händen hielt, was nur er an einem ganz kleinen Knick unten links erkennt.

Als Mittelsfrau zwischen zwei Singles aus dem Nahumfeld weiß man einfach, dass ein gereifter Golfspieler wie Gernot eher nicht zu einer ewigen Hippie-Braut wie Miriam passt (es sei denn, man ist an der Herstellung eines Zweikomponentensprengstoffs interessiert) und es keinen Zweck hat, Alex direkt neben Gaby zu setzen, weil ein erklärter Fleischesser und eine Veganerin sich aller Voraussicht nach kaum sehr viel näherkommen können als ein Rohkostteller und eine Schweinshaxe. Und noch ein Vorteil: Anders als beim Online-Dating wildert man im Prinzip im näheren oder erweiterten Freundes- oder Bekanntenkreis. Das heißt: Eine gewisse soziale Kontrolle und damit die Einhaltung von Mindeststandards bei Höflichkeit und Respekt sind gewährleistet. Es wäre verdammt dämlich, sich ausgerechnet im Bekanntenkreis wie das allergrößte Charakterschwein aufzuführen, einfach zu verschwinden, nicht mehr anzurufen. So was spricht sich in null Komma nichts rum und man riskiert, sich eine neue Stadt, ach, am besten gleich einen neuen Kontinent suchen zu müssen.

Blind Date mit Pandabären

Leider hat mich bislang noch niemand verkuppeln wollen oder ein Blind Date für mich arrangiert, weil er oder sie fand, dass ich ganz sicher bestens zu dem Hirnchirurgen mit Pilotenschein passen würde. Es gab lediglich ein paar zaghafte Versuche, die allerdings schon im Ansatz in die grundfalsche Richtung gingen. Eine Freundin sagte etwa: »Du, ich habe da einen lieben Kollegen, den gerade die Frau verlassen hat. Den könntest du doch mal treffen.«

Ich: »Wie sieht er denn aus?«

Sie: »Gar nicht so übel. Im Moment ist er vielleicht etwas derangiert. Du weißt schon, der Kummer. Da kommt man ja kaum noch zum Sport.

Liebe Frau Dr. Frühling,
nach vier Dates hatte ich das erste Mal Sex mit meinem neuen Partner. Das war schon ein ziemlich ernüchterndes Ereignis. Zu schnell, zu ruppig, zu egoistisch. Ich dachte erst, das sei dem Performance-Druck der Premiere geschuldet. Jetzt, nach dem fünften Mal, muss ich leider sagen: Er ist ein erotischer Totalausfall. Natürlich könnte ich mit ihm drüber reden. Aber ich habe Angst, dass es das dann war. Er müsste ein so anderer Mann werden und ist so dermaßen überzeugt davon, der größte Liebhaber aller Zeiten zu sein.
Petra, 38

Liebe Petra,
wie furchtbar ärgerlich, dass Ihre Vorgängerinnen nicht so mutig waren. Oder sie waren es und er ist einfach immer weitergezogen, von einer zu anderen, immer auf der Suche nach Applaus. Was auch immer die Geschichte seines Problems ist – Sie sollten sich auf keinen Fall lebenslang mit den Folgen herumschlagen müssen. Wenn er Sie liebt, dann wird er die Wahrheit verkraften: dass zu gutem Sex immer zwei gehören. Wenn nicht, dann bleiben Ihnen wenigstens ein paar Jahrzehnte sexueller Trostlosigkeit erspart.

Mit dem Trinken hat er aber so gut wie aufgehört. Und er hat eine Wohnung in Aussicht. Ist ja auch kein Dauerzustand, ständig auf dem Sofa in der kleinen Wohnung.«

Ich: »Also ist er ganz schön dick, hat ein Alkoholproblem und er lebt bei seiner Mutter.«

Darauf sie: »Na ja, weißt du, wenn du so strenge Maßstäbe an Männer anlegst, wirst du nie einen finden.«

Schnell galt ich als undankbar und wählerisch, bloß weil ich nicht zu einem Essen mit lauter Pärchen kommen wollte, zu dem außer mir nur noch ein einziger weiterer Single eingeladen war. »Ihr wollt mich wohl verkuppeln!«, fragte ich misstrauisch.

»Wie kommst du denn darauf?«, antwortete die Gastgeberin empört.

»Na, so schwer ist das nicht, nur Paare und der eine Mann und ich.«

»Ach, das ist doch bloß mein Nachbar, den lade ich immer ein, wenn es was Gutes zu essen gibt. Der bekommt sonst nur Vorgekochtes von seiner Tochter.«

»Wie alt ist er denn?«, wollte ich – schon ziemlich argwöhnisch – wissen.

»68. Aber zieh jetzt keine falschen Schlüsse, der ist total fit.«

Ich hatte dann eine spontane Magen-Darm-Grippe. Wirklich fies ...

Es genügt halt nicht, wenn man zwei zusammenbringt, bloß weil beide heterosexuell sind und derselben Spezies angehören. Wohin dieser Minimalkonsens führt, hat man ja bei Bao Bao aus dem Berliner Zoo gesehen. Zehn Jahre lang versuchten Forscher, den Pandabären mit der Panda-Dame Yan Yan zu verbandeln. Vergeblich. Auch ein Ausflug Bao Baos nach London endete im Frust. Im dortigen Zoo sollte er mit Ming Ming die ersehnten Mini-Pandas zeugen. Doch Bao Bao fiel so aggressiv über sie her, dass die Tiere nur mit Hilfe eines Feuerlöschers getrennt werden konnten. In dem stürmischen Liebesspiel büßte Ming Ming ein Ohr ein.

Auch die Art der Beziehung zwischen Kuppler und zu Verkuppelnden spielt eine Rolle. Von Eltern als Kupplern ist zum Beispiel dringend

Single-Legende 5

»Die Männer, die noch frei sind, sind alle gestört.«

Dieser Satz ist ungefähr so zielführend, als würde man im Restaurant den Kellner bitten, auf das wirklich sehr lecker aussehende Essen zu spucken: Es macht die Sache mit der Suche schon im Ansatz ungenießbar. Und was sagt das über die Frauen aus, die noch frei sind? Sind wir auch alle gestört?

abzuraten. Väter würden für ihre Töchter vermutlich am liebsten einen wohlhabenden Eunuchen suchen, der an 365 Tagen im Jahr auf Geschäftsreise ist. Mütter für ihren männlichen Goldschatz dagegen nach einem Mutti-Klon mit gerade so viel Sex-Zusatzfeatures Ausschau halten, wie man braucht, um einen ganzen Stall voller Enkel zu produzieren. Danach löst sich die perfekte Schwiegertochter in Luft auf.

Was dabei herauskommt, wenn man RTL das Kuppeln überlässt, weiß jeder, der schon mal »Bauer sucht Frau« gesehen hat. Nichts gegen Clemens, den »kernigen Kartoffelbauern« oder Jürgen, den »heiteren Hühnerwirt«. Aber bei den meisten Interessentinnen hat man den Eindruck, dass sie vom Landleben ungefähr so viel Ahnung haben wie von bolivianischer Liebeslyrik. Nein, da muss schon ein Profi mit Fingerspitzengefühl ran – ich.

Ich setze mich also mit zwei meiner besten Freundinnen zusammen und wir zählen mal durch, welche Singles wir kennen und welche wir gleich aussortieren sollten: etwa Günther (53), der immer sagt: »Also nichts für ungut, aber ich finde Frauen meines Alters einfach nicht anziehend.« Auch Marion (47) fliegt raus. Begründung: Marion will eigentlich keinen Mann. Sie möchte ein Fullservice-Unternehmen, das ihr jeden Wunsch von den Augen abliest. Vor allem den, nie mehr arbeiten gehen zu müssen. Eine solche Haltung können wir schon aus Prinzip nicht unterstützen. Und außerdem ist dieses Beuteschema so alt, dass man dafür schon Adenauer wiedererwecken müsste.

Am Ende bleiben zwei Männer und zwei Frauen übrig, von denen wir denken, dass sie zusammenpassen könnten. Die Männer sind Ende 40, nett, sehr aktiv, ganz attraktiv und haben respektable Berufe. Die Frauen sind ein wenig jünger, hübsch, selbständig, lustig, interessant. Natürlich wurden wichtige Eckdaten wie Einkommen, Sportlichkeit, Bildungsniveau und Abenteuerlust mit einkalkuliert.

Die Idee: »Wir machen einfach einen Spieleabend bei uns daheim. Ganz zwanglos. Mit Frikadellen, Kartoffelsalat und Bier!«, sagt die eine.

Sie und ich, aber auch Sie und Mick Jagger oder George Clooney und der Mann, der es sein könnte, sind nur ein paar Kontakte voneinander entfernt.

»Ja, fällt ja kaum auf, wenn wir plötzlich Leute einladen, die wir kaum kennen«, kommentiert die andere den herrlichen Plan.

»Ist doch ganz einfach«, sage ich und erkläre die Versuchsanordnung. »Wir weihen die Frauen ein – die sind sowieso viel zu klug, um den Braten nicht zu riechen. Den beiden Single-Männern sagen wir, uns sei jemand kurzfristig abgesprungen, ob sie bitte den Ersatzspieler geben. Ihr könnt auch gern eure Ehemänner für später dazubitten. Würde ja auch seltsam aussehen, fünf Frauen, zwei Männer. Ach so: Die Ehemänner informieren wir auf keinen Fall. Besser da sitzt keiner mit am Tisch, der dauernd verschwörerisch zwinkert.«

Hier die Beteiligten:

Christine, 44, blond, alleinerziehende Mutter eines halbwüchsigen, sehr wohlgeratenen Sohnes. Sie arbeitet als Erzieherin und ist seit der Trennung vom Kindsvater vor fünf Jahren Single. Begründung: »Ich hatte überhaupt keinen Kopf für andere Männer. Ich musste mein ganzes Leben neu sortieren, eine Arbeit finden, meinen Sohn erziehen. Erst seit einem Jahr atme ich wieder auf und beginne, über eine neue Beziehung nachzudenken. Aber mit einem Kind und einer Vollzeitstelle ist das natürlich nicht so einfach, jemanden zu finden. Und dann muss er ja außerdem auch noch zu uns beiden passen. Zu Konrad und mir.«

Michaela, 41, Fotografin. Unglaublich attraktiv, das muss man mal neidlos anerkennen. Sie arbeitet für eine Agentur, die sich auf Versandhauskataloge spezialisiert hat, und ist immer mal wochenweise für Produktionen in Hamburg. Ihre letzte längere Beziehung ist sieben Jahre her. Seitdem verschiedene kürzere Affären. Sie sagt: »Ich begegne nur Männern, die sich nicht binden, nicht festlegen wollen. Sobald ich mehr will als unverbindliche Verabredungen, auf die ich auch noch tagelang warten soll, verlieren die Kerle das Interesse. Ich habe aber keine Lust mehr auf diese Halbheiten. Ich will endlich einen für den Rest meines Lebens. Für ganz und gar. Einer, der nicht zu feige ist zu sagen: ›Ich liebe dich!‹«

Theo, 45, Chemiker, zugegebenermaßen, ein etwas verschrobenes Modell Mann, eher der Typ »Eigenbrötler«, aber sehr klug, sehr belesen, kulturinteressiert und ehrlich. Auf seine spröde Art doch auch ganz ansehnlich. Warum er noch Single ist? Keine Ahnung! Ich vermute: Zu schüchtern und überhaupt keine Antennen für all das Interesse, das ihm entgegengebracht wird. Der würde nicht mal merken, dass sich eine für ihn interessiert, wenn sie sich seinen Namen auf die Stirn tätowieren ließe.

Martin, 48, Sachbearbeiter. Wahnsinnig sportlich. Liebt Abenteuerreisen. Hat viel zu erzählen und lässt trotzdem gern auch andere zu Wort kommen. Eine seltene Kombination. Weshalb er immer noch, beziehungsweise immer wieder Single ist? »Zu anspruchsvoll!«, sagen alle. Er sagt: »Ich erwarte ja gar nicht viel – sie muss gut aussehen, was im Kopf haben und sollte nicht den ganzen Tag auf dem Sofa sitzen. Also ehrlich – das muss doch möglich sein.«

Kleine Welt

Am vereinbarten Abend sind Christine und Michaela zuerst da. Wir trinken schon mal einen Sekt auf unseren tollen Plan. Genau zehn Minuten lang sind alle total euphorisch. In Gedanken sehe ich mich schon in rührenden Dankesreden verewigt, als Ehrengast auf Silbernen Hochzeiten, vielleicht gibt es ja sogar eine Plakette am Reihenendhaus mit dem Satz »Dieses Glück verdanken wir unseren Freundinnen«. Wären nicht alle Beteiligten etwas zu alt, würde man sicher auch Kinder nach uns benennen. In Gedanken läuft es schon mal super. Bis es an der Tür klingelt. Kurz hintereinander betreten Theo und Martin unsere so perfekt organisierte Kuppel-Show-Bühne. Das Ensemble ist komplett. Die Inszenierung läuft.

Wir könnten hochzufrieden mit uns sein, würde Michaela nicht von einer Sekunde auf die andere ins Gesicht geschrieben stehen: »O mein Gott. Habe ich mir etwa dafür die Haare gewaschen? Die Nägel lackiert? Parfüm aufgelegt?« Sie sagt es nicht. Ist auch nicht nötig. Die Männer merken nichts. Aber wir Freundinnen sind – gelinde gesagt – etwas erschüttert.

Natürlich: So ein Abend birgt immer ein gewisses Risiko, nicht so ganz den Geschmack des jeweiligen Singles zu treffen. Trotzdem stehen ja hier nicht Frankensteins Monster und sein Zwilling herum, sondern zwei ganz manierliche Männer. Selbst wenn man sofort erkennt, dass sich hier ganz sicher nichts Amouröses entspinnen wird, kann man ja trotzdem immer noch einen netten Abend haben. Vielleicht haben Theo und Martin ja ihrerseits Freunde, die prima zu Michaela passen würden? Ganz sicher hat sie noch nicht von dem Kleine-Welt-Phänomen gehört. Es wird oft auch als »Six Degrees of Separation« bezeichnet. Der 1967 vom amerikanischen Psychologen Stanley Milgram geprägte Begriff besagt, dass jeder Mensch jeden beliebigen anderen Menschen über durchschnittlich sechs Ecken kennt. Neuere Studien gehen sogar davon aus, dass sich die Eckenzahl dank der sozialen Medien auf 3,7 verringert hat. Meint: Sie und ich, aber auch Sie und Mick Jagger oder George Clooney und der Mann, der es sein könnte, sind nur ein paar Kontakte voneinander entfernt. Demnach wären sich auch Michaela und ihr Traumprinz ganz nahe. Wenn auch nicht in demselben Raum und mehr in der wissenschaftlichen Theorie.

Praktisch zeigt sich aber gerade, dass es Leute gibt, die sich ihr prächtiges Kontaktpotential mit Ignoranz verderben. Beim Essen jedenfalls sitzt Michaela so weit zurückgelehnt vom Tisch, dass es schon ein Megaphon brauchen würde, um sie mit ins Gespräch einzubeziehen. Selbst der Begriffsstutzigste merkt: Diese Frau findet das hier total langweilig. Kurz nach dem letzten Bissen verabschiedet sie sich hastig. Murmelt etwas von »völlig vergessen, dass ich ja noch zu meiner Mutter muss« und ist entschwunden.

»Die ist ja echt hübsch«, sagt Theo. »Aber irgendwie auch ganz schön irre!« Damit ist das Thema für alle erledigt. Michaela verpasst einen puppenlustigen Abend und ein paar neue Freunde. »Dafür hat sie jetzt ein paar alte Bekannte weniger«, meint Sandra. Sie hatte Michaela als perfekt für den Abend empfohlen. »Hast du nicht gesagt, du hast das Kuppeln echt drauf?«, fragt mich eine Freundin später.

»Na ja, da kannte ich Michaela noch nicht so«, verteidige ich mich, und dass nur sie es war, die die ganze Versuchsanordnung durcheinandergebracht hat. »Das war, als hättest du den Pawlow'schen Hund mit einer Katze in einen Kegelclub gesperrt. Völlig unbrauchbare Ergebnisse.« Trotzdem ist das kein Grund, es nicht noch mal zu versuchen. Ich meine, es geht schließlich um Wahrscheinlichkeiten, und da ist praktisch alles drin. Oder – wie es der US-amerikanische Ingenieur Edward A. Murphy jr. formulierte: Wenn ein Ereignis auf Dauer nicht stattfindet, ist die Wahrscheinlichkeit 0, also ist es unmöglich. Ist es dagegen möglich, passiert es auch. Das gilt gleichermaßen für Lottogewinne wie für Flugzeugabstürze und für das Verbandeln von zwei Menschen, von denen man findet, dass sie wie geschaffen füreinander sind. Wer also einen Hirnchirurgen mit Pilotenschein kennt … Ich käme wirklich gern mal zum Essen …

Aufge-
wärmtes

Hello again ...

Ähnlich wie Gulasch oder Bolognese soll ja auch Liebe aufgewärmt besser schmecken als in der ersten Runde. Ich persönlich kann das nur insofern bestätigen, als ich vor einer halben Ewigkeit mal ganz kurz einen Rückfall mit einem meiner Ex hatte. So ungefähr zwei Wochen lang. Dann haben wir uns aus denselben Gründen getrennt, aus denen wir drei Monate vorher schon mal Schluss gemacht hatten. Bis dahin aber war es herrlich. Es fühlte sich an, als hätte man sich unerlaubt noch einen Nachschlag »Hingerissenheit« erschlichen. Obwohl der Laden »Du und ich und für immer« offiziell längst geschlossen hatte. Was ja insofern stimmte, als wir immerhin 14 Tage lang einmal nicht das taten, womit wir am Schluss hauptsächlich beschäftigt waren: uns nach Kräften auf die Nerven zu gehen. Ich meckerte nicht rum, weil er so unzuverlässig war, und er jammerte mal nicht über meine »Ansprüche«. Bis uns wieder einfiel, wie wir uns gegenseitig zu der Überzeugung gebracht hatten, doch nicht füreinander geschaffen zu sein. Und zwar definitiv. Ich treffe ihn heute manchmal zufällig und muss sagen: Ja, nett, aber immer noch nicht mein Fall. Sowieso ist er längst mit einer anderen verheiratet und Vater von drei erwachsenen Kindern. Dennoch habe ich offenbar bislang eine wichtige Männerressource einfach ungenutzt gelassen: die Rückholaktion.
Angeblich eine super Gelegenheit auf das Glück. Das lese ich in einem Zeitungsartikel und dass die amerikanische Psychologieprofessorin Dr. Nancy Kalish von der California State University dafür ein paar wirklich überzeugende Beweise gesammelt hat. Sie nennt das Aufwärmen von Verflossenen »rekindling«, was so viel heißt wie »wiederentfachen«. Sie befragte mehr als zwei Jahrzehnte lang mehrere tausend Menschen, um die Zukunftsaussichten einer Liebe mit Vergangenheit zu studieren. Das Ergebnis: Das Leben ist ein Fundbüro, in dem man auch

Liebe Frau Dr. Frühling,

ich habe auf einer Party einen hinreißenden Mann kennengelernt. Einen, der nicht ausweicht, der nicht bloß eine Affäre will, sondern Verbindlichkeiten. Das Problem: Er lebt in einem Erinnerungsschrein. Alles bei ihm daheim sieht so aus wie damals, als seine Frau, die ihn für einen anderen verlassen hat, noch dort zu Hause war. Sollte ich nicht mal gründlich umräumen?
Elke, 56

Liebe Elke,

Männer neigen dazu, das Stück »Beziehung« mindestens so oft zu wiederholen wie die Schwarzwaldklinik. Sie ändern nicht die Kulisse, sondern nur die Hauptrolle. Das gibt ihnen das beruhigende Gefühl, dass eigentlich gar nichts Schlimmes passiert ist und sie immer noch totale Beziehungsprofis sind. Das nur zur Erklärung. Und natürlich: herzlichen Glückwunsch! Angesichts der innenarchitektonischen Zumutungen eines gewöhnlichen Junggesellen-Haushalts (Yucca-Palme, XXXL-Fernseher, Stahlrohrsofa, BVB-Bettwäsche) ist so ein von einer Frau eingerichtetes Zuhause doch eigentlich ein Glück.

längst verlorengegangene Gefühle erfolgreich an ihre ursprünglichen Besitzer zurückgeben kann.

Nehmen wir Prince Charles und Camilla. Das wohl berühmteste Beispiel dafür, dass alte Liebe nicht rostet und es sich lohnt, auch mal zurück-, statt immer nur nach vorn bis zur nächsten Single-Party zu schauen. 1971 begegnen sich die beiden das erste Mal beim Polo. Da sind sie Anfang 20. Drei Jahre später sind sie ein Paar – und schwer verliebt. Doch der Prinz lässt sich Zeit, er mag die entscheidende Frage nicht stellen. Wohl auch, weil Camilla bei den royalen Eltern nicht gerade als Wunschkandidatin gilt. Camilla wird ungeduldig, heiratet schließlich einen anderen. Der Rest ist bekannt. Auch, dass das Paar heute als enorm krisenfest, sehr harmonisch und glücklich gilt.

Es ist das vermutlich bekannteste, aber längst nicht das einzige Rekindling-Märchen. Dabei folgt die Geschichte dem immer gleichen Drehbuch: Zwei liebten sich sehr, verloren sich aus den Augen und treffen sich nach einem ganzen Leben wieder. Sie machen genau dort weiter, wo sie einstmals aufhörten.

Ich finde, das klingt zauberhaft. Hat aber auch seine Tücken. Ich zum Beispiel würde mich mit 80 Jahren ungern vor jemandem ausziehen, der mich das letzte Mal nackt gesehen hat, als ich 17 war. Jedenfalls nicht, wenn irgendwo auf diesem Planeten noch ein Licht brennt. Was ja übrigens auch umgekehrt gilt. Eben stand da noch Ulrich, der Held des Schwimmvereins von 1978, ein Adonis in Speedo-Badehose und mit Honda Monkey auf dem Freibadparkplatz. Und nun hat man es mit einem hochbetagten Rentner zu tun. Allerdings, so meint die amerikanische Psychologin, sei gerade die lange Pause da von Vorteil: »Das Erstaunliche ist: Die Paare sehen in einander immer noch den jungen Menschen von damals.« Auch deshalb sei die »Jugendliebe-Reloaded« so aussichtsreich.

Zurück in die Zukunft

Facebook oder das Portal Stayfriends machen es einem leicht, die aufzutreiben, die uns noch mit denselben Augen sehen könnten wie damals mit 14, 19 oder 22. Zu leicht, glaubt Nancy Kalish, und warnt dringend davor, etwa einen langweiligen Tatort-Sonntagabend damit zu verdaddeln, dass man unverbindlich nach Robert oder Gabriele aus der Tanzstunde oder aus der Moped-Clique googelt. Unter dem Motto: bloß mal gucken, was die heute so machen. Man würde vielleicht eine Freundschaftsanfrage absetzen oder eine E-Mail senden. Und schon wäre man wieder in Kontakt und mitten in einem Trennungsbeschleuniger.

In den USA jedenfalls zählen solche Wiederbegegnungen angeblich zu den Top-Scheidungsgründen. Wegen des Glücks, jemanden gefunden zu haben, der mit ausreichend Erinnerungsvermögen ausgestattet ist, um in uns noch den Teenager mit dem Hautwiderstand eines Pfirsichs zu sehen. Und weil einen kaum etwas so sehr verbindet wie die Erfahrung, diese besondere Lebensphase »Jugend« geteilt zu haben. Wirkt wie eine Mischung aus Brandbeschleuniger und Sekundenkleber. Ganz egal, wie lange das her ist. Ebenso wie der Vorteil, mit einer Jugendliebe die oft so nervige Kennenlernphase, das Sicherklären, locker überspringen zu können. Er oder sie weiß ja schon alles. Oder sagen wir mal: Das Wichtigste jedenfalls.

Im Kopf überschlage ich mal eben, wer auf meine Liste der »Jugendlieben« gehört. Georg vielleicht? Den mochte ich sehr. Bis er mich verpetzte. Ich hatte mir an einem sehr heißen Sommertag im Kindergartenkeller eine Bluna geklaut. Normalerweise hätte ich die bezahlen müssen. Aber ich hatte kein Geld dabei, und mit vier Jahren galt ich bei der Betreuerin nicht als kreditwürdig. Nein, auch nicht bei 30 Grad im Schatten. Niemals wäre ich aufgeflogen, hätte Georg einfach seine Klappe gehalten. Aber gut, wenigstens war die Bluna schon getrunken

Wenn ein Ereignis auf Dauer nicht stattfindet, ist die Wahrscheinlichkeit 0, also ist es unmöglich. Ist es dagegen möglich, passiert es auch.

und nicht mal die Kindergartentante Therese konnte das rückgängig machen.
Hans-Günther aus der Grundschule? Mit ihm hatte ich mir ein Kopf-an-Kopf-Rennen um den Spitzenplatz beim Buchstabierwettbewerb geliefert. Ich hatte schließlich – knapp – das Pony-Buch gewonnen. Schien ihn schwer entflammt zu haben. Er fragte mich schriftlich – natürlich in astreiner Orthographie –, ob ich mit ihm gehen wolle. Als ich ihm mit einem »Ja« antwortete, das üppig von meinen schönsten Poesiealbum-Glanzglitzerrosenbildern eingerahmt war, sprach er nie wieder ein Wort mit mir.
Es bleiben noch Guido, den ich in einer Dorfdisco kennenlernte und mit dem ich keinen Sex hatte, aber sonst so ziemlich alles andere auf dem Weg dorthin. Bis er nach drei Monaten fand, dass eine andere besser zu ihm passt. Ja, das hat er genau so gesagt. Dann kam Bernd. Vier Jahre waren wir ein Paar, bis ich ging.

Früher ist näher, als man denkt

Insgesamt also ausreichend »Material«, um das Projekt »Ex-Files« zu starten. Ich schaue mich bei Facebook um und melde mich bei Stay Friends an. Das Portal bringt Schulfreunde zusammen und bietet Fotos, die engagiertere Mitschüler als ich dort gepostet haben. Das Erste, was ich feststelle: Dass ich einen unglaublich gutaussehenden Jungen in der Klasse hatte, der mir völlig aus dem Gedächtnis gerutscht war und dass Christine – die alte Streberin – ihr so hart erschleimtes 1-a-Abitur offenbar dazu verwendet hat, Aura-Soma-Beraterin zu werden. Ich entdecke aber auch Bernd und Guido. Beide freuen sich, als ich sie anschreibe. Ja klar treffen sie sich gern mit mir.
Vor dem ersten Termin fällt mir diese Werbung fürs Bausparen wieder ein: Es sind die 80er. Zwei Nachbarjungs begegnen sich am Tag ihrer Konfirmation auf der Straße. Der eine hat zu diesem besonderen

Anlass ein Moped bekommen, der andere einen Bausparvertrag. Dazu sagt der mit dem Moped: »Wie uncool!«. 20 Jahre später sieht man ihn, schwer mopsig, einen Ford polieren, als ein ziemlich gutaussehender Typ vorbeikommt. Der mit dem Bausparvertrag. Er fragt: »Thomas!? Sag bloß, du wohnst immer noch hier?« »Ja«, sagt der andere. »Oben bei Mutti!« »Wie uncool!«, sagt der Bausparer.

Mit 14 hätte ich ganz sicher auch den mit dem Moped spannender gefunden. Heute finde ich beide Männer uninteressant. Auch den Bausparer, diesen selbstzufriedenen Klugscheißer, der am Ende des Spots in sein Eigenheim geht, damit wir alle sehen, dass es sich enorm gelohnt hat, kein Moped haben zu wollen. Was will man mit jemandem, der nicht mal in der dafür vorgeschriebenen Lebensphase total unvernünftig sein wollte?

Ich überlege, ob es nicht vielleicht ein Problem werden könnte, dass sich das Beuteschema einer 14-Jährigen doch sehr von dem einer über 50-Jährigen unterscheidet. Ich meine, ich war früher schon mit einem Köpper vom Dreier zu beeindrucken und einmal einen ganzen Sommer lang in den Sohn des Hausmeisters meiner Großmutter verliebt, weil er entfernte Ähnlichkeit mit Cat Stevens hatte und ein Bonanzarad mit einem Fuchsschwanz dran fuhr. Wird es mir mit Guido und Michael vielleicht genauso gehen? Ist das, was uns früher so anziehend und spannend aneinander erschien, heute möglicherweise total uninteressant?

Mir fällt Willi ein. Er war unglaublich attraktiv, lebte in einem besetzten Haus, studierte ziemlich nachlässig und finanzierte sich sein Boheme-Leben mit Taxifahren. In ihn war ich zwei ganze total unglückliche Jahre verschossen. Ohne dass wir auch nur fünf Minuten lang miteinander geredet hätten. Und das Interesse war so was von einseitig. Ich schrieb ihm Briefe, von denen ich bis heute inständig hoffe, dass sie bei irgendeinem Umzug verlorengegangen sind oder er sie sofort entsorgt hat. Ich nötigte ihn, mit mir darüber zu sprechen, warum er mich so gar nicht liebte. Ja, ich habe mich nach allen Regeln der Kunst zum Horst

Was früher mal mördercool war, könnte einem heute ziemlich lächerlich erscheinen oder bemitleidenswert oder einfach total uninteressant.

gemacht. Es war wirklich richtig, richtig peinlich. Und es kam nicht mal zu einem einzigen winzigen Kuss.

Jahre später habe ich Willi auf irgendeiner Party wiedergesehen. Ziemlich verlebt sah er aus. Er hat mich nicht erkannt und ich habe ihn nicht angesprochen. Jemand sagte, dass er immer noch Taxi fährt und in einer winzigen Einzimmerbude irgendwo in einem Vorort haust. Nein, das hat er nicht verdient. Er war immer fair, hat meine Schwärmerei kein bisschen ausgenutzt (obwohl ich ihm damals wirklich dankbar dafür gewesen wäre). Will sagen: Was früher mal mördercool war, könnte einem heute ziemlich lächerlich erscheinen oder bemitleidenswert oder einfach total uninteressant. Aber wie heißt es so schön? Versuch macht klug!

Hin und weg

Guido sieht immer noch aus wie früher. Ich hoffe inständig, dass das mit dem Déjà-vu bei ihm umgekehrt genauso gut funktioniert. Die Erde bebt zwar nicht. Aber wir haben uns richtig viel zu erzählen. Und es fühlt sich tatsächlich so vertraut an, als wären nicht knapp 35 Jahre, sondern bloß ein paar Wochen vergangen. Das ist schon mal gut. Nicht so gut: das mit seiner Zunge. Nur eine Kleinigkeit. Aber jetzt fällt mir ein, wie irritierend ich es damals schon gefunden habe, dass er sich dauernd über die Lippen leckt. Vielleicht hatten wir damals deshalb keinen Sex? Ich erinnere mich an diese eine Folge von »Sex and the City«, wo Carry IHN endlich gefunden zu haben schien, den perfekten Mann. Bis er im Restaurant plötzlich anfängt zu lachen und klingt wie eine Hyäne mit Schluckauf.

Ja, das ist lächerlich. Aber es ist nun mal der Unterschied zwischen »mögen« und »lieben«. Man muss wenigstens ein bisschen verknallt sein, um sich nicht an solchen Dingen zu stören, sie vielleicht sogar total süß zu finden. Bin ich nicht und deshalb schaue ich wie besessen immer auf dieses Zungenlecken. Da, schon wieder. Nein, das hier lässt sich auf keinen Fall wieder aufwärmen. Zumal Guido verheiratet ist.

Das ist Bernd auch. Aber bei ihm fällt mir gleich ein, weshalb ich einige Jahre mit ihm zusammen war. Mit ihm ist es total nett, sehr lustig und auch ein wenig sentimental. Hätte ich ihn nicht verlassen dürfen? Wie wäre mein Leben verlaufen, wenn wir zusammengeblieben wären? Ich denke an eine Freundin, die oft erzählt, wie sie einmal den Traummann gefunden hatte, den wir alle nur vom Hörensagen kennen: »Wahnsinnig attraktiv, gebildet, humorvoll, fürsorglich, phantastisch im Bett, unglaublich großzügig. Er hat mir jeden Wunsch von den Augen abgelesen und an allem, was ich getan habe, regen Anteil genommen. Er war immer für mich da und hat mich in allem unterstützt. Ich war das Wichtigste in seinem Leben. Ich aber dachte: Wenn dieser erste Mann schon so gut ist, wie viel Besseres muss es dann noch da draußen geben? Ich wollte mehr: mehr Abenteuer, mehr Abwechslung. Deshalb habe ich ihn schließlich verlassen. Heute fühle ich mich manchmal wie des Fischers Frau. Die aus dem Märchen, die immer mehr und mehr will und schließlich gar nichts mehr hat. Klar kamen noch ganz gute Männer nach ihm. Aber keiner, der ihm auch nur annähernd das Wasser reichen konnte. Er hat natürlich längst eine andere. Die beiden haben zwei Kinder und sind sehr glücklich. Manchmal sehe ich ihn auf der Straße. Ich könnte jedes Mal heulen.«

Na ja. Soooo toll war Bernd nun auch wieder nicht. Ich bin ja nicht nur wegen des anderen gegangen. Es gab auch dieses und jenes, das früher oder später ganz sicher zu einer Trennung geführt hätte. Seine Mutter zum Beispiel. Noch nach drei Jahren sagte sie jedes Mal, wenn sie mir die Tür öffnete: »Bernd, da ist Besuch für dich!« Als würde sie mich das erste Mal sehen und am liebsten draußen stehenlassen. Und sie sagte: »An der kannst du dir gern die Hörner abstoßen. Aber auf Dauer findest du sicher etwas Besseres!« Nicht zu mir, sondern zu ihm. Er hat es mir erzählt. Aber er hat mir nicht erzählt, dass er mich verteidigt hätte. Überhaupt gab es eine gewisse Loyalitäts-Unterversorgung, fällt mir jetzt ein. Er vermied eben gern Stress und Ärger. Eine Haltung, die ich im Prinzip teile – aber nicht auf Kosten meiner Lieben.

Es reicht also auch diesmal nicht für einen Rückfahrtschein in die Vergangenheit. Das gelingt ohnehin eher bei Paaren, die früh durch äußere Umstände – etwa durch einen Umzug – und nicht durch einen anderen Mann oder unüberbrückbare charakterliche Differenzen getrennt wurden. Sagt Nancy Kalish. Und: Je länger das Paar auseinander gewesen ist, umso größer anscheinend die Wiedersehensfreude, umso furioser das Liebes-Comeback.

Wie bei Luigi Pedutto und Mokrina Jursuk. Im Zweiten Weltkrieg hatten sich der italienischer Kriegsgefangene und die ukrainische Zwangsarbeiterin in einer Fabrik im heutigen Österreich kennengelernt. Er hilft ihr und ihrer Tochter mit Lebensmitteln aus. Sie verlieben sich. Das Kriegsende trennt das Paar, fast 60 Jahre leben sie auf ihrer jeweiligen Seite des Eisernen Vorhangs, gründen Familien. Dann verliert erst er seine Ehefrau und schließlich sie ihren Mann. Luigi macht sich nun auf die Suche nach Mokrina. Er hat sich nicht nur eine Bluse und eine Haarlocke der einstigen Geliebten aufbewahrt. Er hat auch noch ihre alte Adresse. Mit diesem »Recherchematerial« wendet er sich an die Fernsehsendung »Schdi menja« (»Warte auf mich«) beim größten ukrainischen Privatsender und wird fündig. 2004 kommt das Paar endlich wieder zusammen und bleibt es auch.

In Kiew hat man dieser großen Liebe im Marienpark ein Bronzedenkmal gesetzt: zwei Hochbetagte, die sich in den Armen liegen. »Als ich neun war, sagte mein Lehrer, dass wir für alle durchlebten Widrigkeiten eine Belohnung erhalten. Ich habe sie vollständig bekommen«, sagte Luigi einmal einem Reporter. Ganz sicher hätte ich nach all den Widrigkeiten auf dem Single-Markt auch mal eine Belohnung verdient. Und zwar pronto!

Die freie Wildbahn

Fremder in der Nacht

Heute Abend treffe ich mich mit Freundinnen in einem unserer Stammlokale. Ein Restaurant mit guter Küche, das seit Jahrzehnten jeden Abend rappelvoll ist. Ich bin ein bisschen früh (liegt an meinem überausgeprägten Pünktlichkeitsgen). Unser Tisch ist noch nicht frei und ich gehe zum Warten an die Theke. Wenige Minuten später setzt sich ein ausgesprochen gutaussehender Mann neben mich. Wenn ich »gutaussehend« schreibe, meine ich das auch! Ein jungenhafter Typ, kein Schönling. Markant und hübsch. Keiner dieser eitlen Gockel, sondern aufgeschlossen und dazu noch freundlich. Wir unterhalten uns. Er erzählt, dass er in einem Krankenhaus in der Nähe arbeitet. Ich sehe ihn direkt in einem wunderbaren weiß-gestärkten Arztkittel. Das Stethoskop baumelt vor seiner sicherlich breiten Brust. Sollten hier und jetzt alle meine geheimen (oder nicht ganz so geheimen) Wünsche in Erfüllung gehen? Arzt und gutaussehend! In der Lage, ganze, vollständige Sätze von sich zu geben! Sprechen und heilen. Was für eine phantastische Kombination.

Er preist seinen Arbeitsplatz an, als wäre er im Krankenhausmarketing. Sie hätten da zum Beispiel eine tolle Geburtsklinik. Ich sage: »Damit bin ich definitiv durch!« Eine taktisch vielleicht nicht irre kluge Antwort, die alles andere als jung macht. Aber wer mit 52 so tut, als sei er an Geburtskliniken interessiert, macht sich irgendwie auch lächerlich. Eine unglaublich gute Suchtklinik hätten sie auch, teilt er mir mit. »Nicht meine Problemzone!«, weise ich auch diese herrliche Offerte von mir. »Hast du Diabetes, da sind wir auch gut!«, kommt ein letztes Angebot. »Noch nicht, aber das kann ja noch werden!«, antworte ich. Überlege kurz, ob ich wegen dieser Frage beleidigt sein sollte, entscheide mich aber dagegen. Ich weiß, dass Diabetiker oft auch ein kleines oder größeres Gewichtsproblem haben, will aber hier und jetzt nicht über meinen Speck und seine Aussagekraft nachdenken.

Es ist angenehm entspannt, mit ihm zu reden. Lustig. Er wartet auch auf einen leeren Tisch und auf seine Freunde. Bevor die eintreffen, kommt ein Obdachlosenzeitungsverkäufer vorbei. Mr. Weißkittel kauft ihm ein Exemplar ab. Auch nett. Spricht für ihn. Ich mag Männer mit Herz. Und Männer, die großzügig sind, gerade im Kleinen.

Fünf Minuten später sind seine Freunde da. Ich gebe ihm noch brav die Hand und nenne meinen Namen. Er sagt, er weiß, wer ich bin. Immerhin kenne ich zumindest jetzt seinen Vornamen.

Er verabschiedet sich nett, und ich bin wie vom Blitz getroffen. Natürlich weiß ich eigentlich gar nichts. Ich weiß nicht, ob er verheiratet ist, liiert oder eventuell schwul. Oder schwul liiert. Oder bisexuell. Oder asexuell. Ich weiß nichts außer seinem Vornamen und wo er arbeitet. Seit langer Zeit ist das der erste Mann, der mir auf Anhieb gefällt. Jedenfalls so, dass ich mir ein gemeinsames Essen oder einen Kaffee vorstellen könnte. Und das ist mehr, als ich von den meisten anderen behaupten würde. Ein Hoffnungsschimmer. Ein Wink, dass da draußen doch noch Männer existieren, die auch mir gefallen. Ich bin begeistert. Gar nicht mal nur über ihn, sondern vor allem darüber, dass es entgegen vieler Befürchtungen im Frauenkreis doch noch gute Männer gibt.

Endlich trifft nun auch die erste meiner Freundinnen ein. Ich nehme die Obdachlosenzeitung mit, die er hat liegen lassen. Sofort erzähle ich ihr alles über meine Thekenbekanntschaft.

»Ja und jetzt?«, fragt sie mich.

»Ich könnte ihm ja seine Obdachlosenzeitschrift an den Tisch bringen!«, schlage ich vor.

»Gut – und da schreibst du deine Telefonnummer rein!« antwortet sie. Ich zucke zusammen. Es mag sein, dass ich nicht wahnsinnig scheu wirke, aber so offensiv zu sein, ist nicht mein Ding.

»Auf keinen Fall!«, sage ich, und schon der Gedanke lässt mich knallrot anlaufen. Zum Glück sitzt er weit weg und kann uns weder sehen noch hören.

Liebe Frau Dr. Frühling,
mein Freund ist neun Jahre jünger. Wir sind sehr glücklich. Nur meine Freundinnen und ehrlich gesagt auch meine innere Stimme warnen dauernd: Der wird dich sicher bald für eine Jüngere sitzen lassen …
Margot, 62

Liebe Margot,
wussten Sie schon, dass auch ältere Männer einen ganz oft für eine Jüngere sitzen lassen? Und dass das sogar jüngeren Frauen mit jüngeren Männern passiert? Das ist weniger eine Alters- als eine Charakterfrage. Ihr Mann scheint Charakter zu haben. Und überhaupt: no risk, no fun!

»Was hast du zu verlieren?«, fragt meine Freundin. Eine gute Frage. Aber sich so direkt anzubieten, erscheint mir gefährlich. Was, wenn er mich doof findet? Langweilig? Hässlich? Fett? Uninteressant? Vielleicht hat er nur nett mit mir geredet, weil er zufällig neben mir saß. »Das Leben ist ein Risiko!«, sagt meine Freundin.

Ich finde, sie hat recht. Obwohl ich andererseits finde, er könnte mich auch nach meiner Telefonnummer fragen. Oder fragen, ob wir mal ohne Freunde einen Kaffee trinken gehen. Immerhin kennt er meinen vollen Namen. Es wäre leicht, Kontakt zu mir herzustellen. Von Facebook, E-Mail und Co ganz zu schweigen. Wieso also sollte ich den ersten Schritt machen? Andererseits, warum eigentlich nicht? Würde ich es nicht bereuen, wenn ich es nicht wenigstens versucht hätte? Vielleicht ist er zu schüchtern? Das könnte verdammt peinlich für mich werden, denke ich. Ich könnte mir einen gigantischen Korb einfangen. Auf einmal kann ich jeden Mann verstehen, der Frauen lieber nicht anspricht.

»Na los!«, ermuntert mich meine Freundin. Ich nehme die Zeitung und schreibe auf die allerletzte Seite klein »Susanne« und darunter meine Telefonnummer. »Jetzt gehst du an den Tisch und gibst ihm die Zeitung!«

Wie eine verschüchterte 13-Jährige schleiche ich mit gesenktem Kopf und rotgeflecktem Hals nervös zu ihm rüber. »Du hast was vergessen! Gründlich lesen!«, sage ich hektisch und lege die Zeitung hin. Er kann kaum reagieren, so schnell bin ich wieder verschwunden. Souveräne Auftritte sehen mit Sicherheit anders aus. Zum Glück ist das Restaurant groß und unser Tisch ist in einer Nische, weder in Sicht- noch in Hörweite.

Inzwischen sind auch meine anderen Freundinnen gekommen und jede will ihn mal anschauen und geht zu diesem Zweck auf die Toilette. »Um Himmels willen, wie alt ist der denn?« will eine nach der Musterung wissen. »Der ist doch noch nicht mal 40!«, fügt sie noch hinzu.

Ich werde stutzig. Über sein Alter hatte ich mir überhaupt keine Gedanken gemacht. »Ich dachte, er sei ungefähr mein Alter!«, antworte ich und zucke zusammen. Meine Freundin lacht nur trocken: »Dein Alter, lustig!«

Offensichtlich, jedenfalls für meine breit grinsenden Freundinnen, habe ich vor wenigen Minuten einem sehr viel jüngeren Mann meine Telefonnummer in eine Obdachlosenzeitschrift geschrieben. Einem Mann, von dem ich so gut wie nichts weiß. Der sich wahrscheinlich gerade gemeinsam mit seinen Freunden richtig schlapp darüber lacht, was die Alte sich gedacht hat. Wenn ich die Zeit zurückdrehen könnte, würde ich es tun. Auf der Stelle. Ich werde keinesfalls Richtung Toilette gehen, solange er mit seinen Freunden noch hier ist. Nippe nur noch an meinem Wasser und beschwöre meine Blase, sich ruhig zu verhalten.

Alle versuchen, mich zu beruhigen. »Ist doch irre komisch!«, finden sie. Wäre nicht ich die Hauptdarstellerin in dieser Komödie, könnte ich auch glatt darüber lachen. Aber ich bin so peinlich berührt von mir selbst, dass mir nicht mal mein Essen schmeckt.

Zum Glück haben die angeblich so jungen Typen weniger Sitzfleisch als wir mittelalten Frauen und gehen nach zwei Stunden. Meine Blase und ich sind sehr froh. Er winkt freundlich zu unserem Tisch, und weg ist er. Hat er meine Nachricht in der Zeitschrift nicht gesehen? Hat er gar nicht reingeguckt? War meine Aufregung umsonst? Habe ich mich in etwas reingesteigert, was komplett harmlos ist? Hätte er nicht eben mal an unseren Tisch kommen können und »Tschüss« sagen? War sein Winken einfach nur ein Akt der Höflichkeit? Ein Zeichen, dass er keinesfalls weiteres Interesse hat? Oder traut er sich nicht an einen Tisch voller grinsender Frauen?

Ich beginne mich trotz all der Gedanken ein wenig zu entspannen, habe aber mein Handy stets im Blick. Sollte er die Zeitung doch durchgeblättert haben, oder das jetzt zu Hause tun, dann könnte es ja sein, dass er mir eine nette SMS schickt. Einfach als Zeichen, dass er sich über meine Telefonnummer freut. Oder er ist so entsetzt und findet mich dermaßen lästig, dass er sich keinesfalls meldet und mich schlicht ignoriert. Meine Freundinnen sind inzwischen vom Thema »fremder, junger Mann unter 40, wahrscheinlich Arzt« ein wenig gelangweilt. Irgendwie verständlich, vor allem, weil die dauernde Spekulation darüber, was vielleicht ist oder sein könnte, nicht wirklich viel Neues bietet.

Folgeerscheinungen

Als ich zu Hause ankomme, vertiefe ich mich sofort ins Internet und beginne mit meiner Recherche. Komme mir vor wie eine miese kleine Stalkerin. Aber nicht mies genug, um nicht alle Ärzte in dem betreffenden Krankenhaus durchzugucken. Denke, wenn er jetzt noch Chirurg ist, dann ist das der Megatreffer. Ein Zeichen.
Aber: immer noch keine Handynachricht. Und kein Treffer bei der Ärzteliste. Keiner sieht ihm auch nur entfernt ähnlich. Dafür ein Treffer auf meiner Facebook-Fanseite. Wenn Menschen Bilder von mir liken, sehe ich das. Jetzt habe ich seinen ganzen Namen und gehe als erstes auf seine Facebook-Seite. Viele Landschaftsbilder, aber ansonsten wenig Info. Immerhin steht dort das Alter. Er ist mein Jahrgang. Ich bin erleichtert. Obwohl: Wäre es tatsächlich sooo schlimm gewesen, wenn er ein paar Jahre jünger wäre? Welcher Mann würde sich darum Gedanken machen? Keiner.
Ich warte einfach mal ab, beschließe ich. Wenn er meine Bilder liked, könnte er mir auch eine Nachricht schicken. Vielleicht hat er die Zeitschrift gar nicht mitgenommen, meinen zarten Hinweis überhaupt nicht kapiert? Ich hätte seinen Tisch ins Visier nehmen müssen, als er weg war. Gucken, ob das Heft vielleicht noch dalag. Nachher ist man immer schlauer. Irgendeine Form von Interesse scheint er aber zu haben, sonst hätte er sich wohl kaum meine Facebook-Seite angeschaut. Wenn er noch ein Bild liked, schicke ich ihm eine Freundschaftsanfrage. Zwischendrin google ich seinen vollen Namen und sehe, dass er weder Chirurg noch sonst ein Arzt ist. Er ist Pfleger, macht irgendwas mit

Es genügt halt nicht, wenn man zwei zusammenbringt, bloß weil beide heterosexuell sind und derselben Spezies angehören.

Hygiene. Auch gut. Ich gebe zu, Chirurg wäre mir lieber, weiß aber, dass das albern ist. Wenn ein Mann sich um Hygiene kümmert, kann das ja prinzipiell nicht schaden. Bevor der mich jemals besucht, muss ich hier allerdings gründlich durchputzen, schießt es mir durch den Kopf.

Ha! Er liked ein weiteres Bild. Bedingung erfüllt, also versuche ich, ihm eine Freundschaftsanfrage zu schicken. Es geht nicht. Nur »Freunde von Freunden« können das. Mist. Er hat anscheinend sehr strenge Facebook-Einstellungen. Ich wusste gar nicht, dass das geht. Ich hasse nichts mehr, als handlungsunfähig zu sein, und kann mich da total reinsteigern. Abwarten zu können gehört nicht zu meinen Primärtugenden. Ich überlege, was ich noch tun könnte. Es geht nur noch darum, die Kontaktaufnahme hinzukriegen. Ich gebe nicht gern auf. Nachdem ich weiß, wie er heißt, und wo er arbeitet, überlege ich, ihm einfach eine E-Mail an seine Arbeitsadresse zu schicken. Ist das aufdringlich? Zu aufdringlich? Ich beschließe, noch mal in Ruhe darüber nachzudenken.

Am nächsten Abend ist großer Ball in Wiesbaden. Ich stehe mit zwei Freundinnen an einem Stehtischchen und zeige ihnen das Bild meiner Hygienefachkraft. »Der ist hundertprozentig schwul!«, befindet eine der beiden. Um Bestätigung zu bekommen, nimmt sie das Handy mit dem Foto und hält es einem Mann unter die Nase, der zufällig neben uns an dem kleinen Tisch steht. Ein ganz gutaussehender Mann im Smoking. Nicht spektakulär, aber nett.

»Schwul ist der nicht. Ich komme aus Köln und kann das beurteilen. Aber er hat keine schöne Seele!«, bemerkt er nur trocken.

Keine schöne Seele? Das ist ja mal eine Aussage. Gewagt, würde ich sagen, vor allem wenn man nur ein Foto gesehen hat. Wir kommen ins Gespräch. Er arbeitet – wie er selbst mit einer gewissen Ironie sagt – im »Klogeschäft«, ist Geschäftsführer einer Sanitärkette. Einer muss das ja machen, denke ich und dass ich neuerdings offenbar einen Hang zu Männern habe, die in irgendeiner Form mit Hygiene und Sanitärdingen zu tun haben. Ist das ein Zeichen? Was will mir das Universum damit sagen? Dass ich mal wieder mein Bad putzen sollte?

Der Sanitärexperte ködert mich mit einer VIP-Klokarte, sozusagen einer Art Generalschlüssel für alle Raststättentoiletten bundesweit. Wusste gar nicht, dass es so was gibt. Vielfliegerkarten, schwarze Kreditkarten – alles schon mal gesehen und leider nie besessen, aber eine Klokarte? »Toll, ich wäre begeistert, die hat ja nicht jeder!«, sage ich. Er verspricht, mir eine zu schicken. Was für ein neues herrliches Statussymbol. Und so nützlich! Wir tauschen – ganz erwachsen – Visitenkarten aus.
Meine Freundinnen und ich flanieren noch ein bisschen und haben den »Klomann« bald aus den Augen verloren.

Ein seltsames Spiel

Tage später schreibe ich dem Sanitärfachhandelsgeschäftsführer eine E-Mail, um ihn an mein neues Statussymbol zu erinnern, und er schickt tatsächlich eine VIP-Klokarte. Wir haben nun Kontakt per WhatsApp und telefonieren ab und an. Er ist extrem beschäftigt, ständig unterwegs. Trotzdem versuchen wir immer mal wieder, uns zu verabreden. Eine schwierige Angelegenheit. Mal ist er kurz am Flughafen und jettet dann weiter, mal muss er sich um sein Kind kümmern, das er mit seiner Ex hat.
Ich weiß, dass man sich Zeit nimmt, wenn man etwas wirklich will, und bin schon deshalb eher verhalten. Er ist ein netter, sympathischer Mann, aber eher unverbindlich und sehr mit sich beschäftigt. Ich merke, dass er nicht brennend an mir interessiert ist, das Ganze eher so am Köcheln hält. Wenn er Zeit hat, z.B. auf den nächsten Flieger wartet, meldet er sich. Anti-Langeweile-Anrufe. Trotzdem denke ich immer mal wieder, vielleicht könnte er ein Mann sein, der mir gefällt. In den Momenten, in denen ich ehrlich mit mir selbst bin, ahne ich, dass es mir möglicherweise mehr darum geht zu zeigen, dass ich ihn haben könnte, wenn ich denn wollte. So genau weiß ich das nicht. Wir schreiben ja nur und telefonieren ab und an.

Plötzlich die Chance auf ein Treffen. Wir verabreden uns in Düsseldorf. Ich bin beruflich dort und er hat einen Termin in machbarer Entfernung. Aber es klappt nicht. Mister Superbeschäftigt (der Sanitätsfachhandel scheint arbeitsintensiv) sagt ab, beteuert, wie leid es ihm tut. Trotzdem bleibt ein schaler Geschmack zurück. Ich fühle, dass das nichts wird, aber er hat anscheinend feine Antennen, und sobald ich mich zurückziehe, meldet er sich.

Jeder hat eine zweite Chance verdient, weise ich mich selbst zurecht. Absagen können vorkommen, denke ich, so ist es nun mal, wenn jemand beruflich stark engagiert ist. Der hat genug Stress, der braucht nicht noch mehr. Sei ganz entspannt und locker, das mögen Männer.

Richtig komplett überzeugen kann ich mich aber nicht. Eigentlich sollte ich sagen: »Weißt du was, du kannst mich mal!« »Abwarten, Fröhlich, alles wird sich weisen«, ist dennoch mein neues Mantra. Warten scheint für Singles ein Must have zu sein – auf Nachrichten, auf Anrufe, auf Interesse. Irgendwie geht mir das mächtig auf den Keks. Warten, bis er sich meldet, und dann rein taktisch sein und nicht sofort zurückschreiben. Man muss so tun, als wäre man wahnsinnig beschäftigt und ausgelastet. Keine Erwartungen und keinen Druck signalisieren. Nie fragen: Warum hast du dich tagelang nicht gemeldet? Was soll das alles? Spielchen, die mit 15 vielleicht lustig sind, mit 52 eigentlich nur noch albern. Zwischendrin entschließe ich mich, der Hygienefachkraft eine E-Mail zu schicken. Immer noch liked er ab und an ein Foto von mir. Ich versuche, eine möglichst unverbindliche nette Mail an seine Krankenhausadresse zu formulieren. Nach dem Motto: Hätte dir gerne eine Freundschaftsanfrage geschickt … Seine Antwort lässt auf sich warten und fällt dann eher barsch aus. Er will wissen, woher ich die E-Mail-Adresse habe. Peinlich. Manchmal sollte man Dinge besser lassen. Trotzdem werden wir Facebook-Freunde. Ich kann nun sein komplettes Profil sehen und daher auch, dass er eine Freundin hat. Noch mal peinlich. Ich würde keinen Mann mit Freundin anflirten. Habe ich aber leider getan. Ich konnte es ja nicht besser wissen, rede ich mich vor mir selbst heraus.

Trotzdem bedauere ich es. Was sollen er und seine Freundin bloß von mir denken?

Sport, Anspannung und kein Spaß

Mit dem Klomann bleibt es kompliziert. Er fliegt durch Europa und schickt einigermaßen regelmäßig Grüße. Aber dann schaffen wir es doch, uns wieder zu verabreden. Ich bin nervös. Weiß nicht, ob das eine schlaue Entscheidung ist. Wir planen, uns in Norddeutschland zu treffen. Für uns beide wieder mal ein Zwischenstopp auf dem Weg zu irgendwelchen Terminen. Unsere erste Begegnung auf dem Ball ist inzwischen sechs Wochen her. Ein Mann, der erst nach sechs Wochen Zeit findet, mit mir Essen zu gehen – ist das wirklich die Art Mann, die ich gerne will? Wie sollte da eine Beziehung funktionieren? Ein Mann, der selbst in der Akquisephase dauernd etwas Wichtigeres zu tun hat? Ist das ein gutes Zeichen? Nein. Aber sei es drum.
Ich kann mich kaum mehr erinnern, wie mein Sanitärfachmann aussieht. Sein WhatsApp- und ein Internetfoto ist alles, was ich habe. Er sah nett aus auf dem Ball, das weiß ich noch. Er ist auch am Telefon freundlich, aber zurückhaltend. Nicht dass wir uns missverstehen, ich möchte keinesfalls, dass mir ein Mann, den ich kaum kenne, gleich schlüpfrige Komplimente macht. Aber eine charmante Bemerkung mal so zwischendrin wäre schon schön. Er schreibt nett, aber so könnte es auch seiner Kusine oder seiner Sekretärin gelten. Freundlich, aber nicht mehr.
»Wie soll er auch, wir kennen uns doch gar nicht!«, muss ich mich mal wieder selbst ermahnen. Vielleicht ist auch er einfach nur vorsichtig. Oder schüchtern. Natürlich könnte man das ansprechen. Fragen, wohin die Reise geht, ob er Interesse hat oder ob das mit mir nur ein kleines Geplänkel ist. Womöglich eines von vielen. Man könnte fragen, aber ich tue es nicht. Es wäre mir umgekehrt auch unangenehm, wenn ich

Das Leben ist ein Fundbüro, in dem auch längst verlorengegangene Gefühle erfolgreich an ihre ursprünglichen Besitzer zurückgehen können.

gefragt würde. Außerdem: Wer fragt, muss dann auch die Antwort aushalten.

Ich mache mir zu viele Gedanken, kann das Ganze nicht einfach spielerisch sehen, weiß aber, dass ich genau das tun sollte. Ich habe selbst keine rechte Ahnung, was ich will oder nicht will und erwarte das vom anderen? Ziemlich blöd, bei genauerer Betrachtung.

Wir sind in einem Hotel verabredet. Werden beide dort übernachten. Er hat die Zimmer gebucht. Die Betonung liegt auf »die« Zimmer. Selbstverständlich für jeden von uns eins. Aber auch das ist mir schon unangenehm. Der Aufwand steht einfach in keinem Verhältnis zum Grad der Bekanntschaft. Ich fände ein Abendessen bei mir in der Gegend irgendwie besser. So hat das Date eine Option, die ich eigentlich nicht will.

»Ist doch kein Problem!«, meint eine Freundin sehr pragmatisch: »Wenn du ihn richtig toll findest, dir vorstellen kannst, dich zu verlieben, dann nimmst du ihn keinesfalls mit auf dein Zimmer. Ist er lecker, kommt aber nicht für mehr in Frage, dann kannst du dir eine nette Nacht machen.«

Wir sind für den späten Nachmittag verabredet. Ich komme schon gegen Mittag im Hotel an, bin aufgeregt, aber irgendwie auch euphorisiert. So ein Date mit einem quasi Unbekannten ist spannend. Irgendwie ein Kick. Abwechslung in einem ansonsten eher unaufregenden, gleichförmigen Leben. (Nicht dass das schlecht wäre.)

Das Hotel hat einen angegliederten Fitnessclub, und als ich auf der Suche nach meinem Zimmer bin, laufe ich in einen leicht verschwitzten Mann. Er sagt nichts, guckt nur und strahlt mich an. Hübsche Zähne, denke ich nur. Tolles Lachen!

Der Klofachmann und ich wollen uns im hoteleigenen Café treffen. Der erste Mann, den ich sehe, ist ein etwas untersetzter Mitfünfziger in Sportklamotten, der mich freundlich anlächelt. Bin kurz irritiert, hatte ihn komplett anders in Erinnerung, aber zum Glück stimmt meine Erinnerung, denn er ist es nicht. Als er dann auftaucht, erkenne ich ihn sofort. Er sieht gut aus, ist schick gekleidet. Businessmäßig. Dunkelblauer Anzug. Jeder Mann sieht in Dunkelblau gut aus. Ich liebe Dunkelblau. Wir trinken Kaffee und die Situation ist weder unangenehm noch peinlich. Allerdings auch nicht ausgelassen oder wahnsinnig entspannt. Irgendwas dazwischen. Wir mustern uns möglichst unauffällig. Gleichen die Erinnerung mit der Realität ab. Er wirkt nicht irrsinnig begeistert, sieht aber auch nicht enttäuscht aus. Dabei habe ich mir wirklich Mühe gegeben. Im Rahmen meiner Möglichkeiten sehe ich gut aus.

Wir entscheiden, ein bisschen Sport zu machen. Er will lieber walken als joggen. Auch gut. Beim Joggen mit Männern kommt leicht eine Konkurrenzsituation auf. Wir laufen um einen See. Er redet und schaut zwischendrin immer mal aufs Handy. Er erzählt von sich und seiner Lebenssituation. Er hat ein Kind und eine anstrengende Exfrau. Fragen stellt er kaum. Ich habe bald das Gefühl, therapeutisch tätig zu sein. Zwischendrin muss er zwei Telefonate führen. Ich habe ein gewisses Verständnis für Stress im Beruf, finde aber insgeheim, dass man auch mal für eine Stunde nicht erreichbar sein kann. Außer man ist Außenminister oder Bundeskanzlerin. Oder Notarzt. Aber im Sanitätsfachhandel geht es meines Wissens eher selten um Leben und Tod.

Ich habe nicht das Gefühl, dass er so richtig auf mich abfährt. Vielleicht bin ich auch zu streng, deute zu viel in irgendwas rein. Oder bin zu selbstkritisch. Oder beides. Es gibt Treffen, da denkt man, man könne stundenlang weiterreden. Ein Thema ergibt sich aus dem nächsten. So ist es bei uns nicht. Ich bin nicht locker, muss zu viel überlegen. Bin verhalten taktisch. Nicht losgelöst und lustig. Irgendwie nicht wirklich ich.

Die Erfahrung, diese besondere Lebensphase »Jugend« gemeinsam erlebt zu haben, wirkt wie ein Sekundenkleber.

Nächsten-Liebe

Er muss bis zum Abend noch etwas abarbeiten, sagt er am Ende des Spaziergangs. Könnte natürlich sein. Möglich aber, dass es ihm genau wie mir geht und er denkt »Ach Gott, was soll ich mit der den ganzen Tag reden, und ich muss ja noch mit ihr ins Restaurant.« Soll er arbeiten. Ich gehe in den Spa. Bis zum Abendessen ist noch Zeit und vielleicht ist dann die erste Anspannung weg.
Gefällt er mir? Ist das ein Mann, der was für mich sein könnte? Tief in mir drinnen sagt eine Stimme »Nein!«, aber eine andere Stimme übertönt sie und sagt: »Mach mal langsam, Fröhlich, warte ab.«
Abends gehen wir italienisch essen und ich trinke entgegen meiner sonstigen Gewohnheiten Wein. Immerhin muss ich ausnahmsweise mal nicht Auto fahren. Die Stimmung ist gut, aber prickelt es? Eher nicht. Obwohl ich es gerne hätte. Schmetterlinge kann man leider nicht herbeizaubern. Ich trinke mehr Wein. Er ist ein ganz guter Typ, aber ist er ein guter Typ für mich? Mit jedem weiteren Glas Wein denke ich »Vielleicht ja doch!«. Die Devise meiner Freundin, erste Nächte mit Männern betreffend, geht mir durch den Kopf. Ich bin trotz Alkohol nicht verliebt, und deshalb beherzige ich sie.
Am nächsten Morgen drehen wir nach einer Tasse Kaffee eine weitere Runde um den See. Relativ schweigsam. Wir haben gestern beide ziemlich viel getrunken und ich glaube, wir ahnen, dass es für mehr als die eine Nacht nicht reicht. Ich fände es gut, er würde es sagen, sage selbst aber auch nichts. Es ist eine klemmige Situation. Ich bringe ihn dann noch zum Bahnhof. Überlege mir, ob der Ausflug gut war. »Hat es das jetzt gebracht, Susanne? Bringt dich das weiter?« Natürlich nicht. Aber andererseits: Es war aufregend, und manchmal muss man auch was versuchen. Etwas wagen. Ein Geschenk muss man auch auspacken, um zu beurteilen, ob es gefällt. Ich habe ausgepackt und festgestellt: Ja, nicht übel, sicherlich ganz gut, aber eben nicht das

Single-Legende 6

»Vergiss es! Männer suchen doch sowieso nur sehr viel Jüngere!«

Ja, es ist echt total gemein, wie Männer unseres Alters bloß noch nach Jüngeren schauen, während wir großzügig praktisch jeden netten Typen nehmen würden. Außer, er hat einen Bauch, einen Oberlippenbart, trägt Birkenstock und/oder Tennissocken, hat kein Geld, eine Glatze, ist unter 1,80, ohne Abi ...

passende für mich. Es hätte aber passen können, und wäre ich nicht hergekommen und hätte genauer geschaut, wüsste ich bis heute nicht, ob der Klomann vielleicht Mister Right gewesen wäre. So ist es, wie es ist. Es war ein netter Abend, aber nicht mehr. Schade.

Auch nach unserer »Wie-auch-immer-Verabredung« meldet sich mein Klomann ab und an. Gerade so oft, dass man merkt, er will nicht wirklich was, aber wenigstens ist er nicht urplötzlich ins Koma gefallen oder sogar tot. Seine Nachrichten sind lapidar. »Wie geht's so? LG«. Allein das »LG«! Ich habe nichts gegen liebe Grüße, aber so abgekürzt könnte es auch unter einer Nachricht an seine Fußpflegerin stehen. Ich glaube, er will hauptsächlich eins: Irgendwie sauber aus der Nummer raus. Er hat zu viel Anstand, um sich gar nicht mehr zu rühren, aber zu wenig Mumm, um anzurufen und die Sache auszusprechen. Zu sagen: Ich finde dich nett, aber mehr nicht. Allein dieses Verhalten zeigt mir, dass er kein Mann für mich ist. Kein Mann, für den es lohnt, sich weiter zu engagieren.

»Trotzdem war es gut, dass du da warst und ihn getroffen hast!«, meint meine Freundin. »Wer keine Verabredungen wahrnimmt, wird auch nicht fündig.« Eine andere Freundin hält Klomann für einen kompletten Arsch. Ja und nein, natürlich ist es arschig, sich so langsam rauszuschleichen, ich bin ja kein menschliches Cortison. Trotz allem hat er aber das Recht, mich nicht toll zu finden. Ich habe es ja auch. Das ist keine Tatsache, die mich begeistert, aber eine Tatsache, die ich akzeptieren muss.

Er hat sich nicht verliebt. So einfach ist es. Obwohl ich auch ich mich nicht verliebt habe, kränkt mich das und kratzt an meinem Ego. Was habe ich falsch gemacht? Habe ich überhaupt etwas falsch gemacht oder hat es einfach nur nicht gepasst? Wieso will ich, dass er mich phantastisch findet, wenn ich ihn gar nicht phantastisch finde? Ist das nicht bescheuert? JA! Ein paar Tage nach dem verwirrenden Date in Niedersachsen erreicht mich eine Facebook-Nachricht. »Ist das hier die Facebook-Fanseite von Susanne Fröhlich?«

Ich denke nur: Was für eine dämliche Frage! Wonach sieht es denn aus?
Ich antworte: »Ja, ich glaube, das könnte man so sehen.«
Er schreibt postwendend zurück: »Schade!«
»Wieso schade?«, will ich wissen.
»Ich dachte, ich könnte mit Susanne Fröhlich selbst sprechen.«
»Das tun Sie!«, mache ich ihm klar.
»Waren Sie neulich in Hannover?«, will er wissen.
Ich bin überrascht. »Ja!«, schreibe ich zurück. Es stellt sich heraus, dass er der Mann mit den schönen Zähnen ist, der Mann, mit dem ich fast zusammengestoßen bin.
»Ich habe Sie schon beim Einchecken ins Hotel gesehen und gedacht, wow, was für eine Ausstrahlung, und erst später bemerkt, wer Sie sind!«, gesteht er mir. »Aber ich kam gerade aus der Sauna und war noch ganz verschwitzt und habe mich einfach nicht getraut, Sie anzusprechen!«
Ich bin entzückt. Ausstrahlung! Herrlich, so was hört man doch immer gerne. Ich schaue mir sein Facebook-Profil an. Er scheint einen Hund zu haben, einen Labrador, und trägt gerne schlimme Hemden. Oder besser gesagt, Hemden, die ich schlimm finde. Hemden mit riesigen Aufdrucken. Segellogos und Pferdchen. »Geht gar nicht!«, sagt eine Stimme in meinem Kopf. »Hemden kann man wechseln, sei nicht so kleinkariert«, eine andere. Ein Facebook-Profil kann aussagekräftig sein, aber ich möchte auch nicht nach ein paar Bildchen im Netz beurteilt werden, ermahne ich mich.

Für immer vorübergehend

Er will mich gerne kennenlernen. Schreibt mir andauernd. Er hat Witz. Er ist jünger als ich. Um einiges, aber ist das ein sofortiges Ausschlusskriterium? Wenn es ihn nicht stört, warum sollte es mich stören? Alter ist etwas, was man nicht ändern kann.

Er entspricht nicht meinem bisherigen Beuteschema. Er ist weder Neurochirurg noch Pilot oder Vorstandsvorsitzender. Er arbeitet völlig unspektakulär als Angestellter, aber er ist unglaublich charmant und liebenswürdig. Und er findet mich toll. Bin ich einfach nur geschmeichelt? Froh darüber, dass mich jemand mal ohne jegliches Taktieren anschwärmt? Ich weiß es nicht. Ich weiß nur eins mit Sicherheit: Ich will nicht wieder wochenlang hin- und herschreiben.

Acht Tage nach dem ersten Facebook-Kontakt treffen wir uns. Ohne zuvor jemals telefoniert zu haben. Wir siezen uns. Er ist nach Hessen gekommen. »Ich würde überall hinfahren, um Sie zu sehen«, schreibt er mir. Er sieht in natura noch besser aus als auf den Fotos. Groß, stattlich und dunkelhaarig. Sein Musikgeschmack ist für meine Begriffe grauenvoll. Er liest nicht. Er ist nicht sportlich (wie sich herausstellt, mag er am Fitnessstudio vor allem die Sauna und den Whirlpool). Wir hätten so gut wie keine Matching Points. Aber wir haben uns etwas zu erzählen. Es ist schön, mit ihm zu reden. Er hat Herz. Er hat Humor. Er ist offen und ich bin gerne mit ihm zusammen. Braucht das Matching Points? Ist es entscheidend, ob jemand die gleiche Musik hört und die gleichen Bücher liest? Muss der potentielle Partner unbedingt alles können? Ist Status mir wirklich so wichtig? Oder geht es nur darum, was andere denken könnten? Ihm ist klar, dass ich erfolgreicher, ehrgeiziger und besserverdienend bin. Es stört ihn nicht. Er hat genug Selbstbewusstsein und sagt, das sei nun mal nicht zu ändern. Genau wie das mit dem Alter.

Wir gehen aus und ich langweile mich nicht eine Minute. Das will bei mir schon was heißen. Er verabschiedet sich mit einer Umarmung und versucht gar nicht erst mehr. Er schläft in einem Hotel. Er fragt nicht, ob ich mitkommen will, macht keine Anstalten, mich zu küssen. Findet er mich nicht attraktiv? Oder kennt er die Regel: Will man mehr, hält man sich anfangs zurück?

Am nächsten Tag treffen wir uns am Rheinstrand. Ein wunderbarer Tag. Wir essen, genießen die ersten Sonnenstrahlen, flirten und haben einen schönen Tag. Aber nicht mehr. Kein Kuss. Keine Berührung. Nichts. Aber auch diesmal wieder: keine Langeweile. Wir entscheiden, uns am nächsten Wochenende wiederzusehen. Schreiben uns zwischendurch. Irgendwann geben wir jegliche Zurückhaltung auf und Frau Fröhlich ist verknallt. Hat gesucht und mehr zufällig tatsächlich einen gefunden. Ob es der Eine für immer ist? Was daraus wird? Wie lange es dauert? Das will ich erst mal gar nicht wissen. Es ist, was es ist, und das ist gut so. Nur eines weiß ich: Verlieben ist immer noch etwas, das jenseits unserer PC-Smartphone-Displays stattfindet, und dass man nie wissen kann, welches Steinchen dieses unglaublich grandiosen und so unfasslich vielfältigen Puzzles »Leben« das sein wird, auf dem »Liebe« steht und »Das ist deiner!« ... Ja, das ist kitschig und schön. Und: Nein, ich hatte keinen Hedwig-Courths-Mahler-Roman zum Frühstück. Ich hatte bloß mal wieder kurz die Hoffnung, dass das Suchen nun zu Ende sein könnte und war also etwas Endorphin-überdosiert. Aber nur vorübergehend. Denn nach ein paar Wochen ist es auch mit diesem Mann vorbei.

Plan B

Der Seitenherausfallschutz

Vor einiger Zeit fragte mich eine etwa 40-jährige Frau nach einer Lesung: »Was ist, wenn ich überhaupt keinen Mann mehr finde?« Man hörte es schon an ihrem Tonfall, dass man sich das ungefähr so vorstellen müsse, als würde morgen die Welt untergehen. Ich bin noch nicht lange genug Single für solche Gedanken und fühle mich eigentlich weiterhin mittendrin, mit guten Aussichten auf einen Kerl. Aber dann dachte ich: Klar, könnte ja wirklich sein, dass ich auch keinen mehr kennenlerne, mit dem ich zusammen sein will. Nie. Nirgendwo. Nicht mal an der Käsetheke. Dass der, der es sein könnte, sich vielleicht gerade am anderen Ende der Welt aufhält oder eben noch neben mir stand und ich ihn übersehen habe. Diese Option hatte ich gar nicht auf dem Zettel. Obwohl ich einige Frauen kenne, die schon sehr, sehr lange keine Beziehung haben. Und es liegt sicher nicht daran, dass die sich nicht genug angestrengt hätten, nicht bindungsfähig oder zu karrierefixiert wären oder irgendwie anderweitig zu den Restposten im Single-Kosmos gehören – wie ja gern vermutet wird, weil man einer, die unbemannt ist, ja immer noch das Etikett »verschmäht« anhängt.
Es passiert einfach, weil manche Frau sehr lange vollauf damit beschäftigt war, sich und die Kinder durchzubringen. Weil ein Leben ohne Mann nicht nur möglich, sondern sogar puppenlustig sein kann und einem zunächst sehr, sehr lange gar nicht auffällt, dass er fehlen könnte. Aber natürlich auch, weil gleichaltrige Männer sich jüngere Frauen wählen und dann rein zahlenmäßig auf »unserem« Single-Markt fehlen. Ein 50-jähriger Mann kann – theoretisch – zwischen Frauen von 35 bis 55 wildern. Frauen könnten das theoretisch auch. Aber Männer zwischen 35 und 45, die an mehr als bloß mal eben Sex ohne weitere Ansprüche interessiert sind, gelten nicht umsonst als Raritäten. Sehr viel ältere Männer würden sich zwar erbarmen, das statistische Manko auszugleichen. Doch selbst mit Mitte 50 und nach fünf bis zehn Jahren

Sexpause wäre man meist immer noch nicht verzweifelt genug, um mit einem Mann aus der Vätergeneration ins Bett zu gehen. Kurz: Es gibt tausend Gründe, weshalb Frauen solo sind. Sogar Frauen wie Sharon Stone oder Sandra Bullock oder Sheryl Crow oder Madonna. Und bei einigen könnte es dabei bleiben.

Bevor jetzt aber eine Massenpanik ausbricht und alle beginnen sich um Udo aus dem Yoga-Kurs zu prügeln, der sich offenbar hauptsächlich von seinen eigenen Fingernägeln ernährt, oder um Martin aus der Personalabteilung, der auf dem Kopf sein spärliches Resthaar so zu Tode gefärbt hat, dass man damit Angebranntes aus Töpfen kratzen könnte: Nein, man muss sich nicht nur als Single-Frau vom großen Traum verabschieden, mit dem Liebsten Hand in Hand im Seniorenheim die Erde beben zu lassen. Oder wenigstens das seniorengerechte Doppel-Komfortbett mit stufenlos elektronisch verstellbarem Lattenrost und »Seitenherausfallschutz«. Auch und gerade verheiratete Frauen müssen sich irgendwann von dieser Illusion trennen, dass es für alle bis ins hohe Alter noch dauernd Sternschnuppen regnet. 99,9 Prozent werden aller Voraussicht nicht ewig voneinander besoffen sein, sondern vielmehr ziemlich ernüchtert und erleben, dass man zu zweit so allein sein kann wie der Langzeit-Single. Mindestens. Trotzdem werden jetzt 98 Prozent aller weiblichen Singles sagen, aber jemanden zu haben, der einem zärtlich über den Kopf streichelt und sagt, »Ich liebe dich!«, mit dem man – wenigstens theoretisch – immer Sex haben kann, der morgens da ist, wenn man aufsteht, und abends, wenn man ins Bett geht – wäre das nicht auch so eine Art perfekter und sowieso unersetzlicher »Seitenherausfallschutz« fürs Frauenleben? Ja, und es wäre auch richtig toll, eine Villa im Frankfurter Westend zu haben und jemand, der einem den Haushalt führt und den natürlich riesigen Garten versorgt, täglich frisch kocht, einem eine Weltreise sponsert. Super wäre auch ein Uni-Abschluss in Psychologie und noch mehr Sprachen zu lernen. Ich meine: Es gibt unendlich viele Träume. Und ein paar davon werden vor allem für Singles wahr. Solche, in denen man genau dorthin reist, wohin man reisen möchte, und nicht an Orte, an denen man nur deshalb urlaubt, weil er dort prima Rad fahren oder surfen kann. In denen man in einem schönen Restaurant isst und nicht aus Kostengründen in der nächsten Imbissbude, weil der Mann auf einen Sitzrasenmäher spart. Für einen Rasen, der so klein ist, dass man ihn mühelos auch mit einer Nagelschere in Schuss halten könnte. In denen man seine Wohnung ganz nach eigenem Geschmack einrichtet und seine Abende nicht damit verbringt, sich zu überlegen, weshalb der Mann auf der anderen Seite des Sofas schon wieder so miese Laune hat. Oder warum er wieder nicht daheim und sein Handy seit Stunden abgeschaltet ist. Oder weshalb er jetzt auch noch das Sportstudio schauen muss, obwohl er das Spiel, das ihn interessiert, bereits in der Sportschau und zuvor in der Radiokonferenz verfolgt hat. Will er es vielleicht tanzen?

Jetzt, wo ich gerade die andere Seite des Gartenzaunes kennenlerne, kann ich eigentlich nur bestätigen, was eine Freundin sagt: »Ehrlich, wenn wir uns die Sache mal ohne diesen ganzen überzuckerten Romantik-Kitsch aus der Margarinewerbung betrachten, der ja sowieso nur in den ersten Monaten eine Hauptrolle spielt, spricht millimetergenau so viel für, wie gegen einen Mann.« Und der Sex? »Pah! Wie viele Paare kennst du, die noch regelmäßig ins Bett gehen? Man kann in einer Beziehung locker sehr viel weniger Sex haben als die allermeisten Singles. Ich kenne Frauen, die hatten seit mehreren Jahren keinen mehr. Obwohl sie praktisch ja nur rüberzulangen bräuchten, auf die andere Seite des Bettes.«

Trotzdem gilt ein Mann immer noch als Plan A, kein Mann bloß als Plan B. Seltsam eigentlich. Wo es doch so viele Singles gibt. Genug jedenfalls, um anzunehmen, dass es sich nicht um eine Minderheit handelt und dass alle, die solo sind, irgendwie auch ohne Kerl zurechtkommen. Und das gar nicht mal so schlecht.

Das kann ich nur bestätigen. Ich habe ein richtig schönes Leben. Einen herrlichen Beruf, tolle Kinder, eine große Familie, viele gute Freundinnen. Ich mache Sport. Lese gern und eine Menge, verreise so oft es

Von Eltern als Kupplern ist zum Beispiel dringend abzuraten. Väter würden für ihre Töchter vermutlich am liebsten einen wohlhabenden Eunuchen suchen, der an 365 Tagen im Jahr auf Geschäftsreise ist.

geht und suche mir gelegentlich größere Projekte – zum Beispiel Yoga machen, trotz oder gerade wegen der »Weichteilsperre«. Klar ist da noch ein Platz für einen Mann. Oder sagen wir: Ich würde Platz schaffen. Ein wenig. Im oberen Lebensfach rechts. Aber er wird nicht alles überstrahlen. Nicht auf Dauer jedenfalls. All meine anderen Lebensfächer werden weiterhin mehr oder weniger gut mit anderen Dingen, Beziehungen, Leidenschaften gefüllt sein. Wie vorher auch, werde ich nicht jemand anderem die Verantwortung für mein ganzes Glück übertragen. Aus verschiedenen, sehr guten Gründen. Einer davon: Ich kenne keinen Mann, den die Aussicht, sämtliche weiblichen Bedürfnisse zu erfüllen – nach Fürsorge, Unterhaltung, Geborgenheit, Spaß, Kommunikation, nach Abwechslung, Zuverlässigkeit, Romantik, nach Urlaub an der See und Zukunftssicherung, nicht zu vergessen nach einer heilen Seele –, nicht in die Flucht schlagen würde. Dahin wäre ich auch unterwegs, sollte ein Mann das umgekehrt von mir erwarten.

Allein machen Sie dich klein

Oh, das war gaaaanz falsch. Vergessen Sie am besten, was Sie eben gelesen haben. »So geht das aber nicht!«, sagt eine Kollegin, sagen viele. »Es schreckt Männer ab, wenn du nicht bereit bist, für sie ganz viel aufzugeben! Und hast du dir mal überlegt, ob du es nicht übertreibst mit deiner Selbständigkeit, und geradezu unheimlich unabhängig wirkst? Männer wollen eigentlich vor allem gebraucht werden! Sich auch mal nach unten beugen können.«
Wer Single ist, sollte am besten gleich eine Lagerhalle für gute Ratschläge und Unmengen von Trost einplanen. Ganze Regalwände kann man füllen mit Sätzen wie: »Du findest schon noch jemand!« Oder: »Schade, eine tolle Frau wie du ...« Als hätte man eine schwere Krankheit, werden einem dauernd Rezepte angeboten. Auch solch bekloppte wie: »Schneide eine Banane in zwei Hälften. Schreibe seinen Namen auf

ein Stück Papier und stecke es dann mit etwas Honig in die Banane. Wickle alles in Aluminiumpapier ein und lasse es im Kühlfach, bis Du Dein Ziel erreichst.«

Selbst Frauen wie Sandra Bullock – einer der erfolgreichsten und bestbezahlten Stars Hollywoods – werden praktisch minütlich von irgendwelchen Klatschkolumnisten weltweit auf die Couch gelegt, wo man sie mit dem geballten Know-how des Küchenpsychologen und mit Lebensweisheiten traktiert, die nicht mal für einen Abreißkalender taugen. So schön und doch so allein? – solche müssen ja besonders schwierig oder verzweifelt sein, wo sie doch die allerbesten Voraussetzungen mitbringen und dennoch keinen abbekommen.

Sollte sich doch noch einer finden, wird er mit einem Respekt behandelt, als hätte er sie ganz knapp mit Herzdruckmassage und Mund-zu-Mund-Beatmung überhaupt erst wieder ins richtige Leben zurückgebracht.

Single und nur mit gering ausgeprägter Motivation ausgestattet, das unbedingt zu ändern? Das ist immer noch vor allem Männern gestattet. Für eine Frau geht das gar nicht. Das verlangt die »Emotionsnorm«. So nennt man es, wenn für bestimmte Lebenssituationen bestimmte Gefühle vorgesehen sind. Wie man auf einer Beerdigung nicht lacht, hat man als Single – weiblich – auch nicht glücklich zu sein. Fehlt ja eindeutig etwas. Das Zentralgestirn in einem Frauenleben. Oder, wie es ein Nachbar kürzlich formulierte, als ich ihm bei einem Problem mit seinem WLAN half: »Ist es nicht langweilig, so ohne Mann?«

»Nö«, sagte ich, »ist ja immer was los, schon weil Männer, sogar die, mit denen man gar nicht verheiratet ist, praktisch gar nichts allein können.«

Es glaubt einem einfach niemand, dass es ein gutes Leben ohne Kerl geben könnte. Man kann Akkordeonspielen lernen, mit Freundinnen ins Kino gehen, noch mal studieren, den Bootsführerschein machen, sich überlegen, wie man verdammt noch mal die Skeptiker überzeugt, die einen behandeln, als sei man früh verwitwet.

»Wie geht's dir?«, werde ich gelegentlich besorgt gefragt.

»Bestens!«, sage ich dann wahrheitsgemäß.
»Ach, vor mir brauchst du dich doch nicht zu verstellen!«
»Doch!«, beharre ich. »Mir geht's wirklich richtig gut!«
Darauf folgt meist ein recht schnippisches »Okay, wenn du meinst ...«
Ja, das meine ich. Es nützt aber nichts. Dabei ist es erwiesen, dass Frauen viel besser allein leben können. Es verlängert sogar ihr Leben. Anders als Männer, die auf der langen Strecke schlechter mit dem Single-Dasein zurechtkommen. Das habe ich mir nicht als billige Retourkutsche für all die Kerle ausgedacht, die mit 67 sagen, sie fühlten sich noch nicht alt genug für eine feste Bindung. Das ist wissenschaftlich mehrfach bestätigt worden. Neben vielen anderen auch von Richard Scase, Soziologieprofessor an der Universität Kent. In einem Report, den er für die britische Regierung anfertigte, erklärt er: »Single-Frauen zwischen 30 und 50 haben gut ausgebildete soziale Netzwerke und sind in eine große Bandbreite von Aktivitäten eingebunden. Alleinstehende Männer hingegen erscheinen als traurige, isolierte, einsame Gestalten. Die harte Wahrheit ist, dass das Alleinleben gut für Frauen ist, aber schlecht für Männer.«
Trotzdem haben Frauen, auch das wurde mal durchgezählt, bei einer Trennung viel mehr Angst vor dem Alleinsein als Männer. Schon verrückt: Wir sind Kanzler, wir sitzen in Vorständen von DAX-Unternehmen, wir können Flugzeuge steuern und Fußballweltmeister sein, bloß das Unbemanntsein soll uns schrecken? Warum eigentlich?

Will you still feed me?

Wer glaubt, dass Singles sich bloß um die nächste Sause sorgen oder darüber, ob sie den Scheitel lieber links oder rechts tragen, um gut rüberzukommen, der irrt. Wir denken nämlich auch über Grabpflege nach. Eine Kollegin schickte mir kürzlich ein Foto von dem Baum, unter dem sie sich einen Platz für die ewige Ruhe reserviert hat. Sie ist gera-

Liebe Frau Dr. Frühling,

ich habe beim fünften Date mit einem sehr vielversprechenden Kandidaten festgestellt, dass er offenbar immer noch aktiv auf Partnersuche ist. Ich will nicht als eifersüchtige Zicke rüberkommen – und das würde ich, wenn ich ihn drauf anspreche. Trotzdem finde ich es natürlich ziemlich irritierend, dass er offenbar auf mehreren Hochzeiten tanzt. Was mache ich?
Ute, 48

Liebe Ute,

Sie melden sich auch wieder an. Offenbar scheint es da ein paar Unsicherheiten seinerseits zu geben, ob Sie tatsächlich die Richtige sind. Das gilt sicher auch umgekehrt, nachdem, was Sie nun wissen. Außerdem: Wer sich zu viele Optionen offen lässt, muss damit rechnen, dass auch andere das tun.

de 50 geworden. Eine Freundin, 61, hat gleichfalls längst schon für die Ewigkeit geplant und sich ebenfalls ein Plätzchen in einem Friedwald gesichert. Beide Frauen sind schon länger solo und eigentlich sehr lebensfroh, unabhängig, eingebettet in einen großen Freundeskreis und – soweit man das beurteilen kann – pumperlgesund.

Von den verheirateten Freundinnen oder jenen, die in einer längeren Beziehung sind, hat sich bislang keine überlegt, wo sie einmal bestattet sein möchte. Ist das typisch? Offenbar!

Dabei handelt es sich bei »Wer übernimmt eigentlich die Grabpflege?« eher um eine Stellvertretersorge, eine, für die man eine praktische Lösung finden kann. Im Unterschied zu der Furcht, um die es eigentlich geht: Wer kümmert sich um mich, wenn ich sehr krank werde? Ein Pflegefall? Alt? Als naheliegende Lösung gilt da noch immer ein eigener Ehemann. Obwohl die meisten Gatten – auch das wurde mal erforscht – die Symptome eines Schlaganfalls nicht mal dann erkennen, wenn das Wort in Leuchtbuchstaben über die Stirn ihrer Gattin läuft. Männer sagen dann »Leg dich halt mal hin!«, während ihre Frau umgekehrt längst schon das Stroke-Team der nächsten Klinik alarmiert hätte.

Klar: Die Statistik zeigt, es werden deutlich mehr Frauen pflegebedürftig als Männer. Weil Männer oft längst unter der Erde liegen, wenn sie sich endlich für all das Unterhosenwaschen und Schweinebratenzubereiten und die 149156 Male, die man sich seinen Lieblingswitz angehört hat, mit häuslicher Pflege revanchieren könnten. Ein weiterer Grund dafür, dass für Frauen mehr Pflegeleistungen beantragt werden als für Männer: Die pflegebedürftigen Männer werden häufig zuerst von ihren Partnerinnen versorgt, während umgekehrt Männer eher entsprechende Anträge stellen, damit ihre Frau von anderen versorgt wird.

Auf die Frage: »Will you still need me / Will you still feed me / When I'm sixty-four?« würden die richtigen Antworten also lauten: »Kann ich mir das noch mal überlegen?« Oder: »Vielleicht habe ich da ja was ganz anderes vor?« Oder: »Och nö, das ist mir jetzt wirklich too much.« Oder: »Du weißt doch, dass ich Rücken habe. Kann das nicht jemand anderes machen?« Sicher gibt es Ehemänner, die sich wirklich rührend um ihre Frauen kümmern, immer und unter allen Umständen. So wie es ja immer auch Menschen gibt, die im Lotto gewinnen. Aber würde man sein ganzes Leben darauf aufbauen? Sagen: »Ich brauche weder eine Ausbildung noch ein Studium, ich werde mal Lotto-Millionär?«

Und dann die Sache mit der finanziellen Versorgung. Auch da denken viele Frauen immer noch, sie hätten mit einem Mann eine Art Lebensversicherung abgeschlossen. Das ergab eine Umfrage der Gesellschaft für Konsumforschung im Auftrag der Zürich Gruppe Deutschland. Demnach haben verheiratete Menschen weniger Angst vor dem Alter als Singles oder unverheiratete Paare. Altersarmut befürchten beispielsweise nur 31 Prozent der in einer Ehe lebenden Männer und Frauen.

Tatsächlich sind alleinlebende und alleinerziehende Frauen in Deutschland besonders von Armut gefährdet. Besonders Frauen im Rentenalter. Ihr Armutsrisiko fällt mit 17 Prozent deutlich höher aus als das der gleichaltrigen Männer (12,7 Prozent). Das Problem ist aber nicht – wie man vermuten könnte – kein Mann, sondern meistens ein Mann, der nämlich, der Vollzeit weiter gearbeitet hatte, als das Kind kam, während die Frau auf Teilzeit ging oder ganz daheim blieb. Obwohl Frauen meist nicht weniger, sondern sogar mehr Stunden am Tag arbeiten. Aber bloß ein Drittel davon wird bezahlt. Der Großteil ist unbezahlte Arbeit für die Familie.

Wie groß »ein Großteil« ist, weiß Cornelia Ahlers, eine befreundete Hauswirtschaftsmeisterin. Ihre Hausarbeits-Coachings beginnen immer mit der Aufforderung, dass Mann und Frau jeweils eine Woche aufschreiben, was jeder im Haushalt so tut. Ist alles notiert, möchte die Frau die Scheidung. Der Mann sagt, er würde gern noch mal eine Woche lang zählen, weil es ja nämlich gar nicht sein kann, dass er bloß acht Stunden auf dem Zettel hat und seine Frau 72. »Das kommt schon mal vor. Wenn eine Frau etwa im Erziehungsurlaub ist. Selbst, wenn man dann die 40 Stunden dazu zählt, die der Mann im Job beschäftigt ist, bleiben ihm immer noch ›nur‹ 48 Wochenarbeitsstunden. Die allerdings vorwiegend mit Rentenanspruch.«

Dass Frauen so oft unbezahlt arbeiten, in der Hoffnung, dass es sich am Ende doch rechnet – so gefühlsmäßig – ist der eigentliche Grund, weshalb man sich tatsächlich vor weiblicher Altersarmut fürchten muss. Nicht zu vergessen das neue Scheidungsrecht, nach dem Frauen nur noch in Ausnahmefällen überhaupt Unterhalt zusteht. Beides sollte man eigentlich Mädchen schon in der Schule, am besten im Matheunterricht nahebringen, damit sie beizeiten dafür sorgen, selbständig zu sein, sich ernähren und eine vernünftige Altersvorsorge finanzieren zu können. Auch einen Beruf zu wählen, der mehr bringt als optimale Teilzeitvoraussetzungen für den Fall, dass Kinder kommen.

Idealerweise lädt man dazu eine typische deutsche Rentnerin ein, die im Durchschnitt von 755 Euro im Monat leben soll oder eine von den Hunderttausenden Frauen hierzulande, die im Alter von über 65 Jahren mit bloß 391 Euro im Monat klarkommen müssen. Zahlen, die phantastische Tattoo-Motive für Teenager abgeben würden – als Alternative zum Tribal und nur so zur Erinnerung. Ein Mann als Alterssicherung? Super Idee! Wenn man gern all seine Perspektiven auf Hütchenspieler setzt.

Das große BUH

Ach ja, ein Mann. Schön wär's. Und wenn nicht? Dann eben nicht. Und auf keinen Fall unter allen Bedingungen – solchen wie sie Frauen immer noch gepredigt werden: »Lass ihn bloß nicht deinen Erfolg spüren!« oder: »Sei nicht zu selbstbewusst« oder: »Halt doch einfach mal die Klappe, selbst wenn du es besser weißt.« (»Auch wenn er sagt, die

Hauptstadt von Brasilien sei Buenos Aires?« – »Ja, auch dann!« – »Und wenn er dauernd ›als‹ und ›wie‹ verwechselt?« – »Sagst du nichts …« Als wären Männer die Sonnenkönige der Neuzeit, denen man – wie in dem Märchen von »Des Kaisers neue Kleider« – auf keinen Fall verraten darf, dass sie eigentlich bloß nackt sind.)

Will ich solch einen verzogenen Mann? Oder ihn selbst so verziehen, nur um sagen zu können: Ich habe jetzt auch einen? Ich glaube: Nein! Ich denke nämlich, dass »Plan B« einen exzellenten »Plan A« abgibt, dass ein Leben ohne Mann nicht nur möglich, sondern sogar schön ist. Ich weiß es ja. Selbst auf die Gefahr hin, noch mit 85 gefragt zu werden, ob ich keine Angst habe, zu einer »crazy cat lady« zu werden: Das Monster unterm Bett aller Single-Frauen, das große »BUH!«, die Befürchtung, dass einem am Ende bloß Katzen als Gesellschaft bleiben. Aber erstens habe ich gar keine Katze und zweitens bin ich nicht allein. Wir alle sind umgeben von Menschen, die wir und die uns lieben. Eigentlich sind wir deshalb sowieso nie »solo«. Wir haben ja Beziehungen. Schöne und innige Beziehungen. Und zwar sehr viele und sehr viel dauerhaftere als zu den meisten Ehemännern: zu Freundinnen und Freunden, den Kindern, Schwestern, Brüdern, Cousinen, Exmännern. Oder zumindest sollten wir dringend daran arbeiten, dass es so ist. Emotional optimal abgesichert ist man nämlich nur, wenn man viele Freundschaften pflegt, und ganz nebenbei erhöhen Freunde die Wahrscheinlichkeit alt zu werden um ganze 50 Prozent (was man von Männern nicht behaupten kann – aber das sagte ich ja schon).

Ein Single-Leben ist deshalb insofern ein erfolgreiches Leben, als man seine Beziehungstauglichkeit dauernd unter Beweis stellt. Wenn man sich um die alte Nachbarin kümmert, mit den Geschwistern die Eltern umsorgt, mit Freundinnen in Urlaub fährt und sich ein Ferienhaus teilt. Sogar wenn mittlerweile mindestens eine jede Nacht schnarcht wie ein volltrunkener Matrose, zwei schon morgens um sechs Uhr erschreckend unternehmungslustig sind und man fünf verschiedene

Kaffee-Variationen zubereiten müsste, damit alle wirklich zufrieden wären – aber sich schließlich auf eine einigt.

Natürlich trifft man sich auch regelmäßig mit Männern. Schon um nicht ganz den Kontakt zu einer Sphäre zu verlieren, in der es ganz andere Themen gibt. So trainiert man seinen Sozialmuskel und tut mehr für die Altersvorsorge, als es Riester je geplant hatte. Sofern man zu Kompromissen bereit ist. »Wie? Jetzt bin ich schon Single und soll trotzdem Rücksicht nehmen? Wo bleibt denn da der Benefit?«, fragt Carla, eine Freundin. Ja, Rücksicht ist schon mal ein Anfang. Vorausgesetzt, man möchte sein Leben teilen – in echt und nicht bloß auf Facebook.

Zusammen ist man weniger allein

Das ist die andere Seite der Single-Medaille: Dass auch die erste Person Einzahl als Fahnenträgerin von Freiheit und Autonomie bisweilen auf ein viel zu hohes Podest gestellt wird. Vermutlich, damit sie dem XXL-Denkmal für die Zweisamkeit von dort das Wasser reichen kann. Doch die eine Daseinsform verträgt es so wenig wie die andere, als einzig Mögliche beklatscht zu werden. Klar ist es schön, ganz allein die Ordnung im Haushalt bestimmen zu können – das Brot im Kühlschrank zu lagern, ohne dass einen jemand belehrt, es gehöre in den Brotkorb, sämtliche Lippenstifte (also 156 Stück) auf der Badezimmerablage abzustellen, ohne dass jemand nach Platz für seine Zahnbürste verlangt, wie eine Freundin bis drei Uhr nachts unbehelligt Helene Fischer zu hören, wenn man glaubt, sonst nicht einschlafen zu können, seine Unterwäsche in der Küche zu trocknen oder die Lebensmittel alphabetisch und die Bücher nach Farben zu sortieren. Kurz: Dass man all seinen Schrulligkeiten unbehelligt von einem Mann, aber eben auch von allen anderen, frönen kann und irgendwann denkt, dass man selbst ja total pflegeleicht sei und immer nur die anderen unerträglich kapriziös sind.

Manche Frauen übersehen, wie viel von dem, was für sie gegen ein Zusammenleben mit einem Mann spricht, eben auch das Zusammenleben mit jedem anderen Menschen erschwert. Die Idee der Alterswohngemeinschaft etwa, die viele Singles wie den letzten Rettungsring um ihr Herz tragen, funktioniert nun mal nicht mit Leuten, deren erste Frage stets lautet: »Und wo bleibe ich?«. Die schon durch Kleinigkeiten wie ein verspätetes Mittagessen total aus der Spur geraten und am liebsten bloß Katzenvideos teilen, auf keinen Fall aber Handtücher oder eine Waschmaschine oder das Bad. Menschen, die eigentlich vor allem einen Resonanzboden suchen für ihre Großtaten im Job, ihre schwere Kindheit, das Problem mit der Bandscheibe und mit dem Typen, der nicht angerufen hat, aber keinen Austausch, keine Verpflichtungen, keine Verantwortung.

Die Angst vor Einsamkeit und Vereinzelung ist deshalb durchaus begründet. Auch bei gut vernetzten Singles. Nicht, weil da gerade kein Mann ist, sondern keine Selbstlosigkeit, keine Solidarität, und weil wir so vieles, das sich nicht per Facebook, Twitter, Instagram oder WhatsApp erledigen lässt, mittlerweile als Zumutung empfinden. Gerade ergab eine Umfrage, dass nur noch sieben Prozent der befragten Deutschen regelmäßig Freunde einladen oder von ihnen eingeladen werden. Vor 20 Jahren waren es noch viermal so viele.

Dazu kommt das Problem, dass das Alter nicht gerade zur charakterlichen Geschmeidigkeit beiträgt, sondern eher noch ein paar Kanten scharf poliert. Vor einiger Zeit plante eine Freundin eine Kurzreise mit vier anderen. Das Projekt scheiterte daran, dass die mit dem höchsten Jahreseinkommen sich keine andere Unterkunft als das 5-Sterne-plus-Hotel vorstellen mochte. Obwohl sie wusste, dass wenigstens eine kaum Geld hat und man ohnehin ein strammes Sightseeing-Programm geplant hatte, das teure Hotel also kaum hätte genießen können. Am Ende platzte das Projekt. Das ist es, was einen nervös machen könnte. Und nicht, dass es vielleicht gar nicht genug Männer für alle gibt.

»Aber wo bleibt denn da die Liebe?«, fragt meine Freundin Mano entsetzt.
»Keine Ahnung. Die wird sich schon finden. Oder auch nicht. Wollen wir in der Zwischenzeit nicht mal mit dem Wohnmobil durch die Rocky Mountains?«
»Wir zwei in einem Campingwagen?«
»Nein, wir vier. Wir fragen Regina und Steff. Man kann schließlich gar nicht früh genug anfangen, für die Alters-WG zu trainieren. Und außerdem kann ich dir sagen: Schönere Männer als dort hast du noch nie gesehen!«

*Jaybee hat mir ein Lächeln geschickt – es geht weiter …

Literatur

Informationen zum Thema Scamming:
http://www.polizei-beratung.de/themen-und-tipps/betrug/scamming/romance-scamming.html#sthash.9J0HRXHT.dpuf

Das Zitat der Heiratsvermittlerin stammt aus:
Friederike Gräff: Warten. Berlin 2014, S. 76

Die Journalistin schreibt in der »Brigitte Woman« 07/15

Richard Scase wurde zitiert in der
»Süddeutschen Zeitung«:
http://www.sueddeutsche.de/leben/maennliche-singles-traurige-isolierte-einsame-gestalten-1.1449349

Dank

Bettina, Ursula, Regina, Janet, Jacqueline, Michael, Heidi, Sandra, Sabine, Andreas, Christine, Angelika, Steff, Bianca, Dani, Christel, Annette, Birgit, Christa, Eva, Hubsi, Claudi, Stephan, Andrea, Britta, Silke – Euch allen ein großes Merci für Eure Geschichten, Eure Freundschaft, Eure Inspiration und die von Euch so wunderbar begründete Hoffnung, dass auch in Zukunft für uns stimmt: »You never walk alone!« Dank auch an unsere Familien, an Patricia, Julia, Sven, Gert, Robert, Charlotte, an Uli und: an Günther, den weltbesten »Beziehungsexperten«. Und natürlich auch Katja, die wir für all das hier – ihre großartigen Ideen – sowieso den ganzen Tag küssen könnten, und wieder einmal an Karin, unsere hinreißende Lektorin.

Susanne Fröhlich ist Schriftstellerin und Journalistin. Seit 2005 moderiert sie die MDR-Literatursendung ›Fröhlich lesen‹. Ihre Sachbücher und Romane wurden alle zu Spiegel-Bestsellern, darunter ›Moppel-Ich‹ mit über einer Million verkauften Exemplaren.

Constanze Kleis ist Buchautorin und Journalistin, sie schreibt unter anderem für die FAZ, Donna, Myself, Für Sie und Elle. Als Schriftstellerin veröffentlichte sie alleine und zusammen mit Susanne Fröhlich mehrere erfolgreiche Bücher, darunter die Spiegel-Bestseller ›Runzel-Ich‹ sowie ›Diese schrecklich schönen Jahre‹.